本书是江西省高校人文社会科学项目
（项目批准号：SH22108）的阶段性研究成果

候鸟的徘徊

农民工回流意愿研究

谢永飞 著

中国社会科学出版社

图书在版编目(CIP)数据

候鸟的徘徊：农民工回流意愿研究 / 谢永飞著 . —北京：中国社会科学出版社，2022.12
ISBN 978-7-5227-0747-1

Ⅰ.①候… Ⅱ.①谢… Ⅲ.①民工—劳动力流动—研究—中国 Ⅳ.①F323.6

中国版本图书馆 CIP 数据核字（2022）第 142606 号

出 版 人	赵剑英	
责任编辑	王莎莎	
责任校对	张爱华	
责任印制	张雪娇	

出　　版	中国社会科学出版社	
社　　址	北京鼓楼西大街甲 158 号	
邮　　编	100720	
网　　址	http://www.csspw.cn	
发 行 部	010-84083685	
门 市 部	010-84029450	
经　　销	新华书店及其他书店	
印　　刷	北京君升印刷有限公司	
装　　订	廊坊市广阳区广增装订厂	
版　　次	2022 年 12 月第 1 版	
印　　次	2022 年 12 月第 1 次印刷	

开　　本	710×1000　1/16	
印　　张	19.75	
插　　页	2	
字　　数	336 千字	
定　　价	128.00 元	

凡购买中国社会科学出版社图书，如有质量问题请与本社营销中心联系调换
电话：010-84083683
版权所有　侵权必究

前　言

第七次全国人口普查数据显示，我国流动人口的规模达到 37582 万人。从流向来看，主要是从农村流向城市，从中西部欠发达地区流向东部发达地区。农民工是流动人口的重要组成部分。在地区、城乡之间显著的经济收入差异及就业机会的推拉作用下，农民工规模迅速壮大。国家统计局发布的历年农民工监测调查报告显示：农民工的规模在 2008 年为 22542 万人，2020 年达到 28560 万人。大量的中西部地区外出农民工流向城市，一方面给流入地城镇化的发展带来了挑战（如农民工"半城市化"问题），另一方面也造成了人口净流出的农村地区的发展困境（如"空心村"的出现）。针对传统城镇化过程中的突出矛盾以及农村的凋弊问题，党的十八大报告提出新型城镇化建设的方针，党的十九大报告提出实施乡村振兴战略。新型城镇化战略、乡村振兴战略、支持农民工返乡创业等政策的实施可能影响农民工的回流意愿。从人口学、社会学等学科关怀出发，我们可以敏锐地意识到，这些农民工流向的变化将对其个体、家庭和我国的经济社会发展（包括新型城镇化的发展和乡村振兴战略的实施）产生重要影响，因此对这一问题进行深入研究具有重要价值。

本书以中西部地区的外出农民工为分析对象，采用定量研究与定性研究相结合的混合研究方法，从是否回流、回流时间、回流地域和回流创业四个维度，分析了其回流意愿的现状特点及其影响因素。在此基础上，着重从两个方面提出了对策建议：1. 引导中西部地区外出农民工有序回流、促进新型城镇化持续健康发展；2. 引导中西部地区回流农民工助力乡村振兴，使新型城镇化与乡村振兴互促共融。整体而言，本书可分为五个部分：

第一部分是本书的第一章，是全书的绪论。主要介绍了本书的研究背景、研究目的和研究内容、研究方法、研究意义、章节结构。

第二部分是本书的第二章至第三章，是本书的文献综述与理论框架、数据与方法。第二章首先系统梳理了劳动力回流的相关理论和实证研究，并进行评价；然后基于现有研究构建了本书的理论分析框架；最后，在理论框架的指导下，提出了本书有待定量研究检验的理论假设。第三章介绍了本书使用的定量和定性数据来源，以及数据分析方法。

第三部分是本书的第四章至第七章，是基于问卷调查数据的定量研究。这四章使用描述性分析方法、多分类 Logistic 回归模型和二分类 Logistic 回归模型，不仅探讨了中西部地区外出农民工回流与否意愿的现状特点及影响因素，还进一步分析了打算回流农民工回流时间意愿、回流地域意愿和回流创业意愿的现状特点及影响因素。

第四部分是本书的第八章至第九章，是基于个案访谈资料的定性研究。第八章先后分析了"家"和"业"对回流意愿的影响、流出地和流入地因素对回流意愿的影响。第九章依次探讨了新型城镇化与农民工回流的关系、乡村振兴与农民工回流的关系、农民工回流规模的变化。

第五部分是本书的第十章，是主要结论和对策建议。首先对第四章至第九章的实证研究结果进行总结，然后基于研究发现提出了相关对策建议，最后阐述了本书的创新与发展、不足与展望。

本书的创新之处主要有以下几点：1. 以新型城镇化为研究背景，探讨了中西部地区外出农民工的回流意愿。新型城镇化背景下的农民工回流研究要与传统城镇化背景下的农民工回流研究有所不同：一是需要人文关怀，关注"家"和"业"如何影响他们的回流意愿，对策建议在关注"业"的同时，也要关注农民工的家庭建设；二是需要分析新型城镇化与农民工回流的关系；三是提出一些对策建议，引导农民工合理有序回流，优化配置劳动力资源，以加快推进我国的新型城镇化进程。本书以新型城镇化为研究背景，从以上三个方面拓展了回流意愿研究的分析视野。2. 使用回流与否意愿、回流时间意愿、回流地域意愿和回流创业意愿四个测量指标综合考察中西部地区外出农民工的回流意愿。以往文献多使用回流与否意愿单个指标进行分析，本书弥补了现有文献测量回流意愿较为简单粗略的不足。3. 得出了一些新的观点，如从代际的角度对新古典经济理论、新迁移经济理论作了发展和补充。

前 言

本书在写作过程中,虽然经过长时间的思考和修改,但受知识结构、时间精力、调查数据和调查经费等的限制,还有许多肤浅、疏漏之处,恳请读者批评指正。

谢永飞

2022 年 6 月于南昌

目录

第一章 绪论 … 1
- 第一节 研究背景 … 3
- 第二节 研究目的和研究内容 … 7
- 第三节 研究方法 … 10
- 第四节 研究意义 … 11
- 第五节 章节结构 … 13

第二章 文献综述与理论框架 … 16
- 第一节 劳动力回流的相关理论 … 16
- 第二节 劳动力回流的实证研究 … 20
- 第三节 文献述评 … 48
- 第四节 理论分析框架 … 51
- 第五节 研究假设 … 64

第三章 数据与方法 … 73
- 第一节 数据来源与样本选择 … 73
- 第二节 变量的定义与操作化 … 82
- 第三节 分析方法 … 89
- 第四节 样本的基本分布特征 … 91

第四章　问君归否：回流与否意愿分析 …… 97
第一节　回流与否意愿的现状特点 …… 98
第二节　回流与否意愿的多分类 Logistic 模型分析 …… 106
第三节　总结与讨论 …… 117

第五章　问君归期：回流时间意愿分析 …… 121
第一节　回流时间意愿的现状特点 …… 122
第二节　回流时间意愿的多分类 Logistic 模型分析 …… 130
第三节　总结与讨论 …… 139

第六章　问君归处：回流地域意愿分析 …… 144
第一节　回流地域意愿的现状特点 …… 145
第二节　回流地域意愿的多分类 Logistic 模型分析 …… 154
第三节　总结与讨论 …… 163

第七章　问君归志：回流创业意愿分析 …… 168
第一节　回流创业意愿的现状特点 …… 169
第二节　回流创业意愿的二分类 Logistic 模型分析 …… 174
第三节　回流创业领域的选择和面临的困难 …… 178
第四节　总结与讨论 …… 179

第八章　概君归因：回流意愿影响因素的定性分析 …… 184
第一节　"家"和"业"对回流意愿的影响 …… 185
第二节　流出地和流入地因素对回流意愿的影响 …… 196
第三节　总结与讨论 …… 211

第九章　新型城镇化、乡村振兴与农民工回流关系的定性分析 …… 214
第一节　新型城镇化与农民工回流的关系 …… 214
第二节　乡村振兴与农民工回流的关系 …… 235
第三节　农民工回流规模的变化 …… 242
第四节　总结与讨论 …… 244

第十章 主要结论及对策建议 ... 247
第一节 中西部地区外出农民工回流意愿的现状特点 ... 248
第二节 中西部地区外出农民工回流意愿的影响因素 ... 251
第三节 新型城镇化、乡村振兴与农民工回流的关系 ... 262
第四节 对策建议 ... 267
第五节 结语 ... 280

参考文献 ... 286

后记 ... 306

第一章 绪论

纵观先发国家的发展历程可知,人口的迁移和流动是世界在工业化和城镇化进程中必然会出现的一种社会人口现象。随着全球化的深入发展、交通和信息技术的进步,人口在国际及国内的迁移和流动日益频繁。联合国的数据显示,2010 年全球的国际移民有 5100 万,2019 年全球的国际移民规模上升至 2.72 亿。① 人口在国家内部的迁移和流动更是成为人口发展的新常态。

自改革开放以来,中国的工业化和城镇化进入了快速发展阶段。和农村相比,城市在诸多方面更具优势,比如就业机会更多、收入水平更高、文化娱乐活动更丰富、教育资源更优质、医疗服务和基础设施更完善等,这吸引了大量的农村剩余劳动力进城务工经商。在短短的三十多年中,伴随户籍制度改革的推进,中国已经从一个相对不流动的社会转变为一个在城市中随处可见人口迁移和流动现象的社会(Fan et al., 2011)。学界把发生了迁移和流动的人口分别称为移民和流动人口。就中国国内流动的人口而言,移民是指流动过程中伴随户籍地发生变更的人口,而流动人口是指在流动过程中户籍地未发生变更的人口。其中,流动人口根据其户籍性质又可分为城-城流动人口和乡-城流动人口。在诸多文献中,乡-城流动人口又称为"农民工"。1984 年中国社会科学院的张雨林教授最早使用了"农民工"概念(陈素琼、张广胜,2011)。此后,"农民工"一词经常见诸于报纸、电视、学术论文中,并逐渐成为中国社会日常生活中一个家喻户晓、耳熟能详的词语(张红朗,2014)。

随着家庭联产承包责任制的推行,农村释放出大量的剩余劳动力,落后的经济社会发展状况对剩余劳动力形成一股无形的推力;与此同时,伴随城

---

① 联合国:2019 年国际移民约为 2.72 亿人,占全球人口 3.5%,https://news.un.org/zh/story/2019/09/1041612,2019-9-17

乡经济体制改革的推进，城市的第二、第三产业得到较快发展，创造了大量的就业机会和较高的收入，这对农村剩余劳动力形成了一股强劲的拉力。在农村推力和城市拉力的综合影响下以及国家出台允许农民进城的一系列政策的实施下，农民工数量持续增长，规模迅速壮大。国家统计局发布的历年农民工监测调查报告显示：农民工的规模在2008年为22542万人，2013年为26894万人，2015年为27747万人，2018年上升至28836万人，2019年达到29077万人。其中，东部、中部、西部和东北地区输出的农民工规模存在一些差异。2019年，东部地区输出的农民工规模最大，为10416万人（占农民工总量的35.8%）；[1] 其次为中部地区，规模为9619万人（占农民工总量的33.1%）；再次为西部地区，规模为8051万人（占农民工总量的27.7%）；规模最小的是东北地区，为991万人（占农民工总量的3.4%）。[2] 从流向来看，农民工主要是从农村到城市，从中西部欠发达地区到东部发达地区（王宁，2016）。从1995年起，农民工的流动重心从以珠江三角洲为中心的东南部扩大到整个东部地区，其中，经济越发达的地区，农民工占比越高（杨成钢、曾永明，2014；罗淳、舒宇，2013）；农民工年龄结构年轻化特征也明显优于欠发达城市（童玉芬、刘爱华，2017；张鹏、郝宇彪、陈卫民，2014；于潇、陈世坤，2020）。东部地区经过几十年农民工规模的累积，一些大城市在社会结构方面已发生深刻变化（任远、王桂新，2004），进入了"流动城市"时代。如深圳、东莞等城市已经成为本地人口和流动人口倒挂的城市，流动人口的比例超过该城市总人口的75.00%（陈宏胜、王兴平、刘晔等，2017）。在我国的流动人口中，外出农民工是主体。

然而，与我国农民工规模的长时段增长相比，值得关注和思考的是：近几年受中美贸易摩擦、国家新型城镇化和乡村振兴战略等的影响，农民工总体规模虽然仍在增长，但增速开始回落。如2017年农民工规模比2016年增长1.7%，2018年的农民工规模仅比2017年增长0.6%，2019年的农民工规模比2018年增长0.8%；相比之下，2018年和2019年农民工的总量增速分别

---

[1] 陈宏胜、王兴平、刘晔、李志刚（2017）认为，东部地区输出的农民工规模虽然占农民工总量的比例最大，但其主要是在东部地区省际之间跨省流动或省内流动。

[2] 国家统计局：2019年农民工监测调查报告，http://www.stats.gov.cn/tjsj/zxfb/202004/t20200430_1742724.html，2020-4-30

比 2017 年下降 1.1 个百分点和 0.9 个百分点。① 从流入区域来看，在东部、东北地区务工经商的农民工在减少，在中部和西部地区务工经商的农民工在增加（国家统计局，2019；国家统计局，2020；彭新万、张凯，2017）。从人口学、社会学等学科关怀出发，我们敏锐地意识到，当前我国农民工的规模庞大，占总人口的 21.00%，这一群体的流向将对农民工个体及家庭、中国人口的分布及其经济社会发展产生重要影响（汤爽爽、郝璞，2018）。在此形势下，迫切需要了解中西部地区外出农民工的回流意愿，以在一定程度上把握其回流趋势，为国家制定相关政策提供决策参考。

第一节 研究背景

1984 年中共中央在党的十二届三中全会通过《中共中央关于经济体制改革的决定》。自此之后，中国通过渐进式的经济体制改革，逐步建立起了社会主义市场经济体制，极大地解放和发展了社会生产力，推动中国的现代化进程，使中国的经济获得高速增长。但是，纵观改革开放 40 多年，中国的快速发展在不同的区域间呈现不平衡的态势，发展速度表现出东高西低的特征，中西部地区和东部地区之间的总体差距在不断扩大（张荐华、高军，2019；陶涛、翟振武、夏亮，2010）。尤其是中西部的农村地区，"三农问题"仍然突出，制约着中国的高质量发展，成为全面实现乡村振兴的障碍（张劲松，2018）。

东部和中西部地区经济发展的不平衡直接导致了东部和中西部地区在医疗卫生、教育、社会保障、城镇化等方面的发展差距。东部地区比中西部地区的卫生资源配置更具有优势（梁玮佳、唐元懋，2018）。东中西部地区的高等教育在高质量学校数量、师生数量、政府财政教育投入、教学质量等方面仍存在不平衡的现象（王姝珺，2013）。社会保障水平由高到低依次为东部地区、中部地区、西部地区（赵峰、李清章，2018）。东部地区的城镇化发展水平较高，且增长速度较快；中部和西部地区的城镇化发展水平相对较低（李

---

① 国家统计局：2018 年农民工监测调查报告，http://www.gov.cn/shuju/2019-04/29/content_5387627.htm，2019-4-29；国家统计局：2019 年农民工监测调查报告，http://www.stats.gov.cn/tjsj/zxfb/202004/t20200430_1742724.html，2020-4-30

国平、孙瑀，2020；王滨，2020）。

近40年来，农民工外出务工是伴随中国经济快速发展而出现的人口流动现象。因生存压力而产生的"生存理性选择"是农民工外出就业最根本的动因（杜玉华、文军，2002）。获得就业机会和收入是中西部地区农民进城的最终目标（贺雪峰，2018；郑真真，2013）。农民工作为我国改革开放和工业化、城镇化进程中涌现的一支新型劳动大军，广泛分布在国民经济的各个行业，为城市繁荣、农村发展和中国的现代化建设做出了重大贡献（国务院研究室课题组，2006：3—4）。但大量的农民进城给城镇化的发展带来了严峻的挑战：受宏观制度以及个体人力资本较低等多种因素的影响，农民工在身份转换的过程中遇到了一系列问题（毛丹，2015）。如农民工难以融入城市社会、市民化进程滞后（杨菊华，2013：153；郭星华、储卉娟，2004）；绝大多数农民工仍然无法和城市户籍居民享有均等的公共服务和福利待遇（陆杰华、黄匡时，2013）；城镇化空间分布和规模结构不合理，与资源承载能力不匹配，土地城镇化快于人口城镇化，建设用地粗放低效；体制机制不健全，阻碍了城镇化的健康发展（陈友华，2016；周祝平，2008）。在市场化和现代化的冲击下，乡村发生了剧烈变迁，直接导致村落社会的"乡村性"发生了大量流失，表现为劳动力外流、环境恶化、组织松散、文化丢失等（田毅鹏、张红阳，2020）；中西部地区的农村出现了"空心村"、土地撂荒、"老人农业"和三留守人群等问题（周长洪、翟振武，2006；陈坤秋、王良健、李宁慧，2018）。伴随大量的青壮年流向城市，农村发展所需的资金、技术、知识、人才等资源也一并外流，农村发展愈发滞后，成为了城镇化发展的障碍。总体而言，区域发展不平衡、城乡二元结构问题尚未解决。针对传统城镇化过程中的突出矛盾和问题以及农村的凋零问题，党的十八大报告提出新型城镇化建设的方针，党的十九大报告提出实施乡村振兴战略。

党的十八大之后，为推进新型城镇化建设，国家先后出台了一系列政策措施。2014年3月，李克强总理在国务院政府工作报告中指出：今后一个时期，着重解决好现有"三个1亿人"问题，促进约1亿农业转移人口落户城镇，改造约1亿人居住的城镇棚户区和城中村，引导约1亿人在中西部地区就近城镇化。2014年3月，中共中央、国务院正式发布了《国家新型城镇化规划（2014—2020年）》。2014年12月，国家发改委等11个部委联合下发了《关于印发国家新型城镇化综合试点方案的通知》，将62个城市（镇）列为国家新型城镇化综合试点地区；2015 年和 2016 年进一步扩大新型城镇化试点范围，依次公布了第二批和第三批综合试点地区。2019 年李克强总理在国务院政府工作报告中指出：促进区域协调发展，提高新型城镇化质量。国家发改委发布的《2019 年新型城镇化建设重点任务》指出：加快农业转移人口市民化、优化城镇化布局形态、推动城市高质量发展、加快推进城乡融合发展等；《2020 年新型城镇化建设和城乡融合发展重点任务》指出：推进以县城为重要载体的新型城镇化建设，促进大中小城市和小城镇协调发展，提升城市治理水平，推进城乡融合发展。2020 年 5 月，李克强在国务院政府工作报告中提出，加强新型城镇化建设，大力提升县城公共设施和服务能力，以适应农民日益增加的到县城就业安家需求。2020 年 10 月召开的十九届五中全会和通过的《中华人民共和国国民经济和社会发展第十四个五年规划和 2035 年远景目标纲要》提出，推动区域协调发展、推进以人为核心的新型城镇化。总而言之，我国新型城镇化战略提出了诸多推进新型城镇化进程的具体政策措施，如"实施（不同规模城市）差别化落户政策""引导劳动密集型产业优先向中西部转移""培育发展中西部地区城市群""加快发展中小城市""有重点地发展小城镇""改善中小城市和小城镇交通条件""推动大中小城市和小城镇协调发展""加强农村基础设施和服务网络建设""推动农村城镇化"等。

党的十九大以来，为推进乡村振兴，党中央、国务院相继推行了一系列重要的部署、规划和政策。2018 年 1 月，中共中央国务院发布了中央一号文件《实施乡村振兴战略的意见》，对实施乡村振兴战略进行全面部署，提出乡村振兴的原则之一是"要坚持城乡融合发展……推动新型工业化、信息化、城镇化、农业现代化同步发展，加快形成工农互促、城乡互补、全面融合、共同繁荣的新型工农城乡关系。"2018 年 9 月，中央发布了《乡村振兴战略规划（2018—2022）》，提出了构建乡村振兴的新格局，强调要加快农业转移人口市民化，强化乡村振兴人才支撑。为了贯彻乡村振兴的重大战略部署，2019 年 4 月中共中央印发《关于建立健全城乡融合发展体制机制和政策体系的意见》，明确提出"协调推进乡村振兴战略和新型城镇化战略"。2019 年 3 月，李克强总理在国务院政府工作报告中提出，要对标全面建成小康社会任务，扎实推进脱贫攻坚和乡村振兴。坚持农业农村优先发展，加强脱贫攻坚与乡村振兴统筹衔接，确保如期实现脱贫攻坚目标、农民生活达到全面小康水平。2020 年 1 月，国务院发布的《关于抓好"三农"领域重点工作确保如期实现全面小康的意见》指出，要对标全面建成小康社会加快补上农村基础设施和公共服务短板。2020年10月召开的十九届五中全会和通过的《中华人民共和国国民经济和社会发展第十四个五年规划和2035年远景目标纲要》提出，优先发展农业农村，全面推进乡村振兴；健全城乡融合发展机制，推动城乡要素平等交换、双向流动，增强农业农村发展活力。可见，只有立足于乡村振兴战略实现城镇化目标，才能真正实现城乡融合发展（文丰安，2020）。

  在新型城镇化背景下，要打破东中西部地区发展不平衡的态势，尤其是要促进中西部农村地区的发展，实现乡村振兴，关键在于吸引中西部地区外出农民工回流（刘云刚、燕婷婷，2013）。为了吸引人才回流，国家颁布了各项返乡创业政策，鼓励外出农民工回乡创业。2008年12月，国务院发布的《关于切实做好当前农民工工作的通知》提出了六大内容，其中"大力支持农民工返乡创业和投身新农村建设"和"切实保障返乡农民工土地承包权益"两项内容涉及鼓励农民工回流。2015年，国务院发布的《国务院办公厅关于支持农民工等人员返乡创业的意见》，从降低创业门槛、减税降费政策、财政支持、返乡创业金融服务以及支持政策等方面提出了支持返乡创业的措施。国务院于2016年发布的《国务院办公厅关于支持返乡下乡人员创业创新促进农村一二三产业融合发展的意见》、2017年的《国务院关于强化实施创新驱动发展战略进一步推进大众创业万众创新深入发展的意见》等政策，分别为返乡下乡人员创业提供了更多的政策支持。2020年8月，人力资源社会保障部、国家发展改革委等十五部门发布的《关于做好当前农民工就业创业工作的意见》提出要支持返乡入乡创业带动就业：包括为返乡入乡创业农民工提供政策咨询、创业指导等专业服务；对符合条件的返乡入乡创业农民工，按规定给予税费减免、创业补贴、创业担保贷款及贴息等创业扶持政策，对其中首次创业且正常经营1年以上的，按规定给予一次性创业补贴，正常经营6个月以上的可先行申领补贴资金的50%；政府投资开发的孵化基地等创业载体可安排一定比例的场地，免费向返乡入乡创业农民工提供，支持高质量建设一批返乡入乡创业园（基地）、集聚区，吸引农民工等就地就近创业就业。

  新型城镇化战略、乡村振兴战略、支持农民工返乡创业等政策的实施可能对农民工的回流意愿和回流行为带来影响，而其回流意愿和回流行为的变化又将影响我国新型城镇化的发展和乡村振兴战略的实施。伴随农民工回流到乡村地区，其外出流动积累的资金、技术、经验、知识等，能够改变流出地的发展环境，推进乡村地区的创业创新，对促进新型城镇化持续健康发展及全面推进乡村振兴具有非凡意义（朱宇、余立、林李月等，2012）。因此，在新型城镇化和乡村振兴背景下①很有必要对农民工的回流意愿和回流行为进行研究，以及时把握农民工的回流态势，引导农民工合理有序流动，优化劳动力资源配置，创建中西部地区的人才队伍。结合研究目的，本书将在既有研究成果的基础上，对中西部地区外出农民工的回流意愿进行研究。重点分析和思考以下四个研究问题：（1）中西部地区外出农民工在回流与否、回流时间、回流地域、回流创业等四个指标上的回流意愿如何？（2）中西部地区外出农民工的回流意愿受到哪些因素的影响？讨论"家"和"业"对中西部地区外出农民工回流意愿的影响。（3）新型城镇化与中西部地区外出农民工回流的关系如何？乡村振兴与中西部地区外出农民工回流的关系如何？（4）如何引导中西部地区外出农民工合理有序回流？

第二节 研究目的和研究内容

一 研究目的

西方发达国家的人口流动是基于市场经济体制下的自由迁徙，再加之政府出台了家庭团聚的政策，因此其人口流动（包括外出和回流）基本都是家庭式流动，故西方发达国家的劳动力在做流动选择时考虑"业"的因素较多，在"家"和"业"之间的选择困境少。我国的人口流动受城乡二元户籍制度的制约（毛丹，2015）。农民工及其随迁的家庭成员由于没有流入地的户籍而无法均等享有流入地户籍居民可享有的各项社会权利（张海东，2017）。如没有流入地户籍的流动儿童难以与当地户籍人口子女一样平等享有受教育的权力（韩嘉玲，2007），最常见的问题是跨省流动儿童在流入地参加高考受到制约。张铁道、赵学勤（2002）和郑真真、吴要武（2005）也认为，流动儿童在流入地存在的教育问题与我国的户籍制度，以及与之相适应的教育体制紧密关联。在我国的户籍制度以及与此相关制度的制约下，我国中西部地区外出农民工家庭式流动的比例明显低于西方发达国家。即我国的农民工"家"

---

① 本书主要以新型城镇化为背景分析中西部地区外出农民工的回流意愿。但考虑到乡村振兴战略也与农民工回流之间有一定的相互促进关系，所以在书中还补充了一些乡村振兴的内容。

和"业"分离的现象较为普遍,这使得他们在做流动选择时不仅要考虑"业"的因素,还要考虑"家"的因素。在我国城乡、区域发展不平衡的背景下,"业"推动他们外出务工,"家"则吸引他们回流到家乡,二者的影响方向相反,使得农民工做流动选择时在"家"与"业"之间的选择困境多于西方发达国家的劳动力。换言之,西方发达国家的劳动力在做流动选择时主要考虑"业";而我国的农民工在做流动选择时不仅要考虑"业",还要考虑"家"。显然,"家"和"业"会影响农民工的回流意愿,为此本书将对这一问题进行探讨,这是本书的问题意识。

中西部地区外出农民工的回流意愿除受"家"和"业"的影响外,还与宏观的国家政策、流入地和流出地的经济发展形势有较强的关系。由于不同时期的国家政策和经济发展情况存在差异,因此中西部地区外出农民工在不同时期的回流意愿也必然存在差异。一方面,新型城镇化战略作为一个国家战略,其出台和实施的诸多政策措施(前文已述)必然会对中西部地区外出农民工的回流意愿产生影响;另一方面,中西部地区外出农民工的回流意愿会在一定程度上影响其流向,而中西部地区外出农民工的流向通过重塑人口分布格局又会在一定程度上影响中西部地区新型城镇化的发展进程。因此,在新型城镇化背景下,对中西部地区外出农民工的回流意愿进行研究非常有必要。

本书主要研究以下问题:第一,在中西部地区的外出农民工中,有多少人打算回流?第二,打算回流的中西部地区外出农民工,在个体和家庭方面具有什么特征?第三,打算回流的中西部地区外出农民工选择何时回流?第四,打算回流的中西部地区外出农民工选择回哪里?第五,打算回流的中西部地区外出农民工有多少人选择创业?第六,中西部地区外出农民工的回流意愿受到哪些因素的影响?"家"和"业"如何影响中西部地区外出农民工的回流意愿?第七,新型城镇化与中西部地区外出农民工回流的关系是什么?乡村振兴与中西部地区外出农民工回流的关系是什么?第八,如何有效引导中西部地区外出农民工合理有序回流?中西部地区新型城镇化的发展需要有充足的劳动力。为了积极稳妥扎实有序地推进中西部地区新型城镇化的进程,我们迫切需要对以上问题进行探讨。换言之,本书是对新型城镇化背景下中西部地区外出农民工的回流意愿及其影响因素进行研究。通过本书研究,将实现以下目的:(1)探明新型城镇化背景下中西部地区外出农民工回流意愿的现状特点,使学界、政府和社会对该问题有准确的认识。(2)基于本书分析框架，探讨中西部地区外出农民工的经济特征、人力资本特征、人口学特征、家庭特征、流出地和流入地因素等变量对中西部地区外出农民工回流意愿的影响及作用机制，讨论农民工在"家"和"业"之间的选择对其回流意愿的影响，使学界、政府和社会对该问题有全面的了解。（3）分析新型城镇化、乡村振兴与中西部地区外出农民工回流的关系。（4）基于研究发现，提出针对性和操作性强的对策建议，引导中西部地区外出农民工合理有序流动，优化劳动力资源配置。

二 研究内容

本书使用国家卫健委（原国家卫计委）组织实施的2016年全国流动人口卫生计生动态监测调查数据，以及笔者采集的问卷调查数据和个案访谈数据，采用定量研究为主、定性研究为辅的混合研究方法，对新型城镇化背景下中西部地区外出农民工的回流意愿进行研究。主要内容包括以下五个方面：

第一，构建中西部地区外出农民工回流意愿研究的分析框架。借鉴国外现有理论（新古典经济理论、新迁移经济理论、生命周期理论、社会网络理论、结构主义理论）和国内外实证研究成果，并结合中国国情构建中西部地区外出农民工回流意愿影响因素的分析框架，为后续的实证分析奠定基础。

第二，分析中西部地区外出农民工回流意愿的现状特点。（1）把握中西部地区外出农民工整体人群在回流与否、回流时间、回流地域、回流创业等方面的回流意愿现状特点。（2）比较分析不同收入、不同就业身份、不同教育程度、不同代际、不同流动模式等的农民工子群体回流意愿的具体特征和群体差别。

第三，探讨中西部地区外出农民工回流意愿的影响因素。基于前述的分析框架，（1）使用调查数据，借助定量研究方法，分析中西部地区外出农民工的经济特征（职业、就业身份、收入、购房地点等）、人力资本特征（教育程度、有无参加职业技能培训）、人口学特征（代际）、家庭特征（有无留守配偶、有无留守子女、有无留守父母、流动模式）、流出区域等变量对其回流意愿的影响性质及影响程度，从而验证相关研究假设，以对影响中西部地区外出农民工回流意愿的因素进行整体把握。（2）利用定性访谈资料，对定量研究结果进行验证和补充，对各影响因素作用于中西部地区外出农民工回流意愿的机制和路径做深度阐释，对难以采用定量分析方法实现的研究问题进行定性分析（如流出地鼓励回流的政策，以及流入地的就业机会减少、户籍制度藩篱等宏观因素对中西部地区外出农民工回流意愿的影响）。在定量分析和定性分析中，都将讨论中西部地区外出农民工的"家"和"业"对其回流意愿的影响。

第四，探究中西部地区外出农民工的回流与新型城镇化、乡村振兴的关系。具体包括两个方面：一是中西部地区新型城镇化发展和乡村振兴对其外出农民工回流意愿的影响；二是中西部地区外出农民工回流对新型城镇化发展和乡村振兴的影响。

第五，提出促进中西部地区外出农民工合理有序回流的对策建议。基于新型城镇化和乡村振兴的战略要求，提出针对性和操作性强的政策建议，引导中西部地区外出农民工合理有序回流，以及做好其回流后的一系列问题的有效应对。

第三节　研究方法

本书采用定量研究为主、定性研究为辅的混合研究方法。一致性并行设计、解释性时序设计、探索性时序设计和嵌入式设计是四种基本的混合方法设计（克雷斯维尔、查克，2017：52），本书主要使用解释性时序设计。

一　定量研究

定量研究主要用于探讨中西部地区外出农民工回流意愿的现状特点及其影响因素，回答"是什么"和"为什么"的问题。

1. 描述性分析方法的应用

（1）采用百分比、均值等单变量分析方法描述样本的基本分布；（2）采用交叉分析、两个独立样本的 T 检验、一元方差分析等双变量分析方法描述主要自变量、控制变量与中西部地区外出农民工回流意愿之间的相关关系。

2. 模型分析方法的应用

采用二分类 Logistic 回归和多分类 Logistic 回归模型探讨中西部地区外出农民工的个人特征、家庭特征和流出区域对其回流意愿的独立影响。

中西部地区外出农民工的回流创业意愿属于二分类的因变量，适合使用二分类 Logistic 回归模型。

中西部地区外出农民工的回流与否意愿、回流时间意愿和回流地域意愿属于三分类变量，适合使用多分类 Logistic 回归模型。

二 定性研究

本书使用个案访谈方法，对中西部地区不同年龄、性别、受教育程度和职业的外出农民工和回流农民工、政府工作人员进行访谈，力求获取详实丰富的质性材料。

定性研究主要回答"为什么"和"怎么办"的问题。主要应用于以下几个方面：一是讲述数字背后鲜活的故事；二是挖掘主要自变量作用于回流意愿的机制和路径；三是对难以采用定量研究方法实现的研究问题进行定性研究；四是为"怎么办"的问题提供参考借鉴。

第四节 研究意义

人的意愿可以在一定程度上预测人的行为（Ajzen，1991；Ajzen and Fishbein，2005；Hale et al.，2002）。在迁移和流动的现有文献中，已经有一些实证研究证明迁移/回流意愿和迁移/回流行为之间有很强的关系（Gordon and Molho，1995；Boheim and Taylor，2002）。Van Dalen 等（2005）的研究也发现，有回流意愿的移民更有可能回流，这表明回流意愿是未来回流行为的一个很好的代理变量。显然分析中西部地区外出农民工的回流意愿对于了解其实际的回流行为以及把握中西部地区外出农民工的回流趋势非常重要。而中西部地区外出农民工的回流通过重塑人口分布格局会在一定程度上影响中西部地区新型城镇化进程的推进。因此，对新型城镇化背景下中西部地区外出农民工的回流意愿进行研究非常有必要。下面将依次对本研究的学术价值和现实意义进行阐述。

一 学术价值

本书具有多方面的学术价值。具体如下：

第一，弥补了现有多数研究仅使用单一指标测量回流意愿的不足。国内外的现有研究主要采用回流与否意愿一个指标测量移民或农民工的回流意愿，而本书同时使用四个指标进行测量。回流与否意愿是现有文献测量回流意愿的最基本和最常用指标,本书也将使用这一指标进行测量,它的分析对象为全部样本(包括打算回流和不打算回流的中西部地区外出农民工)。此外,本书还将进一步考察打算回流的中西部地区外出农民工在回流时间、回流地域、回流创业等方面的意愿。使用四个指标综合测量回流意愿有助于全面、系统和准确地把握新型城镇化背景下中西部地区外出农民工的回流意愿。

第二,在一定程度上丰富和发展了人口迁移的相关理论和实证研究。本书将引入国外相关理论(新古典经济理论、新迁移经济理论、生命周期理论、社会网络理论、结构主义理论),并使用全国流动人口卫生计生动态监测调查数据和笔者采集的中西部地区外出农民工回流意愿调查数据对农民工的回流意愿进行分析,以对相关理论进行验证、补充和完善,这有助于推进相关理论和实证研究的发展。

第三,拓展了农民工回流意愿研究的分析视野。以往与农民工回流意愿有关的文献较多以金融危机、"用工荒""空心化"为研究背景,或以生命历程、人力资本、社会资本等为分析视角。最近几年也有一些农民工"逆市民化"的研究。本书把农民工回流意愿置于新型城镇化背景下进行分析,拓展了回流意愿研究的分析视野。新型城镇化是国家发展的重要战略,以此为研究背景,有助于准确认识我国新型城镇化背景下中西部地区外出农民工回流意愿的新情况、新特点。此外,现有的理论和实证研究较少同时从"家"和"业"的角度对回流现象进行解释。而本书基于中国国情,同时从"家"和"业"的角度对中西部地区外出农民工的回流意愿进行解释,这是本书不同于国内外其他文献的重要之处。

二 现实意义

本书除具有以上学术价值以外,还具有重要的现实意义。推进中西部地区的新型城镇化,需要知道中西部地区有多少外出农民工打算回流。打算回流的中西部地区外出农民工,在个体和家庭方面具有什么特征;他们打算什么时候回流,回流到哪里,回流后是否创业。换言之,在新型城镇化背景下,不仅需要知道中西部地区外出农民工的回流与否意愿,也需要知道打算回流的中西部地区外出农民工在回流时间、回流地域和回流创业等方面的意愿。此外,还需要知道中西部地区外出农民工回流意愿的影响因素,新型城镇化、乡村振兴与农民工回流的关系,以及如何引导中西部地区外出农民工合理有序流动，从而推进新型城镇化的进程。本书试图回答上述问题，因此具有重要的现实意义。

第一，使用四个指标测量回流意愿并对中西部地区外出农民工回流意愿的现状及其影响因素进行分析，可以比较系统和全面地把握新型城镇化背景下中西部地区外出农民工回流意愿的现状、特征及其影响因素，为政府部门制定相关政策提供基础性资料和决策参考。

第二，基于新型城镇化战略的要求及研究发现提出针对性和操作性强的对策建议，科学引导农民工合理有序回流，以及做好其回流后的一系列问题的有效应对，从而促进我国新型城镇化的发展。

概而言之，在新型城镇化背景下对中西部地区外出农民工的回流意愿及其影响因素的分析不仅可以在一定程度上把握农民工回流意愿的最新状况，丰富和发展人口迁移和流动领域的研究成果，还可以为中西部地区的新型城镇化建设提供重要启示。

第五节 章节结构

本书沿着"梳理与述评国内外文献→构建中西部地区外出农民工回流意愿研究的分析框架→分析中西部地区外出农民工回流意愿的现状特点→探讨中西部地区外出农民工回流意愿的影响因素→提出促进中西部地区外出农民工合理有序回流的对策建议"的基本思路展开研究。共分十章，具体结构如下：

第一章 绪论。首先介绍研究背景，其次阐述研究的主要目的和研究内容，再次描述研究方法，然后阐明研究的学术价值和现实意义，最后概述本研究各章的主要内容。

第二章 文献综述与理论框架。本章包括文献综述和理论框架两方面的内容。在文献综述部分：首先介绍劳动力回流的相关理论；然后梳理与国内外劳动力回流有关的实证研究（包括回流意愿的现状特点、回流意愿的影响因素、回流的影响效应和回流的对策建议）。对现有研究成果进行系统和全面梳理的目的是为了了解相关研究所取得的成果和存在的不足，找到本研究的切入点和突破口，以深化农民工回流意愿的相关研究。在理论框架部分：首先，在借鉴现有理论和实证研究成果的基础上，构建中西部地区外出农民工回流意愿影响因素的分析框架；然后在该分析框架的指导下提出有待定量数据检验的研究假设。分析框架和研究假设旨在为定量和定性研究提供理论上的指导和方向上的指引。

第三章　数据与方法。首先，详细介绍本书所使用的数据来源、数据的优势与局限，以及样本的选择方法。其次，根据验证研究假设的需要以及定量数据的特点，对因变量、主要自变量和控制变量进行具体定义。再次，阐述本书所使用的分析方法，包括定量资料分析方法和定性资料分析方法。最后，描述因变量、主要自变量和控制变量的基本分布特征。本章旨在为后文定量数据的相关分析和模型分析奠定基础，为定性研究提供方法上的指导。

第四章　问君归否：回流与否意愿分析。本章的分析对象为全部样本（即包括打算回流和不打算回流的中西部地区外出农民工）。首先，采用相关分析方法探讨各主要自变量、控制变量和回流与否意愿的关系。然后，采用多分类 Logistic 回归模型和交互效应，分析中西部地区外出农民工的经济特征（职业、就业身份、收入、购房地点）、人力资本特征（教育程度）、人口学特征（代际）、家庭特征（有无留守配偶、有无留守子女、有无留守父母、流动模式）、流出区域等主要自变量和控制变量（性别、婚姻状况、民族、流动时间、流动范围）对其回流与否意愿的影响。最后，对数据分析结果进行总结与讨论。

第五章　问君归期：回流时间意愿分析。本章的分析对象是打算回流的中西部地区外出农民工。首先，采用双变量分析方法探讨各主要自变量、控制变量与回流时间意愿的相关关系。其次，采用多分类 Logistic 回归模型和交互效应，探讨中西部地区外出农民工的经济特征（职业、收入）、人力资本特征（教育程度）、人口学特征（代际）、家庭特征（有无留守配偶、有无留守子女、有无留守父母、流动模式）、流出区域等主要自变量和控制变量（性别、婚姻状况、民族、流动时间、流动范围）对其回流时间意愿的影响。最后，对数据分析结果进行总结与讨论。

第六章　问君归处：回流地域意愿分析。本章的分析对象也是打算回流的中西部地区外出农民工。首先，采用相关分析方法，对各主要自变量、控制变量与回流地域意愿进行双变量的相关分析。其次，采用多分类 Logistic 回归模型和交互效应，剖析中西部地区外出农民工经济特征（职业、收入、购房地点）、人力资本特征（教育程度）、人口学特征（代际）、家庭特征（有无留守配偶、有无留守子女、有无留守父母、流动模式)、流出区域等主要自变量和控制变量(性别、婚姻状况、民族、流动时间、流动范围)对其回流地域意愿的影响。最后,对数据分析结果进行总结与讨论。

第七章 问君归志:回流创业意愿分析。与第五章、第六章相同,本章的分析对象也为打算回流的中西部地区外出农民工。首先,采用双变量分析方法探讨各主要自变量、控制变量与回流创业意愿的相关关系。其次,采用二分类 Logistic 回归模型,分析中西部地区外出农民工的经济特征(职业、就业身份、收入)、人力资本特征(教育程度、有无参加职业技能培训)、人口学特征(代际)、家庭特征(有无家人回流户籍地)、流出区域等主要自变量和控制变量(性别、婚姻状况、民族、流动时间)对其回流创业意愿的影响。最后,对数据分析结果进行总结与讨论。

第八章 概君归因:回流意愿影响因素的定性分析。与第四、第五、第六和第七章不同,本章使用的是定性研究方法。首先,分析"家"和"业"对中西部地区外出农民工回流意愿的影响。其次,剖析流出地因素(就业机会增加、相对收入满意、居住环境改善、乡土情结浓厚、回流政策鼓励)和流入地因素(就业机会减少、户籍制度藩篱、生活成本昂贵、发展空间有限、文化习俗差异)对中西部地区外出农民工回流意愿的影响。最后,对定性分析结果进行总结与讨论。

第九章 新型城镇化、乡村振兴与农民工回流关系的定性分析。与第八章相同,本章使用的也是定性研究方法。首先,探讨新型城镇化与农民工回流的关系。其次,剖析乡村振兴与农民工回流的关系。再次,分析农民工回流规模的变化。最后,对定性分析结果进行总结与讨论。

第十章 主要结论及对策建议。首先,从现状特点,影响因素,新型城镇化、乡村振兴与农民工回流的关系三个层面总结、提炼本研究的主要结论。然后,基于定量和定性分析结果,从多个方面提出对策建议,引导农民工合理有序回流,优化劳动力资源配置,以促进我国新型城镇化的发展。最后,概述本研究的创新与发展、不足以及有待进一步研究和完善之处。

第二章 文献综述与理论框架

人口的迁移和流动作为工业化和城镇化进程中出现的重要人口现象，不仅存在从不发达地区流向发达地区的顺向迁移流，还存在从发达地区回流到不发到地区的逆向迁移流（Ravenstein，1885；Piracha and Vadean，2010；任远、施闻，2017；段成荣、刘涛、吕利丹，2017；原新、王海宁、陈媛媛，2011）。国外对人口迁移的研究始于19世纪末，但从20世纪60年代中后期开始，回流研究才逐渐增多。目前国外对回流问题已有较为深入的研究，主要涉及回流理论、回流意愿、回流人口特征、回流原因、回流效应等。与国外文献相比，国内的回流问题研究起步更晚。但近十年来，随着我国政府部门、高校和研究机构有关农民工调查数据的开放，我国农民工回流意愿的研究方兴未艾（古恒宇、覃小玲、沈体雁，2019）。目前有来自经济学、社会学、人口学、人类学、地理学等不同学科的学者对劳动力回流问题进行了探讨（Kunuroglu et al.，2016），在理论和实证研究方面都取得了一些研究成果。

本章内容首先对劳动力回流的相关理论进行梳理。其次对国内外劳动力回流的实证研究文献进行回顾，具体包括回流意愿的现状、回流意愿的影响因素、回流的影响效应和回流的对策。再次，对现有文献进行述评。然后，在借鉴现有研究成果的基础上构建中西部地区外出农民工回流意愿影响因素的理论分析框架。最后在该理论分析框架的指导下提出定量分析的相关研究假设。

第一节 劳动力回流的相关理论

回流作为人口迁移和流动研究的重要内容，虽然从20世纪60年代起学者们就开始对其进行研究，但直到20世纪80年代，西欧结束暂时性移民计划（Temporary Migration Programs）和欧洲鼓励遣返移民造成较多人口回流后，回流问题的调查和研究才大量出现（Battistella，2018），并成为国际学术争论的焦点（Kubat，1984），由此产生了各种理论视角，诸如新古典经济理论（Neoclassical Economics）、新迁移经济理论（New Economics of Labour Migration）、结构主义理论（Structuralism）、跨国主义理论（Transnationalism）、社会网络理论（Social Networks）等（Cassarino，2004）。此外，生命周期理论也被用来研究回流问题（Bettin et al.，2018）。本研究将对新古典经济理论、新迁移经济理论、生命周期理论、社会网络理论和结构主义理论逐一进行介绍。

一　新古典经济理论的回流研究

新古典经济理论从经济学的视角对国内和国际人口迁移问题（migration）进行了研究。该理论假设做出迁移决策的主体是个人，移民的目的不仅要实现效益的最大化，而且通过长时间的居住最终实现在流入地永久居住和家庭团聚（Cassarino，2004）。Todaro（1969）认为，迁入地和迁出地的工资差异，以及迁入地更高的预期收入是驱使人口迁移的重要原因。对于已发生迁移行为的移民而言，其在比较成本和效益之后将做出在迁入地居住还是回流的决策（Sjaastad，1962；Todaro，1976）。具体而言，移民进入迁入地后，在迁出地和迁入地收入差距没有减少的情况下，回流只有移民因失业、工资低于预期或心理成本过高等原因导致预期收入目标未能实现时才会发生（Constant and Massey，2002）。如果他们在迁入地未能获得预期收益，就表明其错误地估算了迁移的成本和收益并导致了失败的迁移行为，在这一情况下回流行为就随之产生（Cassarino，2004；Kunuroglu et al.，2016）。回流人口在迁入地的工资、就业和职业成就方面都具有负向选择性，人力资本的选择性因教育和技能培训是在迁出地还是迁入地而异（Massey et al.，1998；Constant and Massey，2002）。通常，人力资本高的移民会迁移到人力资本回报高的地区。

二　新迁移经济理论的回流研究

经济学除使用新古典经济理论解释回流现象，还使用新迁移经济理论解释移民回流的原因。与新古典经济理论不同，新迁移经济理论假设做出迁移决策的主体是家庭，并认为迁移是暂时性的，当迁移者在迁入地实现目标后就会回流，因而回流被认为是成功的故事（Cassarino，2004）。Stark（1982，

1991）认为外出是移民家庭的"生计策略"，基于家庭效用最大化风险最小化原则，家庭决定派出部分家庭成员出国挣钱，一旦他们的收入目标实现后，就回流到迁出地（Piore，1979；King and Christou，2010）。移民通过汇款，扩大了家庭的收入来源，克服了迁出国因为市场缺乏有效保障带来的风险；移民通过固定时间的储蓄，克服了迁出国资本市场和信贷市场的缺陷，积累了资金在迁出国社区进行投资和消费（Constant and Massey，2002；殷江滨，2015）。

Constant 和 Massey（2002）认为，新迁移经济理论与新古典经济理论在以下几个方面截然不同。第一，新迁移经济理论认为，回流移民在收入上具有正向选择性，即移民在流入地的收入越高，可以在越短的时间内实现目标后回流。新古典经济理论则认为，回流移民在收入上具有负向选择性。第二，新迁移经济理论认为，暂时性移民只在乎收入的多少，而不在乎职业声望的高低，因为他们在迁出国的声望是可以通过其在国外所挣收入购买的。新古典经济理论则把职业声望计算在成本—效益之内。第三，新迁移经济理论认为，回流移民在人力资本方面没有选择性，只要收入目标实现了，不管人力资本多少的移民都将回流。新古典经济理论则认为，迁移在人力资本方面具有正向选择性，即人力资本高的移民会迁移到人力资本回报高的地区；换言之，人力资本低的移民更可能回流。第四，新迁移经济理论认为，在流出地留守的配偶和孩子会激励移民尽快实现收入目标而回流。新古典经济理论则认为，移民把配偶和孩子留守在流出地，是为了实现更高的终身收入、在流入地定居并实现家庭团聚。第五，新迁移经济理论认为，在迁入地的配偶，相当于多了一个潜在的家庭劳动力，这增强了家庭实现预期收入目标的能力，从而促进了流动劳动力短期的迁移和增加了回流概率；但因为迁入地孩子的存在减弱了母亲工作的努力程度，所以降低了母亲的回流概率。新古典经济理论认为，流动劳动力的配偶若在迁入地，相当于降低了其在迁入地的成本，故而降低了其回流概率。

三　生命周期理论的回流研究

生命周期是指一个人从生到死的整个生命过程。因此，生命周期包括一个人所经历的出生、成长、上学、就业、结婚、生育、退休等诸多事件（石智雷，2013）。人口的这些生命周期事件（如开始接受高等教育、开始工作）

与其迁移过程紧密相关（Kley and Mulder，2010）。通常，人口的迁移因不同年龄生命历程事件的发生而变化，即人口在年轻时，接受和完成教育、进入劳动力市场等事件使其有较高的迁移率；之后，伴随组建家庭、第一个孩子出生、工作变化、孩子离开家庭、退休等事件的发生，人口的迁移率逐渐下降（Bernard et al.，2014）。

尽管从生命周期的视角分析国际迁移的研究较为少见，但用生命周期理论来分析国内人口迁移的现象非常普遍（Bettin et al.，2018；Kulu and Milewski，2007）。生命周期理论用于解释人口迁移行为，为迁移理论提供了人口队列视角和时间累积因素（杨菊华、靳永爱，2020：132）。该理论认为，在迁移者劳动生涯中存在一个可能性时点，在这个时点上，会做出回流决策（Dustmann，1996）。Davies和Pickles（1991）基于家庭生命周期认为，随着户主年龄的增加，所有类型的流动性都大大下降，只到退休时流动性才会略有增加。

四 社会网络理论的回流研究

Massey（1990）认为，迁移网络是通过血缘、地缘、业缘等关系，将迁移者、前迁移者及迁出地和迁入地的非迁移者等群体联结起来的一系列人际关系组合。迁移的每个环节都与迁移网络密不可分，包括决定是否迁移、向何处迁移以及迁入后如何适应当地生活等（杨菊华、靳永爱，2020：132）。

社会网络理论把回流者看成是迁出地有形和无形资源的搬运者，流动劳动力回流后，仍然与原来迁入的居住地保持密切联系（Cassarino，2004）。这样形成的社会网络增加了资源和信息的可利用性，进而保护了回流移民的有效主动性（effective initiatives）（Eccles and Nohria，1992）。

社会网络理论并不认为理所当然就能成为网络成员，网络的形成和维持需要长时间的人际交往关系，以及成员相互之间具有价值的定期交换，而这种交换模式的维护源于网络本身固有的循环性（Cassarino，2004；陈程、吴瑞君，2015）。社会网络理论还认为，除了社会网络外，金融资本、在迁入地获得的技能形式的人力资本、知识、经验等都有助于移民的成功回流（Farrell et al.，2012）。

五 结构主义理论的回流研究

20世纪70年代兴起了结构主义理论，人类学、社会学和地理学等学科的学者为该理论的完善做出了重要贡献。结构主义理论认为，对回流的分析不仅要关注移民的个体因素，而且要关注迁出地的社会和制度因素（Cassarino，2004）。Cerase（1974）在分析从美国回流到意大利的移民时，把回流移民分为失败型回流、保守型回流、革新型回流和退休型回流四种类型。Cassarino（2004）认为，Cerase这种类型划分方法试图说明，迁出地的环境因素（situational or contextual factors）应当被视为判断回流经历是成功还是失败的先决条件。

结构主义理论关注移民一旦回流后可能给迁出地带来的影响，这一影响会因时间和空间而异。从在迁入地的居住时间来看，如果居住的时间在两年以下，回流移民因为在迁入地获得的经验过少难以促进迁出地的现代化；如果在迁入地的居住时间过长，则会因为对迁出地陌生或年事已高而使得回流者对迁出地的影响很小（King，1986）。因此可以通过优化移民在迁入地的居住时间来扩大其回流后对迁出地的影响（Dustmann，2003）。在空间方面，地区性①（如迁出地的社会环境）对回流移民有重要影响（Lewis and Williams，1986）。迁出地有利的商业制度环境和经济发展对回流移民进行生产性投资非常重要；回流会对迁出地的发展和社会进步产生作用，但这一作用受到迁出地现有制度特征的正向或负向影响（Cassarino，2004）。

第二节 劳动力回流的实证研究

本节内容将从四个方面对国内外劳动力回流的实证研究进行全面系统地梳理：一是外出劳动力的回流意愿现状，二是外出劳动力回流意愿的影响因素，三是外出劳动力回流的影响效应，四是外出劳动力回流的对策建议。

一 回流意愿的现状

认识和了解回流意愿的现状是深入分析回流意愿的基础和前提。国外学者在分析回流意愿的现状时，主要考察了移民的回流与否意愿，也有少数文献分析了移民的回流时间意愿。国内学者主要研究的是农民工的回流与否意愿，也有少数文献探讨了农民工在回流时间、回流地域和回流就业/创业方面

---

① 地区性在原文中的用词为locality。

的意愿。

（一）回流与否意愿

Bettin 等（2018）使用 1984—2012 年流入德国的土耳其移民的纵向调查数据，分析了在德国的第一代和第二代土耳其移民回流到土耳其的意愿。研究发现，在 1984—1987 年，有高达 80% 的第一代土耳其移民有回流的意愿；第二代土耳其移民虽然回流的意愿更弱，但这一比例也高达 60%。随着土耳其社区在德国的建立，第一代和第二代移民倾向回流的比例开始在波动中下降，2003 年第一代移民倾向回流的比例下降到 30% 的最低水平；1999 年第二代移民倾向回流的比例下降至最低水平（16%）。随后第一代和第二代移民回流的比例均呈现上升趋势，到 2012 年两代移民回流的比例接近，上升到 40% 左右，这一方面与德国的经济危机导致就业机会减少有关（Sirkeci et al.，2012），另一方面与日益增长的土耳其经济带来的就业机会增加、土耳其移民回流后可以使他们的资金和劳动技能获得比德国更高的回报有关（Diehl and Liebau，2015；Kuhlenkasper and Steinhardt，2012）。

大多数回流与否意愿的研究仅使用截面数据做分析。Paparusso 和 Ambrosetti（2017）通过分析流入意大利的移民数据发现，生活在意大利的摩洛哥人打算回流到摩洛哥的比例只有 17%，打算继续在意大利居住的比例约为 50%，没有想好的比例约为 31%。Bonifazi 和 Paparusso（2019）也对意大利的移民进行了调查研究，发现打算从意大利回流到原籍国的比例虽然高于 Paparusso 和 Ambrosetti（2017）的调查结果（17%），但这一比例仍然只有 27.6%，而接近 70% 的移民打算继续留在意大利，想要迁移到另一国家的比例很低，仅有 2.5%。该研究还发现，移民回流与否的意愿因不同的流出国而异，来自乌克兰和菲律宾的移民回流的意愿最强，来自阿尔巴尼亚的移民回流的意愿最弱，来自罗马尼亚和中国的移民回流的意愿居中。受安全和稳定因素的影响，流入澳大利亚和比利时的撒哈拉以南的非洲移民回流到其原籍国的意愿很弱（Poppe et al.，2016）。

Carling 和 Pettersen（2014）通过调查流入挪威的来自 10 个不同国家的移民发现，他们打算回流的比例为 25%，这与前文提及的 Bonifazi 和 Paparusso（2019）的研究结果类似；此外，想在挪威长期居住的比例也不高（38%），还有 37% 的移民表示还没想好（don't know）。回流与否意愿也因不同的流出国而异。其中，土耳其人打算回流的比例最高（38%）、波斯尼亚人打算回流的比例次之（32%）、越南人和巴基斯坦人打算回流的比例较低，分别为15%和16%（Carling and Pettersen，2014）。

De Haas 和 Fokkema（2011）通过分析从四个非洲国家流入西班牙和意大利的移民数据发现，非洲移民有27.6%打算回流，有40%打算在流入国居住，还有32.9%表示尚未想好；相比之下，就打算回流的比例而言，塞内加尔人的比例最高（37.6%），加纳人的比例次之（29.2%），埃及人的比例略低于加纳人（28.2%），摩洛哥人的比例最低（16.1%）。

国外文献除了分析因工作和家庭团聚等原因而迁移的人口的回流与否意愿外，还有少数学者专门对外国留学生的回流与否意愿进行了研究。Cheunga 和 Xu（2015）对中国在美国东海岸留学大学生的问卷调查显示，约50%的留学生回流的意愿很强，约三分之一的留学生回流的意愿一般，约20%的留学生回流的意愿很弱。

受数据的限制，我国仅有少数学者从纵向角度比较了农民工回流意愿在短短几年内的变化。与2009年相比，2012年各年龄段打算回流的农民工比例均有不同程度的增加，其中25—34岁的农民工的比例增幅最为明显，大幅上升了13.89%，而35—44岁的农民工的比例增幅最小，仅为3.59%（袁方、史清华、卓建伟，2015）。

农民工的回流与否意愿因不同城市、区域而异（李强、龙文进，2009；景晓芬、马凤鸣，2012）。本书将回流与否意愿概括为十分强烈（回流的比例在80%以上）、较为强烈（回流的比例在50%—80%）、不强烈甚至较弱（回流的比例在50%以下）三种类型。一些研究认为农民工回流的意愿非常强烈。王利伟、冯长春、许顺才（2014）对传统农区外出劳动力的调查显示，农民工打算回流的比例高达89%。于水、姜凯帆、孙永福（2013）对苏北农村的调查发现，农民工打算回流的比例为86.1%。孙小龙、王丽明、贾伟（2015）对长三角（上海、南京、苏州等地）农民工的调研数据显示，84%的农民工具有返乡定居意愿，且老一代农民工返乡定居意愿稍强于新一代农民工。概而言之，农民工外出的主要原因是提高家庭经济收入，而不是带领家人在流入地定居，因此在流入地定居的意愿并不强烈（宋健，2010；顾宝昌、郑笑，2019）。

还有一些研究认为农民工回流的意愿较为强烈。张丽琼、朱宇、林李月

（2016）在浙江宁波的调查显示，有62.56%的农民工打算回流，这表明宁波市正面临着农民工回流的严峻考验。郑文杰、李忠旭（2015）对北京市新生代农民工的调查显示，有62.35%的样本选择返乡。石智雷、薛文玲（2015）利用2013年全国流动人口卫生计生动态监测调查数据发现，农民工打算远期回流的比例高于近期回流的比例，前者为62.6%，后者为53.9%。①刘新争、任太增（2017）通过调查流入东部地区的河南农民工发现，打算回流的比例为55.01%。景晓芬、马凤鸣（2012）在重庆和珠三角地区的调查结果显示，农民工打算回流的比例约为50.0%。

然而也有一些研究认为农民工回流的意愿不强烈，甚至较弱（蒋海曦、蒋玲，2019）。赵翌（2015）利用2008年中山大学开展的珠三角城市外来工调查数据发现，农民工打算返乡的比例为41.36%。吴磊、朱冠楠（2007）对南京6区农民工的调查显示，决定未来要返乡的农民工占34.5%。曾旭晖、秦伟（2003）对成都农民工的调查显示，打算回流到农村的比例为34%。余运江、孙斌栋、孙旭（2014）对上海的调查显示，农民工打算回流的比例只有31.74%。李强、龙文进（2009）对在北京市八个区（东城、西城、崇文、宣武、朝阳、海淀、丰台和石景山）务工经商的农民工的调查显示，打算回流到老家的人数不到四分之一。李树茁、王维博、悦中山（2014）分析2012年全国流动人口卫生计生动态监测调查数据发现，农民工打算回流的比例只有14.7%。文军（2006）和杨素雯、崔树义（2017）也认为，农民工回流的意愿较弱，大部分都倾向在流入地居住。

（二）回流时间意愿

国外有少数学者对打算回流移民的回流时间意愿进行了调查研究。Carling和Pettersen（2014）在对流入挪威的10个不同来源国移民的回流时间意愿进行分析时，把回流时间划分为0—4年、5—10年、等我老了以后回流三个类别；数据显示，打算在4年内回流的比例很低，只有8%，打算5—10年回流的比例为24%，大部分移民打算回流的时间是当我老了，这一比例高达68%。de Haas和Fokkema（2011）也对移民的回流时间意愿做了分析，他们把回流时间划分为1年内，1—2年，2年后，还不确定或没想好（not sure

---

① 近期回流意愿用"您将来打算在哪里购房建房"测量，远期回流意愿用"您将来打算在哪里养老"测量。

yet/don't know yet)四个类别；调查数据显示，只有不到三分之一的人提及了具体的回流时间，这表明大部分移民都没有确定何时回。Piotrowski 和 Tong（2013）对中国珠三角农民工的研究显示，虽然超过60%的人表示最终会回流，但倾向短期内回流的比例很低。

国内也有少数学者分析了打算回流的农民工的回流时间意愿。王利伟、冯长春、许顺才（2014）的研究发现，农民工计划1—3年回流的占66.3%，4—6年回流的占21.7%，6年以后回流的占12%，这表明打算近3年内回流的农民工占了主体。相比之下，国际移民打算近期回流的比例低于我国农民工的这一比例。

（三）回流地域意愿

与大量回流与否意愿的文献相比，国外没有对国际移民回流地域意愿的相关研究。我国学者对农民工回流地域意愿的研究成果较少（李志刚、刘达、林赛南，2020），这与有些学者把农民工回流等同于回流到农村有关（戚迪明，2019）。值得一提的是，近几年学界对农民工回流地域意愿的研究开始增多。与回流与否意愿和回流时间意愿的研究结果类似，学界对回流地域意愿的研究结论也未达成一致。王利伟、冯长春、许顺才（2014）分析在河南周口市的问卷调查数据发现，外出农民工有49.7%选择回流到本村，有23.9%选择回流到本县县城，有22.3%选择回流到其他地方或说不好。沈君彬（2018）通过调查从福建山区流出的农民工发现，有53.3%选择回流到农村，而46.7%选择回流到县镇。而高更和、王玉婵、徐祖牧等（2020）通过对河南45个村的调研发现，农民工考虑到务工的需要，其回流地域的选择主要以县城为主，其次为村庄，中心城区和集镇较少。景晓芬、马凤鸣（2012）在重庆和珠三角地区的调查也发现，高达61.79%的农民工希望回流到县城定居，这表明老家县城对外出农民工而言是一个比较能接受而又可以实现的选择。这一分析结果与王利伟、冯长春、许顺才（2014）的研究发现存在较大差异，两者之间相差37.89个百分点。现有研究表明，新生代农民工和老生代农民工的回流地域存在差异。王爱华（2019）认为，新生代农民工的回流地域以乡镇或县城为主，呈现向"城镇中心"转移的趋势；但老生代农民工的回流地域主要是农村。

（四）回流就业/创业意愿

国内外虽然都有对劳动力回流就业/创业行为的研究，但国外没有对国际移民回流就业/创业意愿的研究，国内则有少量对农民工回流就业/创业意愿的研究。对于大部分农民工而言，他们都希望回流后从事非农职业（景晓芬、马凤鸣，2012）。在河南的调查研究发现，有接近一半（45.6%）的农民工选择回流后创业或做小生意，有10.2%的农民工选择回流后进企业务工或打零工，选择回流后继续务农的比例只有21.8%（王利伟、冯长春、许顺才，2014）。刘新争、任太增（2017）对流入东部地区的河南农民工的调查数据显示，打算回流创业的比例高达65.1%。在宁波的实证研究发现，农民工打算回流创业的比例为37.01%，打算回流后到单位上班的比例为25.98%，暂未考虑回流后做什么的比例为31.50%，打算回流后从事农业的比例最低，只有5.51%（张丽琼、朱宇、林李月，2016）。这表明，外出务工经历会促进农民工的就业观念发生转变，使他们更倾向于从事非农职业。与老生代农民工相比，新生代农民工对土地的情感更淡，渴望回流后从事非农职业的比例更高（悦中山、李树茁、费尔德曼等，2009）。

概而言之，国外文献对回流意愿现状的探讨主要集中在移民的回流与否意愿，也有少数文献分析了打算回流移民的回流时间意愿。从纵向看，移民打算回流的比例在波动中呈现减弱的趋势。从横向看，多数研究结果显示，最近十年左右移民的回流意愿不强，从流入国打算回流到流出国的比例在25%左右，但这一比例只是一个均值，会因不同的流出国、流入国、调查年份而存在一些差异。就回流时间意愿而言，选择短期内回流的移民比例很低，多数移民尚未确定具体的回流时间。与国外研究类似，国内学者对回流意愿现状的分析也主要集中在农民工的回流与否意愿，只有少数学者进一步探讨了有回流打算的农民工在回流时间、回流地域和回流就业/创业方面的意愿。就回流与否意愿而言，我国农民工回流的比例普遍高于国际移民，且因不同时间、不同人群、不同地域而异。在回流时间意愿方面，农民工打算近期回流的比例高于国际移民的这一比例。在回流地域意愿方面，农民工回流到农村的意愿强于回流到县城等其他地方的意愿。在回流就业/创业意愿方面，农民工更倾向回流后从事非农职业和创业。

二 回流意愿的影响因素

国内外的实证研究文献不仅分析了劳动力回流意愿的现状，还对劳动力回流意愿（主要是回流与否意愿）的影响因素进行了较为深入的探讨。相比之下，国内外学者对回流时间意愿、回流地域意愿和回流就业/创业影响因素的分析很少。劳动力的回流意愿受微观和宏观诸多因素的影响，具体可将其概括为个体、家庭、流入地和流出地因素，本部分将对这些影响因素进行全面系统地梳理。

（一）个体因素

影响回流意愿的个体因素较多，主要包括以下几类变量：一是年龄、性别、婚姻状况等人口学特征变量；二是教育程度、职业技能培训等人力资本变量；三是收入、职业、住房等经济特征变量；四是在流入地的居住时间、外出次数、流动范围等流动特征变量；五是对流入地的归属感和融合情况等其他个体变量。

1. 人口学特征

（1）年龄/代际

就国外文献而言，与年龄较小的移民相比，年龄较大的移民回流的概率更大，这是因为年龄较大的移民有更多的家庭责任促使他们回流（Miao et al.，2013）。其他研究也证实，家庭责任是导致农民工回流的重要原因之一（Wang and Fan，2006）。年龄不仅正向影响回流行为，也正向影响回流与否的意愿。Paparusso 和 Ambrosetti（2017）通过调查流入意大利的摩洛哥人发现，年龄越大的移民回流的意愿越强。这一方面与移民的既定目标有关，如 Agyeman 和 Garcia（2016）的研究发现移民在孩子长大或退休后希望回流；另一方面与年轻人大多数外出有关，如果年轻人回流到流出地则很难找到兴趣和价值观类似的人玩（Mohabir et al.，2017）。还有研究认为，年龄和回流与否意愿之间是 U 型关系，即一开始是回流的意愿随着年龄的增长而增强，但在较高年龄时回流的意愿开始减弱（Tezcan，2018）。也有一些研究认为，在控制经济资源等变量后，年龄对回流与否意愿没有显著影响（Piotrowski and Tong，2013）。

还有一些学者从代际的角度对回流与否意愿进行了分析。Carling 和 Pettersen（2014）认为，父辈回流的意愿强于子辈，这证实了前文提及的"年龄正向影响移民的回流与否意愿"的观点。但 Bonifazi 和 Paparusso（2019）的研究得出了相反的结论，认为年龄对回流与否意愿的影响不是正向的，而是负向的。亦即第 1.5 代或第 2 代移民回流的意愿比第 1 代移民更强，这可以从两方面进行解释：一是年轻一代无法摆脱上一代移民的累积劣势；二是年轻一代由于语言的优势，比上一代更容易感受到流入国的歧视（Tezcan，2019）。

从国内文献来看，年龄对农民工回流意愿的影响在不同的研究中存在差异。学界普遍的观点认为，农民工的年龄与其回流与否意愿正向相关（罗静、李伯华，2008），即年龄越大的农民工回流的意愿越强（景晓芬、马凤鸣，2012；牛建林，2015）。从代际差异来看，与新生代农民工相比，老生代农民工回流的意愿更强（余运江、孙斌栋、孙旭，2014；桂江丰、马力、姜卫平等，2012；张文宏、栾博、蔡思斯，2018）。这是因为随着年龄增长，农民工体力下降，收入降低，乡土情结更浓，渴望稳定的生活，故而更倾向返乡定居（孙小龙、王丽明、贾伟，2015；景晓芬、马凤鸣，2012；罗静、李伯华，2008）。此外，城市企业用工年轻化的需求导致年龄较大的农民工失业，使他们难以具备继续城市化或在流入地定居的经济能力（章铮、杜峥鸣、乔晓春，2008）。

也有些研究得出了相反的观点。赵翌（2015）认为，随着年龄的增加，农民工回流的意愿下降，这可能与数据样本较为年轻有关——45岁前的农民工在非新生代农民工中占了较大比例，他们比新生代农民工在城市生活和工作的时间更长，积累了一定的经济基础，有更好的适应能力，因而更倾向留在城市长期居住。张丽琼、朱宇、林李月（2016）在浙江宁波的研究也得出了类似的结论：19岁及以下、20—29岁、30—39岁的农民工打算回流的概率分别是40岁及以上农民工的16.93倍、8.62倍、6.19倍，这表明40岁以下的农民工回乡发展的意愿强于40岁及以上的农民工，这与农民工在流入地的资源和社会网络有关。相比于年龄较大的农民工，年龄较小的农民工在流入地的居住时间短、社会资本积累少，工作不稳定，对自己工作的满意度不高（张昱、杨彩云，2011），融入城市的状况没有得到明显改善（李培林、田丰，2012），因此其回流的意愿更强（刘林平、王茁，2013；张红霞、江立华，2017）。概而言之，农民工的回流与否意愿因年龄而异（袁方、史清华、卓建伟，2015）。

还有一些研究认为年龄对回流与否意愿没有显著影响（于水、姜凯帆、孙永福，2013）。李强、龙文进（2009）的研究也证实，在各个年龄段，农民工的回流与否意愿没有显著差异。

农民工的回流地域意愿受其年龄的显著影响。选择回流到本村的农民工主要是51岁以上的人员，比例高达85.7%；选择回流到县城的农民工主要为35岁以下人员，显然，年龄越大的农民工回流到村级居民点的概率越高（王利伟、冯长春、许顺才，2014）。即使是在35岁以下的农民工中，其回流地域意愿也存在差异，如黄庆玲、张广胜（2013）的研究发现，21—25岁的农民工倾向回县城，而26-32岁的农民工倾向回农村老家。

(2) 性别

国外有很多学者探讨了性别对移民回流意愿的影响。主流的研究结果是男性的回流意愿强于女性（Bonifazi and Paparusso, 2019）。这一研究结果也在Carling 和 Pettersen（2014）、Ravuri（2014）、Tezcan（2018）等文献中得到证实。这可以从以下三个方面进行解释：第一，对于男性来说，迁移（离开流出国）可能意味着地位、特权和公众认可的丧失，而这需要通过回流到原籍国重新建立（Itzigsohn and Giorguli-Saucedo, 2010；Bonifazi and Paparusso, 2019），所以男性回流的意愿更强；第二，对于女性而言，回流到原籍国可能意味着失去在流入国获得的独立和平等，因此女性回流的意愿更弱（Paparussoand Ambrosetti, 2017）；第三，女性比男性在流入地融合得更好（Itzigsohn and Giorguli-Saucedo, 2010），现有研究表明在流入地融合较好的移民回流的意愿较弱（de Haas and Fokkema, 2011）。还有研究认为，性别对回流意愿的影响受到移民类型的干扰和调节。对非法移民而言，男性由于没有工作或从事低技能工作，因此回流的意愿较强；对于合法移民而言，男性可以找到比女性更好的职业，获得更多的收入（女性主要从事家政服务业或低技能工作），因此在流入国定居的能力强于女性，这使得男性回流的意愿比女性弱（Carretero et al., 2018）。此外，Waldorf（1995）对流入德国的外籍移民的研究发现，性别对回流意愿的影响甚微。

国内的研究在分析性别对农民工回流意愿的影响时得出了不一致的结论。大多数学者认为，男性比女性更倾向于回流（罗静、李伯华，2008；沈鑫、许传新，2016）。即女性选择在城市居留的意愿强于男性（孟兆敏、吴瑞君，2011），她们往往希望通过婚姻方式实现自身命运和身份的转变（孙小龙、王丽明、贾伟，2015；李强，2003）。然而，也有研究持相反观点。如郑文杰、李忠旭（2015）通过分析北京200位新生代农民工的调查数据发现，女性回流的意愿强于男性，这是由于女性在竞争力和适应力等方面略低于男性、女性更容易受到结婚、生子等家庭因素的影响；而且女性在劳动力市场中明显受到歧视，工资水平也低于男性（张翼，2015）。

也有少量研究认为，随着男性和女性权益和就业选择的平等化，性别对农民工回流与否意愿的影响在不断弱化（张丽琼、朱宇、林李月，2016），故不同性别农民工的回流与否意愿没有显著差异（陈翠文，2014）。

有研究认为，性别影响农民工的回流地域意愿。季莉娅、王厚俊、杨守玉等（2014）通过分析流入广州的新生代农民工发现，女性农民工更倾向回到户籍所在省的县城，而男性农民工更倾向回到户籍所在省的农村。

（3）婚姻

婚姻状况是影响移民回流的重要因素（Yang，1994；Fugl-Meyer et al.，2002；Miao et al.，2013）。与未婚移民相比，已婚移民回流的意愿更弱（Paparusso and Ambrosetti，2017；Bonifazi and Paparusso，2019）。但 Waldorf（1995）对德国外籍劳工的研究不支持以上观点，认为婚姻状况对回流意愿的影响甚微。事实上，婚姻状况对回流意愿的影响因不同代际的移民而异。Bettin 等（2018）通过分析流入德国的土耳其移民的数据发现，在第一代移民中，婚姻状况对回流与否意愿的影响在统计上不显著；但在第二代移民中，婚姻状况会显著影响移民的回流与否意愿，这与第二代土耳其移民经常与在德国长大的人结婚有关，这使得第二代已婚移民在德国有较多的资本，因此其回流的意愿弱于第二代未婚移民。

与国外"婚姻会降低移民回流的意愿"观点不同，国内的研究发现，婚姻可显著提高新生代农民工回流的概率，这可能与新生代农民工的经济基础较为薄弱以及大部分新生代农民工的配偶都在家乡有关（赵翌，2015）。新生代农民工的配偶留在家乡，可能原因是其配偶即将面临生子等家庭生命事件，而这些事件在流入地的完成难度大于流出地（郑文杰、李忠旭，2015）。但是，也有研究表明婚姻会促使农民工留在流入地。已婚尤其是有子女的农民工更愿意进行家庭式流动，并且在流入地长期定居的意愿更强烈（李若建，2007；陈功、杨光飞，2018）。

2. 人力资本特征

（1）教育程度

教育程度是测量人力资本最重要的变量。较高的教育程度是移民在流入国成功进入劳动力市场的重要条件，也有助于其更好地融入流入国。有研究表明，教育可以改善移民及其后代的社会经济地位和职业成就（Bartolomeo，2011；Baizán and González-Ferrer，2016）。因此从理论上看，教育程度高的移民回流的意愿应该弱于教育程度低的移民。然而，现有的大多数实证研究结果与预期相反。Tezcan（2018）通过分析流入美国的墨西哥移民发现，教育程度越高的墨西哥移民从美国回流到墨西哥的意愿越强，这是因为教育程度高的墨西哥移民回流后在劳动力市场中比教育程度低的回流移民更具就业优势。Paparusso 和 Ambrosetti（2017）对流入意大利的摩洛哥移民的研究得出了类似的结论，认为教育程度高的移民因对流入国的职业不满意，所以其回流的意愿强于教育程度低的移民。具体而言，接受过初等教育的移民打算回流的比例约为 15%，接受过中等和高等教育的移民打算回流的比例分别为 21% 和 22%（Paparusso and Ambrosetti，2017）。模型分析结果显示，与接受过初等教育及以下的移民相比，拥有大学学位的移民打算回流的概率是参照组的 2.61 倍，具有专业资格（如教学、护理、工匠）的移民打算回流的概率是参照组的 3.17 倍，具有中等教育学历的移民打算回流的概率是参照组的 1.86 倍（Makina，2012）。

还有一些学者认为，教育程度与回流与否意愿之间的关系是非线性的。De Haas 等（2015）通过调查流入欧洲的摩洛哥移民发现，完成学前和小学教育的移民回流的意愿最强，其次为接受过高等教育的移民，没有接受过教育的移民回流的意愿最弱。Carling 和 Pettersen（2014）得出了略有差异的结论，他们认为教育程度与回流与否意愿之间是一种倒 U 型关系，回流意愿最强的是受过中等教育的移民，相比之下，受过高等教育或初等教育的移民回流的意愿更弱。

国内研究发现，与城镇户籍人口相比，农民工的教育程度普遍较低（吴晓刚、张卓妮，2014）。教育的回报率与教育程度正向相关（郝翠红、李建民，2017；陈宁、石人炳，2020）；而且农民工教育的回报率高于城—城流动人口（于潇、孙悦，2017）。与国外的研究发现不同，我国多数研究认为，农民工的教育程度与回流与否意愿负向相关。教育程度较高者，更渴望留在并融入城市（袁方、史清华、卓建伟，2015；孟兆敏、吴瑞君，2011），他们掌握的技能越多，学习和接受新事物的能力也越强（于水、姜凯帆、孙永福，2013），在城市的竞争力更大，可以找到声望更高和收入更稳定的职业，因此其回流的意愿更弱（李楠，2010；余运江、孙斌栋、孙旭，2014）。李强、龙文进（2009）的研究也证实，相对于只接受过小学及以下教育的农民工，接受过初中、高中和高中以上教育的农民工回流的概率都有不同程度的下降。具体而言，农民工最倾向回流的是小学及以下学历者，次之的是初中学历者，最低的是高中及以上学历者（张丽琼、朱宇、林李月，2016）。总体而言，现有大多数文献都证实了"精英流失"现象，即越是精英（通常是教育程度较高者），越倾向在城市居住，不返回家乡（李强，2003；孟兆敏、吴瑞君，2011）。

（2）健康状况

通常，较差的健康状况会增强移民返回原籍国的意愿，因为这可以得到更多亲属的支持和照料。但事实上，较差健康状况的移民还会比较流入国和流出国的医疗服务质量，因此健康状况对回流与否意愿的影响并非如此简单。Bettin等（2018）通过调查流入德国的第一代和第二代土耳其移民发现，移民的健康状况对其回流意愿没有显著影响，这是因为土耳其移民虽然回流后可能得到流出国家人的更多照料，在接受医疗服务时也不会有语言或文化障碍，但流入国（德国）比流出国（土耳其）更优质的医疗资源对其产生了较大的拉力，两地的拉力相互抵消导致健康状况对移民的回流与否意愿的影响不显著。

（3）职业技能培训

除接受正规教育外，参加职业技能培训也是提升人力资本的重要方式。宋林飞（2005）认为，农民工最需要的就是接受职业技能的培训。然而，尽管农民工接受技能培训的意愿非常强烈，但实际参加职业技能培训的比例却比较低（刘玉照、苏亮，2016）。与正规教育相比，职业技能培训对农民工外出务工更具有针对性，有助于他们在流入地寻找到声望和收入更高的职业，从而显著增强他们在城市的定居意愿（李楠，2010；王晓峰、温馨，2017）。换言之，没有参加职业技能培训的农民工打算回流的意愿强于参加了劳动技能培训的农民工。然而，也有学者不支持这一观点。牛建林（2015）研究发现，农民工的职业技能对其回流与否意愿的影响在统计上不显著，这与受教育年限的显著影响形成鲜明对照。还有研究认为，农民工在城市积累的工作经验会增强其回流的意愿（孙小龙、王丽明、贾伟，2015），这是因为工作经验的积累有助于他们在流出地找到工作。

3. 劳动就业特征

(1) 就业状况/职业

多数研究认为，能否在流入国找到工作直接影响移民的回流与否意愿。Bettin 等（2018）认为，在德国的第一代、第二代土耳其移民的失业正向影响其回流与否意愿。然而，Paparusso 和 Ambrosetti（2017）的研究得出了不同的结论，与就业的移民相比，失业的移民较少表达回流的意愿，更多的是表达对将来的不确定性。对流入欧洲的摩洛哥移民的调查显示，是否找到工作和职业地位均不影响移民的回流与否意愿（de Haas et al., 2015）。对于已就业的移民来说，过长时间的工作使其回流的意愿增强（Piotrowski and Tong, 2013）。国内的研究也发现，工作强度的增加会显著增强农民工回流的意愿（赵翌，2015）。

就业质量高会增强农民工把户籍迁入流入地的意愿（张鹏、郝宇彪、陈卫民，2014）。但受教育程度不高、与城市社会关系网络隔绝等影响，大部分农民工从事的是声望较低的职业（焦永纪、温勇、孙友然，2013；杜鹏、张航空，2011）。从职业来看，从事制造业的产业工人回流的意愿更强（牛建林，2015），而从事个体经营和技术型的农民工因为收入水平更高，更倾向在流入地长期居住（王春蕊、杨江澜、刘家强，2015）。从就业身份来看，受雇农民工比自雇农民工更倾向回流（李树苗、王维博、悦中山，2014）。劳动合同的签订情况对其回流与否意愿存在显著的负向影响（郑文杰、李忠旭，2015）。即签订劳动合同会减弱农民工回流的意愿；没有签订劳动合同的农民工很多从事职业声望较低、周边环境较差的工作，对城市的期望逐渐降低，这会在一定程度上增强其回流的意愿（张丽琼、朱宇、林李月，2016）。

(2) 收入

更高的薪水和收入会减弱移民的回流与否意愿，推迟其做出回流决定的时间（Precious and Olawale, 2014）。Makina（2012）通过分析流入南非的赞比亚移民的调查数据发现，与南非每月收入在 1000 兰特及以下的移民相比，收入在 1001—2000 兰特、2001—4000 兰特，4000 兰特以上移民的优势比（odds ratio）均小于 1，这表明移民随着在流入国收入水平的提高，回流倾向随之下降。

收入水平显著地负向影响劳动力回流与否意愿的观点得到了国内文献的证实。余运江、孙斌栋、孙旭（2014）认为，收入水平高的农民工回流的意愿更弱。郑文杰、李忠旭（2015）对大城市新生代农民工的分析结果显示，平均月收入对其回流与否意愿存在显著的负向影响；李强（2003）认为，在城市挣钱少的农民工倾向回去，挣钱多的农民工倾向不回去；于水、姜凯帆、孙永福（2013）认为，外出务工收入占家庭收入比重越大，农民工回流的意愿越弱。就农民工的回流地域意愿而言，月收入越低的农民工，越倾向回农村老家（甘宇，2015）。但也有研究得出了相反的观点，蔡禾、王进（2007）认为，收入越低的农民工越希望把户口迁移到所在城市，实现制度性永久迁移。

（3）住房

俗话说，金窝银窝，不如自己的狗窝。可见，中国人对房子具有一种特殊的情感，由此可推断农民工的房屋地点势必影响其回流意愿。如果农民工在流入地拥有自己的住房，则回流的意愿相对较弱（孙小龙、王丽明、贾伟，2015）。古恒宇、覃小玲、沈体雁（2019）得出了类似的结论：流入地的住房拥有率会对回流与否意愿产生抑制作用。也就是说，如果农民工在流入地拥有住房，这会减弱其回流到家乡的意愿。此外，宅基地上的农村住房在农民工的回流决策中扮演着重要角色，会提升其回流到家乡的意愿（汤爽爽、郝璞，2018）。国际移民在流出国拥有房屋也会增强其回流的意愿（Tezcan，2018）。

4. 流动特征

（1）在流入地的居住时间

在国外的研究中，在流入地的居住时间（length of stay）对回流与否意愿的影响并未达成一致的观点，可将其概括为三种情况，即正向影响、负向影响和没有影响。墨西哥移民留在美国的居住时间越长，回流的可能性越低（Tezcan，2018）。De Haas 和 Fokkema（2011）也认为，在流入地的居住时间和回流与否意愿之间负向相关，因为移民在流入地的社会融合随着居住时间的延长而越好，在流入地受到的社会和经济排斥也越少（Paparusso and Ambrosetti，2017）。此外，Bonifazi 和 Paparusso（2019）、Makina（2012）的研究均证实了居住时间负向影响移民回流与否意愿的观点。

另外一些研究认为，移民在流入地的居住时间与其回流与否意愿之间是正向相关关系。如摩洛哥移民在意大利的居住时间越长，他们回流到摩洛哥的意愿越强（Paparusso and Ambrosetti，2017）。另一项对流入欧洲的摩洛哥移民的研究也证实，在欧洲的居住时间越长，回流到摩洛哥的意愿也越强。这两项研究表明许多摩洛哥人在退休后都打算回流（de Haas et al., 2015）。

还有一些研究认为，移民的回流与否意愿并不受其在流入地居住时间的影响。如 De Haas 和 Fokkema（2011）对流入西班牙和意大利的非洲移民的研究发现，在流入地的居住时间对移民的回流与否意愿没有显著影响。这可以从两方面进行解释：一是样本中移民的平均停留时间相对较短，这使得居住时间的长期效应无法显现；二是模型中包含了融合和跨国主义变量（transnationalism variables），这些变量在一定程度上都是时间的函数，可能部分地解释了在流入地居住时间的效应（Piotrowski and Tong, 2013）。

在国内的研究中，主流的观点是：在流入地的居住时间越长，农民工的门路越宽广，越能适应流入地的生活和工作环境，回流的可能性更低（牛建林，2015；李强，2003；任远，2006）。这说明农民工的回流决策在居住时间上具有选择性——随着返乡倾向较高的农民工逐渐退出，在流入地居住时间较长的农民工往往是回流意愿较低者（李楠，2010）。这与朱宝树（1999）和任远、戴星翼（2003）提出的农民工在流入地的居留倾向具有"累计惯性"的观点一致。

但也有一些研究得出了不一样的观点，即在流入地的居住时间与农民工回流与否意愿的关系不是简单的线性关系，而是 U 型关系。进城 1—3 年的农民工打算回流的比例为 48.93%，进城 4—6 年的农民工的这一比例下降到 47.17%，进城 7—9 年的农民工的这一比例略有反弹，为 47.56%，而进城 10—14 年的农民工的这一比例则上升到 48.53%，进城 15 年及以上的农民工的这一比例大幅上升到 53.86%（袁方、史清华、卓建伟，2015）。农民工回流的概率一开始随着在流入地居住时间的增加而降低，是因为随着时间推移，农民工的人力资本逐渐积累，就业能力逐步提升，职业的胜任能力增强，在流入地的社会适应能力提高，这使得其回流的意愿较弱（袁方、史清华、卓建伟，2015）。但随着在流入地居住年限的进一步增加，农民工返乡的意愿会增强：一方面，受户籍制度限制和相关政策歧视的影响，他们难以以"市民化"的方式融入城市，回流似乎是无奈之举；另一方面，入城时间 10 年及以上的农民工大多为第一代农民工，往往具有较强烈的"恋乡"情节（袁方、史清华、卓建伟，2015；李楠，2010）。此外，回乡创业的想法也使得部分有一定人力资本积累的农民工的回流意愿增强（戚迪明，2013：34）。

(2) 流动次数/回流次数

流动次数越多的移民回流的意愿越强，这一结论在 de Haas 等（2015）对流入欧洲的摩洛哥移民的研究中得到证实。

Bonifazi 和 Paparusso（2019）通过分析流入意大利的第一代移民发现，回原籍国次数越多的移民回流的意愿越强，这与回流次数多的移民与流出国保持较密切的联系有关（Barber，2017；Model，2016）。不仅回原籍国的次数影响移民的回流与否意愿，回原籍国的时间长短也是影响移民回流与否意愿的重要因素。如对流入德国的土耳其移民而言，相比在过去两年内返回土耳其时间为一个月及以下的移民，返回土耳其超过一个月的土耳其移民有更大的概率回流，这与后者回去办企业、买房子、熟悉家园、寻找他们未来的可能性有关，而前者则可能与其主要家庭关系在德国，只是回去度假有关（Tezcan，2019）。

在国内，只有少数学者探讨了外出次数与农民工回流意愿的关系。男性农民工随着外出次数的增多，选择"等年纪大了返乡"的可能性随之增大，"赚足了钱/掌握技术后返乡"的可能性也明显提高（牛建林，2015）。孙小龙、王丽明、贾伟（2015）的研究发现，农民工每年回家次数越多，返乡定居的意愿越弱，这与农民工每次回家看到"家乡的变化并不大，大多同龄玩伴都外出务工，回家找不到人玩"有关。这一结论在于水、姜凯帆、孙永福（2013）的研究中得到证实，他们也发现，回家次数较多的农民工回流的概率小于回家次数较少的农民工。

(3) 流动距离/流动范围

李强（2003）认为，流动距离和回流与否意愿之间负向相关。即越是长距离流动，城市融入能力越弱，农民工回流到家乡的意愿越弱（王晓峰、张幸福，2019）。牛建林（2015）分析了流动范围与回流与否意愿的关系，认为有过跨省流动经历的被访者比省内流动的被访者更倾向"赚足了钱或掌握技术后返乡"。

5. 社会网络

移民嵌入到流入国的社会关系越多，越有可能在流入国定居（Korinek et al.，2005）。De Haas 等（2015）对流入欧洲的摩洛哥人的调查研究得出了类似的结论：移民在流入国最好的朋友如果是欧洲人会减弱其回流的意愿。反之，如果移民在流入国的朋友主要是原籍国人，则会增强其回流的意愿

(Tezcan，2018）。也就是说，国际移民在流入国的社会资本显著负向影响其回流与否意愿，流出国的社会资本则显著正向影响其回流与否意愿（Haug，2008）。国内的研究发现，亲友的回流显著影响农民工的回流与否意愿。张丽琼、朱宇、林李月（2016）认为，有亲友回流的农民工回流的概率是没有亲友回流的农民工的9倍左右。

6. 与流出国的联系

社会融合理论强调回流与流入地的关系。与此不同，跨国主义理论强调回流与流出国的关系，认为移民与流出国的联系越多，越可能回流。这一结论在Tezcan（2019）的实证研究中得到证实。该研究通过分析流入德国的土耳其移民的调查数据发现，流入德国的土耳其移民与其流出国（土耳其）的联系越多，回流的概率越大。汇款是移民与流出国保持联系的重要方式，会显著增强其回流的意愿（Tezcan，2018；Paparusso and Ambrosetti，2017）。Paparusso和Ambrosetti（2017）对流入意大利的摩洛哥移民的研究还发现，摩洛哥人在流出国（摩洛哥）的经济投资正向影响其回流与否意愿，这一结论也适用于像塞内加尔人那样的易回流群体。

7. 其他个体因素

与预期不符，退休作为生命历程的事件之一，对移民的回流与否意愿有负向影响或没有显著影响，这表明其他方面（如在流入国的养老金、住房、交通补贴、融合的好）等因素抵消了退休对回流与否意愿的积极影响（Bettin et al.，2018；Paparusso and Ambrosetti，2017）。与预期相符的是，与有流入国公民身份的移民相比，没有流入国公民身份的移民回流的意愿更强；与在流入国持有长期居留许可证（绿卡）的人相比，持有居住许可证或短期居住许可证（签证）的人回流的意愿更强（Paparusso and Ambrosetti，2017）。

移民的回流与否意愿除受客观因素的影响外，还受一些主观因素的影响。De Haas等（2015）的研究显示，流入欧洲的摩洛哥人如果对欧洲有归属感，则会减弱其回流到摩洛哥的意愿。与归属感密切相关的概念是身份认同。Tezcan（2018）通过分析流入美国的墨西哥移民的调查数据发现，对美国有很强认同感的移民，回流到墨西哥的意愿很弱；但强烈认同自己是墨西哥身份的人回流到墨西哥的意愿很强。为了进一步证实身份认同与回流与否意愿的关系，Tezcan（2019）分析了流入德国的土耳其移民的调查数据，发现了类似的结论，即认同自己是德国人的移民，回流到土耳其的意愿较弱，而认同自己是土耳其人的移民，回流到土耳其的意愿较强。在流入国的生活满意度也是影响回流与否意愿的重要因素，生活满意度越高，移民回流的可能性越小（Bonifazi and Paparusso，2019），在流入国居住的概率则越大（Massey and Akresh，2006）。事实上，生活满意度不仅是个体迁移意愿的一个强有力的预测因素，还是社会经济变量与宏观经济条件影响迁移意愿的一个中介变量（Otrachshenko and Popovad，2014）。此外，感知到的歧视也在一定程度上影响移民的回流与否意愿。Tezcan（2019）认为，在流入国感受到当地居民对外国人的歧视是增强移民回流意愿的催化剂。

与国外的研究观点类似，国内学者认为，农民工在流入地的归属感对其居留意愿有显著的正向影响（郑文杰、李忠旭，2015；李楠，2010）；相反，对家乡的情感依恋越强，回流到家乡的意愿也越强（张蕾、刘晓旋，2012）。

（二）家庭因素

现有研究表明，回流与否意愿不仅受到诸多个体因素的影响，还受到家庭因素的影响。Gibson 和 McKenzie（2009）在对三个太平洋岛国的调查研究中发现，家庭因素作为预测回流与否意愿的重要变量之一，其影响程度大于移民在流入地获得的收入的影响。下面将从家庭成员的居住地分布、家庭生命周期、家庭收入、家庭社会资本、家庭规模/家庭外出务工人数等方面对相关文献进行梳理。

1. 家庭成员的居住地分布

家庭因素的一个重要方面是家庭成员的居住地分布。国外文献注重分析家庭成员的居住地对回流与否意愿的影响（Piotrowski and Tong，2013）。与配偶不在流入国的移民相比，配偶在流入国的移民回流的意愿更弱（Bonifazi and Paparusso，2019）。与孩子不在流入国的移民相比，孩子在流入国的移民回流的意愿更弱；若孩子在流入国就读，更是可以大大降低其回流的概率，这与父母关注孩子的教育（Tezcan，2018）、流入国有更好的教育机会和教育环境、避免回流后孩子需要重新适应等因素有关（Diehl and Liebau，2015；Kuhlenkasper and Steinhardt，2012）。也就是说，如果配偶、孩子或父母留守在原籍国，会增强移民回流的意愿（Paparusso and Ambrosetti，2017；de Haas et al.，2015）。还有学者进一步分析了留守家庭成员人数对移民回流与否意愿的影响。具体而言，有一个或两个留守家人的移民回流的概率是没有留守家人移民的 2.19 倍，而且移民回流的概率随着留守家庭成员人数的增加而显著上升（Makina，2012）。简言之，与举家流动的移民相比，非举家流动的移民回流的意愿明显更强。

我国学者也探讨了家庭成员居住地的分布对回流与否意愿的影响，并得出了与国外研究类似的结论。与家庭成员一起流动可以显著降低农民工回流家乡的概率（张丽琼、朱宇、林李月，2016）。换言之，子女和配偶的居住地是影响农民工回流与否意愿的重要变量（景晓芬、马凤鸣，2012；李楠，2010）。子女在流入地上学的农民工回流的意愿较弱（余运江、孙斌栋、孙旭，2014）。在其他变量相同的情况下，未携带子女流动的农民工打算回流的概率比携带子女流动的农民工高出 6.6 倍左右（张丽琼、朱宇、林李月，2016），这与家中有留守子女的农民工更愿意在流出地附近找个较满意的工作，以方便照顾子女和家庭有关（于水、姜凯帆、孙永福，2013）。

对已婚的新生代农民工而言，配偶留守在流出地显著提高其回流的概率（赵翌，2015）。郑文杰、李忠旭（2015）的研究也发现，与配偶在流入地的农民工相比，配偶在老家或者其他城市的新生代农民工回流到家乡的意愿更强。换言之，与非家庭式流动的农民工相比，家庭式流动的农民工回流到家乡的意愿更弱，这是因为家庭式流动的农民工在流入地已经拥有较稳定的就业和较高的收入，如果他们回流，将会打破其稳定的就业状态，甚至影响收入，这势必增加回流的经济成本和心理成本（张丽琼、朱宇、林李月，2016）。

2. 家庭生命周期

家庭生命周期理论认为，移民的回流意愿和回流行为因不同的家庭生命周期而异。Bettin 等（2018）在对流入德国的第一代和第二代土耳其移民研究时发现，当家庭进入空巢阶段后，父母回流的意愿增强，这是因为他们在这一阶段进入空巢家庭后，父母从照料孩子的职责中解放出来了。

3. 家庭收入

家庭收入影响农民工的回流选择（张剑宇、任丹丹，2021）。农民工的家庭收入越高，返乡定居的意愿越弱，这与收入水平较高的家庭有能力支付较高的城市生活成本有关（孙小龙、王丽明、贾伟，2015）。但受流出地拉力的影响，农民工在流出地的家庭生活水平越高，越倾向回流到家乡（李强，2003）。家庭农业收入的提高可以显著提升新生代农民工的返乡意愿（赵翌，

2015；徐家鹏，2014）。但也有研究认为，家庭收入对农民工的回流与否意愿没有显著影响，这是因为农民工有意隐瞒了他们的收入，导致二者的关系与预期不符（罗静、李伯华，2008）。

4. 家庭社会资本

家庭社会资本对农民工家庭的回流与否意愿有显著地负向影响。即农民工家庭在流入地的社会资本越多，越不倾向回流到家乡定居（李楠，2010）。这是因为社会资本越多的农民工家庭，在打工地安家时能够获得外界更多的社会支持，从而在一定程度上缓解了他们在流入地安家的经济压力和心理压力（甘宇，2015）。

5. 家庭规模/家庭外出务工人数

家庭规模对农民工的回流与否意愿有显著地负向影响。家庭人口规模越大，农民工回流的概率越小，这是因为家庭规模越大，家庭的潜在劳动力越多，承受家庭转移所带来的风险能力越强（甘宇，2015）。古恒宇、覃小玲、沈体雁（2019）进一步分析了家庭外出务工人数和回流与否意愿的关系，认为农民工在流入地的家庭规模对其回流家乡的意愿产生抑制作用，而在流出地的家庭规模则对其回流家乡的意愿产生促进作用。罗静、李伯华（2008）的研究得出了略有差异的结论：家庭外出务工人数较多的农民工，其回流家乡的意愿较弱，但二者的关系在统计上不显著。

新迁移经济理论认为，学界应该从家庭的角度来解释回流决策，这为回流研究提供了一个新的理论视角（相比于新古典经济理论从个人角度进行解释）。然而，国内外探讨家庭因素对回流意愿影响的实证研究不多。

（三）流入地和流出地因素

回流不仅受外出劳动力个体和家庭因素的影响，还受流入地和流出地的经济发展、社会稳定、制度和政策等因素的影响（Miao et al.，2013；张蕾、刘晓旋，2012）。流入地的吸引力大，外出劳动力回流到流出地的意愿弱（罗静、李伯华，2008）。

1. 经济发展

新古典经济理论认为，移民在东道国面临经济困难时，回流的意愿会增强，Tezcan（2019）来自德国的经验数据证实了这一观点。具体而言，如果流入地的经济发展不好，甚至遇上经济危机，就业机会大量减少，会导致外出劳动力回流（Gmelch，1980；Constant and Massey，2002）。反之，如果迁出地不能为流动劳动力提供充分的就业和一定水准的生活，移民回流的意愿会较弱（Gmelch，1980）。

农民工家乡的经济发展状况与回流与否意愿有较强的关系。从经济发展水平高的地区流出的农民工，回流到流出地的意愿最为强烈；从经济发展水平中等和较低地区流出的农民工，回流到流出地的意愿则较弱（张丽琼、朱宇、林李月，2016）。赵翌（2015）的研究也认为，农民工回流家乡的意愿随着其所在家乡经济发展水平的提高而增强。还有学者认为，农村的非农产业发展影响农民工的回流与否意愿，非农产业越发达，农民工返乡的意愿越强（叶静怡、李晨乐，2011），这与非农产业发达的地区有更多的非农就业机会有关。农村非农就业比例越高，回流农民工人力资本的期望回报率就越高，因而农民工回流的概率越大（叶静怡、李晨乐，2011）。

然而，也有少量研究不支持以上观点，如郑文杰、李忠旭（2015）在北京市对新生代农民工的实证研究中发现，家乡就业机会对回流与否意愿的影响不显著，这可能与北京等大城市对新生代农民工有极大的拉力有关。

农民工的回流与否意愿不仅受流入地和流出地经济发展水平的影响，还受产业结构调整的影响。王春超、李兆能、周家庆（2009）认为，沿海地区产业结构的调整是促使农民工回流返乡的宏观影响因素。近年来，随着中国沿海发达地区产业转移步伐不断加快，承接产业转移的中西部地区就业机会明显增多，极大地吸引了外出农民工回流就业（王利伟、冯长春、许顺才，2014），有些高素质的农民工也开始主动回流（郭力、陈浩、曹亚，2011）。

2. 社会稳定与社会发展

流出国的社会不稳定负向影响移民的回流与否意愿，因为回流必须付出一定的代价，无法控制的社会形势使得移民难以成为国内变革和发展的参与者（Paparusso and Ambrosetti，2017；Cassarino，2004）。

除了社会稳定外，流入地和流出地的基础设施、文化教育、医疗卫生等社会因素都可能对外出劳动力的回流与否意愿产生影响。国内研究发现，农民工对基础设施的满意度显著影响其回流与否意愿，其对农村基础设施越满意，回流的概率越大（梁玉成、刘河庆，2016；于水、姜凯帆、孙永福，2013）。与流入地相比，流出地的基础设施建设相对落后。教育质量差距是有学龄儿童外出务工家庭选择不回流的重要原因（王利伟、冯长春、许顺才，2014）。与流入地的教育质量相比，流出地的教育质量相对较差，有高达81.3%的农民工都希望提高流出地的教育水平（王利伟、冯长春、许顺才，2014）。受户籍制度的限制，流动儿童在流入地接受教育受到一些条件的限制，若农民工对流出地的教育质量比较满意，则更愿意选择回流（于水、姜凯帆、孙永福，2013）。王利伟、冯长春、许顺才（2014）的研究显示，有79.4%的农民工希望提高家乡的医疗水平，这说明流出地医疗卫生水平的改善也是增强农民工返乡意愿的重要因素。简言之，当前社会主义新农村建设开展所带来的农村生活的改善和提高，越来越成为进城务工农民回流定居的重要拉力（吴磊、朱冠楠，2007）。此外，李强（2003）的研究认为，农民工家乡的生活水平越高，他们越倾向回流到家乡。

3. 制度和政策因素

流入国的制度和政策是影响移民在流入地定居还是回流的重要因素（Martin，1994）。通常，流入国实施比较包容、有利于移民经济和政治融合的政策时，移民回流的意愿较弱（Paparusso and Ambrosetti，2017）。毫无疑问，流出国的制度和政策也会对移民回流与否的意愿产生影响。受限于数据，国外文献很少探讨流入国和流出国的某一具体政策对移民回流与否意愿的影响。

与国外的研究相比，我国有较多学者探讨了户籍制度、社会保障、土地政策等对农民工回流与否意愿的影响。城乡分割的户籍制度使农民工在流入地不能和户籍人口平等地享有社会保障、劳动就业、医疗卫生、子女教育等方面的公共服务（彭希哲、万芊、黄苏萍，2014），如在劳动力市场中存在限制户籍的入职门槛（程诚、边燕杰，2014）。这给农民工在流入地的工作和生活带来了诸多不便（王春兰、丁金宏，2007），从而对其在流入地的居留意愿产生了影响（孟兆敏、吴瑞君，2011；李强，2003），最终使得农民工回流。而户籍制度的逐步改革，如居住证制度的推广，不仅为经济转型升级聚集了新的人力资源优势，还打开了农民工融入城市的现实通道（张车伟，2012）。然而，也有研究认为，户籍制度对农民工居留意愿的影响不显著。即使没有户籍制度的制约，大部分农民工也将最终返回家乡（朱宇，2004）。

作为社会保障核心的社会保险对农民工在城市的居留选择具有重要影响。马齐旖旎、文静、米红（2019）对大湾区农民工的调查发现，农民工对社保障的关注度明显上升，显著影响其回流意愿。流入地用工单位没有提供任何社会保险的农民工更倾向回流（张丽琼、朱宇、林李月，2016）。换言之，农民工参加城镇社会保险可产生一定的"吸纳效应"，即可提高其在城市就业的预期收益，吸引其向城镇迁移或留在城市，因而会降低其回流的概率（秦雪征、周建波、辛奕等，2014）。余运江、孙斌栋、孙旭（2014）的研究发现，农民工在流入地参加城镇养老保险、城镇医疗保险、城镇失业保险均显著降低其回流到家乡的意愿。桂世勋（2009）的研究发现，有部分农民工主动放弃参加流入地的社会保险，其原因是担心回老家后没办法转移接续。相反，农民工参加农村社会保险可增强其回流的意愿。如秦雪征、周建波、辛奕等（2014）及景晓芬、马凤鸣（2012）的研究均发现，农民工在流出地参加新型农村合作医疗保险可增加其回流的预期收益或福利，因而会增强其回流到流出地的意愿。余运江、孙斌栋、孙旭（2014）的研究也证实，农民工参加农村医疗保险使其更倾向回流。此外，农民工参加农村养老保险也可显著增强其回流家乡的意愿，这对农民工返乡的"拉回效应"较为明显（秦雪征、周建波、辛奕等，2014）。具体而言，随着时间推移，经济状况和工作状况对回流与否意愿影响的贡献率逐渐减少，而防护性保障对回流与否意愿影响的贡献率由 2009 年的 4.52% 大幅上升到 2012 年 12.97%（袁方、史清华、卓建伟，2015）。

土地政策也影响我国农民工的回流与否意愿。李强（2003）认为，农民工中有较高比例的人口倾向返回家乡与我国特有的土地政策有密切关系。陈翠文（2014）的研究发现，无地农民工回流家乡的意愿极低，他们主观上更愿意克服在城市的各种生存困境并谋求发展。但也有学者认为，土地对农民工的回流与否意愿没有显著影响，耕地面积的多少对农民工的回流与否意愿也没有显著影响（罗静、李伯华，2008）。之所以学者们得出了不同的结论，是因为土地对回流与否意愿的影响取决于农村地区农业收入与非农收入的差异——在高收入地区子样本中，土地对回流与否意愿几乎没有影响，但在低收入地区子样本中，无土地对回流的概率有显著的负向影响。这说明在非农产业比较发达的地区，土地不再是影响农民工回流的主要因素（叶静怡、李晨乐，2011）。土地对回流意愿的作用在弱化，也与农民工代际更替，新生代农民工没有多少农业生产经验有关（汤爽爽、郝璞，2018）。此外，蒋海曦、蒋玲（2019）认为，土地流转对农民工回流意愿的形成有较大的障碍。

此外，政府对农业的支持力度（出台和实施的一系列优惠政策，如税费改革、务农补贴）、农村义务教育学费减免，以及当前实施的新型城镇化和乡村振兴战略都将成为农民返乡定居的重要拉力（沈君彬，2018；王爱华，2019），可显著提升农民工回流家乡的意愿（吴磊、朱冠楠，2007；徐家鹏，2014）。流出地政府出台的鼓励农民工回乡创业和就业的政策也将提升农民工回流的意愿（张丽琼、朱宇、林李月，2016）。若流出地政策的开放度不够，则会促使更多的农民工外流（陆杰华、王广州、彭琰，2000）。

以上对国内外有关回流意愿影响因素的文献进行了分门别类的总结和归纳。通过比较国内外研究发现，有些因素对回流意愿的影响性质相同：如流入地的收入越高，移民和农民工回流的意愿越弱；移民和农民工在流出地拥有房屋则会增强其回流的意愿；子女和配偶等的留守也会增强移民和农民工的回流意愿。但也有一些因素对回流意愿的影响性质存在差异：如国外研究发现，移民的婚姻会降低移民回流的意愿，教育程度较高的移民回流的意愿更强；但国内研究认为，婚姻可显著提高新生代农民工回流的意愿，教育程度较高的农民工其回流的意愿较弱。

三 回流的影响效应

通过梳理与回流相关的文献可知，农民工的回流选择受农民工个体、家庭、流入地和流出地等诸多因素的影响。不仅如此，农民工回流后还将对农民工个体、家庭、流入地和流出地产生积极和消极的影响，下面将对这些影响效应进行归纳总结。

（一）对个人的影响

1. 就业与生活

我国城乡经济发展水平存在差异，城市薪酬高于务农收入（彭新万、张凯，2017）。受流出地就业机会较少、收入水平较低的影响，回流农民工的收入水平可能下降或处于暂时性失业的状态（马红梅、罗春尧，2016）。对于已就业的回流农民工而言，有27.5%选择重新进入农业生产部门，从事农业生产活动，相比于外出务工的职业声望明显降低（沈苏燕、王晗、伍玥蓉，2018）；但也不乏部分回流的农民工职业声望得到明显提高（沈君彬，2018），这与他们在流入地务工期间增长了见识、学习了技术、改变了思想观念、积累了丰富的经验和资本有关（林斐，2002；Gmelch，1980）。

在生活方面，农民工在外务工时，受工作节奏较快的影响，其休闲娱乐方式单一，以逛街、锻炼身体为主；回流后，工作节奏放慢，生活相对闲适，娱乐方式更加多元，与家人朋友的交流更密切，接触电视等媒体的时间也增加（沈苏燕、王晗、伍玥蓉，2018）。

2. 社会适应与角色转换

由于长期在流入地生活，农民工回流后存在环境转换的适应性障碍（吴孔军、疏仁华，2015）。王爱华（2019）也认为，农民工从现代化的城市回到农村后，在经济、社会、心理等方面会出现不适应的问题。尤其是对于新生代农民工而言，特殊的成长环境导致其对农民和工人身份的认同困境，难以准确地进行自我定位（杨智勇、李玲，2015）。只有回流农民工重新融入原生的社会网络和流出地社会后，才能增强其对流出地的认同感与归属感（吴孔军、疏仁华，2015）。

（二）对家庭的影响

农民工回流给其家庭带来积极和消极影响。一方面，回流的农民工与家人居住在一起，家庭成员之间的关系更加融洽，获得"家庭幸福感增强效应"（沈君彬，2018）。与此同时，在家工作之余能够兼顾子女的学习教育，保障孩子的身心健康发展（彭新万、张凯，2017）。另一方面，在就业机会少的流出地，若大量农民工回流，可能会致使部分回流的农民工面临短暂性无业甚至失业的情况，使得短期内家庭收入减少，家庭生活水平出现一定程度下降（沈苏燕、王晗、伍玥蓉，2018）。

（三）对流入地的影响

1. 加快产业结构转型

改革开放以来，受区域经济发展不平衡的影响，大量的农民工从经济欠发达地区向经济发达地区转移。若在流入地务工的农民工回流，流入地的劳动密集型企业将面临"用工难""用工贵"等一系列问题，这会带来流入地企业劳动力成本的上升。为此，企业将被迫转型，加大相应的技术投入。此外，一些无法及时转型的企业不得不向劳动力充足的中西部地区转移，这也将推进流入地的产业结构进行调整（张凯博，2013）。农民工回流使得流入地的产业结构得到优化升级，发展模式从粗放型向集约型转变，为城市的高质量发展奠定了良好的基础（金沙，2009）。

2. 缓解社会问题

农民工回流对社会问题的缓解主要体现在以下方面：首先，农民工的回流将带来流入地劳动力供给的减少。用工企业为了招募生产人员，需要与农民工签订更加规范、薪酬更加丰厚的用工合同，这缓和了雇主与雇佣劳动者之间的矛盾和紧张关系（张凯博，2013）。其次，农民工大规模流入的城市普遍存在人口过度集聚致使其公共资源负担沉重、环境承载超负荷等问题。适度的农民工回流在一定程度上减轻了流入地在公共交通、就业、教育、医疗、基础设施等方面的压力（王爱华，2019；戚迪明，2013）。

（四）对流出地的影响

1. 对经济的影响

（1）加快新型城镇化建设

农民工回流可以刺激当地消费、扩展城镇市场，为产业转移奠定了一定的市场基础（李新平，2014）。在外农民工将长期积累的人力资本、经济资本以及社会人脉关系带回到流出地，改进了农业的生产经营方式（刘光明、宋洪远，2002）。农民工通过回流创业的方式带动流出地工业、商业和服务业的发展，可以在一定程度上消化农村剩余劳动力，增加流出地的经济活力，产生乡村振兴效应（王爱华，2019）。而回流者投入到家乡的建设当中，会发挥带头作用，积极引领村民发家致富（王剑军，2016）。

（2）降低农业生产效率

我国农村地区长期实行家庭联产承包责任制，具有农业生产土地分散、精耕细作、小规模经营的特点（王爱华，2019）。若大规模的农民工回流，将会加剧人地矛盾。此外，长期脱离农业生产的农民工重新进入农业部门，将致使农业的生产效率低下（杨智勇、李玲，2015）。

2. 对社会的影响

（1）推动精神文明建设

农民工在外务工期间，经过长时间的城市文化熏陶，具备更强的法律与政治意识（金沙，2009）。回到流出地后，积极参与家乡的民主政治建设，这会对政治选举更替、权利运作以及公共事务管理产生重大影响，有助于推动基层组织管理的工作开展。农民工回流可以为农村注入新鲜的活力和全新的观念，引导当地居民转变思想观念和生活方式，有利于新农村和谐社会氛围的形成。

(2) 统筹城乡发展

在乡村振兴背景下，高素质的农民工回流可以起到"乡村振兴的引领作用"，引导人力资本、经济资本等要素回流，将创新创业精神带回农村，这有助于促进乡村振兴（沈君彬，2018）。在地方政策的推动下，许多回流农民工在家乡附近的中小城镇集聚，带动农村地区及小城镇的发展，形成协调互补的中小城镇体系，这将加快新农村建设与城镇化建设，实现城乡协调发展（陈世海，2014），最终促进城乡融合。

(3) 冲击社会治理

一方面，农民工回流对当地居民就业可能产生"挤出"效应，冲击现有的就业体系，由此可能产生一些就业问题。此外，新生代回流农民工在短期内收入可能减少，间接扩大了城乡收入差距（戚迪明，2013）。另一方面，在劳动力资源丰富的地区，农民工回流可能导致大量人力资源的浪费，无业闲散人员的增加，而这会激化社会矛盾，诱发更多不稳定因素，导致社会秩序维护困难。

四　回流的对策建议

李海涛、萧烽、陈政（2020）认为，农民工的回流可以为流出地的经济发展提供新的人口红利，推动产业发展和产业结构升级，推动当地的经济发展，因此流出地政府应该重视农民工的回流。

(一) 加强对农民工回流地域的引导

在引导农民工回流到哪里的问题上，大多数学者都把农民工回流与就地就近城镇化相联系（门丹、齐小兵，2017）。刘新争、任太增（2017）认为，政府要把农民工返乡创业与本地城镇发展相结合，推动产城互融。即引导农民工回流到其家乡所在的县城或乡镇就业定居（戚迪明，2019），到小城镇创办企业（林斐，2002）。因此，流出地政府要大力发展县域经济，走以县城为中心的县域城镇化道路；同时把小城镇和新型农村社区也纳入到城镇化建设体系，引导回流人口就近转移（张甜、朱宇、林李月，2017）。

(二) 鼓励农民工回流创业

流出地政府要把回乡创业作为招商引资措施的一部分，鼓励外出农民工中的"能人"回乡创业（刘光明、宋洪远，2002），以此带动更多的回流者在城镇中就业（高更和、王玉婵、徐祖牧等，2020）。要加大对农民工返乡创业的政策扶持力度，在信贷、税收、用地、项目等方面给予农民工返乡创业大力扶持（朱红根、康兰媛、翁贞林等，2010）。如对农民工返乡创业实行一定时期的税费减免；调整金融制度，多途径、多渠道解决创业融资困难的问题（阳立高、廖进中、张文婧等，2008）。简言之，要打通创业扶持政策落实的"最后一公里"，确保各项优惠政策能落地生根（刘新争、任太增，2017）。

（三）重视对返乡农民工的职业技能培训和创业培训

政府相关部门要设立回流农民工创业培训专项经费，构筑创业培训体系，包括岗前培训、岗位培训和培训后的效果评估（孙富安，2010）。通过聘请各种专业人员开设专题讲座、进行现场指导、开展企业管理实践等形式对农民工进行技能和创业培训（朱红根、康兰媛、翁贞林等，2010），增强其市场就业竞争能力（阳立高、廖进中、张文婧等，2008），培育其创业精神、市场意识、竞争意识，提高其创业能力和风险意识，促进其创业意向转化为有效的创业活动（许传新、倪可心，2020；彭文慧，2007）。此外，政府还要向农民工普及与创业相关的法律知识、财务知识（苏维欢、郭晓东，2017），宣传就业创业政策，确保返乡农民工全面了解国家和回流地的就业创业优惠政策（侯中太，2019）。

（四）发展县域经济和创造就业机会

流出地要通过多种方式大力发展经济。第一，大力发展中小企业，利用当地优势资源，发展吸纳就业能力强的劳动密集型产业和服务业（张宗益、周勇、卢顺霞等，2007）。第二，政府牵头招商引资，通过引进现代农业企业给回流农民工提供就业机会。回流农民工以被雇佣形式自愿参与种养，企业负责销售或者深加工（刘玉侠、陈柯依，2018）。第三，抓住乡村振兴与产业转移的发展机会，促进产业发展，改善就业环境，以吸引外出农民工回流（李海涛、萧烽、陈政，2020）。第四，建立合理的农民工工资增长机制，提高其比较收益（刘新争、任太增，2017）。

（五）加快完善基础设施建设

流出地政府要加大对县城和乡镇基础设施建设的投入力度（戚迪明，2019）。注重返乡创业园区软硬件配套建设，完善交通基础设施、农业水利灌溉系统、农村能源（如电力供给）和环境防治（如污水处理等）等方面的公共基础设施建设（崔学海，2017）。

（六）推进户籍和相关制度的改革

放开户籍制度，不仅仅只是对城市落户政策松绑，关键是要将附着在户籍制度上的所有其他福利一并放开，包括社会保障、教育、住房、就业等（门丹、齐小兵，2017）。如将符合条件的农民工纳入公租房或廉租房等计划之中，给农民工提供相对廉价的住房（袁方、史清华、卓建伟，2015）；提供公立中小学校对城乡孩子就学一视同仁的政策环境，不对农村或外来学生收取任何附加费用（阳立高、廖进中、张文婧等，2008）；将他们都纳入城镇社保系统，保障他们丧失劳动能力之后的基本生活水平（门丹、齐小兵，2017）。

（七）畅通信息传递渠道

当地政府及相关部门可通过建立公益性、全方位的信息平台及时向农民工传递最新的市场资讯，包括就业和创业的优惠政策、企业的招聘信息、市场信息等，防止出现信息闭塞，并为返乡农民工创业提供法律咨询、税务咨询等相关服务（侯中太，2019；孙富安，2010）。此外，还可以通过成立社会组织的形式（如行业协会、农民工创业指导与服务中心、农民工创业协会等）加强与经济发达地区相关行业及生产上游供应商与下游销售厂商联系，畅通市场信息渠道（孙富安，2010；阳立高、廖进中、张文婧等，2008）。

第三节　文献述评

以上两节内容分别对国外移民和国内农民工回流的理论和实证研究文献进行了较为全面和系统地梳理。概而言之，国外和国内有较多学者对移民或农民工的回流意愿进行了探讨，并取得了较为丰硕的研究成果。这些文献在理论框架、研究思路、分析方法、研究结论等方面为本研究提供了重要的借鉴和参考。然而，现有成果也存在需要进一步发展和完善的方面。

（一）对回流理论的述评

本章第一节提及的新古典经济理论、新迁移经济理论、生命周期理论、社会网络理论和结构主义理论均源自西方。借鉴这些理论对我国的农民工回流现象进行解释时，不能简单地照搬这些理论，而是需要考虑国外的人口流动与我国的农民工流动之间存在的差异，并结合我国的国情对相关理论进行补充、完善和发展，以对我国的农民工回流现象提出新的解释。总体而言，如第一章第二节所言，西方发达国家的人口流动是基于市场经济体制下的自由迁徙，再加之政府出台了家庭团聚的政策，因此其人口流动（包括外出和回流）基本都是家庭式流动，故西方发达国家的劳动力在做流动选择时主要是考虑"业"的因素，在"家"与"业"之间的选择困境少。这种状况使得西方有关回流的理论多从"业"的角度进行分析，较少同时从"家"和"业"的角度对回流现象进行解释。但我国的农民工流动受城乡二元户籍制度的制约。农民工及其家人因为没有流入地的户籍，无法均等享有流入地户籍居民可享有的社会保障、教育培训、劳动就业、住房等社会福利。在我国的户籍制度以及与此相关制度的制约下，我国中西部地区外出农民工非举家流动的比例较高（任远，2016）。即农民工"家"和"业"分离的现象较为普遍，这使得他们在做流动选择时不仅要考虑"业"的因素，还要考虑"家"的因素，所以我国的农民工比西方发达国家的劳动力在"家"与"业"之间的选择困境更多。为此，本书将同时分析"家"和"业"如何影响中西部地区外出农民工的回流意愿。这是本书不同于国内外现有研究的一个重要方面。

（二）对回流意愿实证研究的述评

第一，研究对象有待拓展。从本章对国内文献的梳理可知，目前有关回流意愿的文献较多，研究的对象涵盖了在珠三角（景晓芬、马凤鸣，2012）、在北上广等大城市（郑文杰、李忠旭，2015；余运江、孙斌栋、孙旭，2014）、在周口和宁波等中小城市（王利伟、冯长春、许顺才，2014；张丽琼、朱宇、林李月，2016）务工经商的农民工，但没有专门的文献探讨中西部地区外出农民工的回流意愿。在新型城镇化背景下，为了促进中西部地区新型城镇化的发展，本书认为需要对研究对象进行拓展，即对中西部地区外出农民工的回流意愿进行深入研究。

第二，回流意愿的测量指标有待深化。现有大多数文献对回流意愿的测量较为简单粗略，主要采用回流与否意愿单个指标进行测量；只有极少数文献同时使用回流与否意愿和回流时间意愿，或者回流与否意愿和回流地域意愿两个指标测量。这说明以往研究主要使用单一指标（最多使用两个指标）

测量和分析回流意愿，同时使用四个指标从多方面考察回流意愿的文献基本没有。本书将同时使用回流与否意愿、回流时间意愿、回流地域意愿和回流创业意愿四个测量指标较为全面、系统地考察中西部地区外出农民工的回流意愿。此外，从回流与否意愿、回流时间意愿和回流地域意愿的测量来看，现有研究较少关注在这些测量指标上还没想好的人群，但全国流动人口卫生计生动态监测调查数据显示"没想好"的农民工比例较高（尤其是在回流与否意愿和回流时间意愿上），故这部分人群需要引起我们的重视。

第三，研究内容有待深化。首先，现有研究多采用某城市的数据分析农民工的回流意愿。由于不同文献的调查对象、调查时间、抽样方法、样本量等不同，使得现有回流意愿的研究呈现碎片化状态，有些研究所得结论差异较大。再加上没有专门分析中西部地区外出农民工回流意愿的文献，因此难以准确把握中西部地区外出农民工回流意愿的现状及其影响因素。其次，自变量（有无留守配偶、有无留守子女、有无留守父母）是影响农民工回流意愿的重要因素，目前虽然有文献关注了某一留守变量，但没有同时比较分析三个留守变量对回流意愿的影响，也没有分析留守变量对回流意愿的影响是否受到代际的调节。最后，在回流意愿影响因素的探讨中，主要分析的是回流与否意愿的影响因素，基本未分析回流时间意愿、回流地域意愿和回流创业意愿的影响因素，也未讨论"家"和"业"对农民工回流意愿的影响。为此，本研究从以下四方面进行深化：一是专门对中西部地区外出农民工的回流意愿进行分析；二是同时比较分析三个留守变量对农民工回流意愿的影响；三是分析农民工回流与否意愿、回流时间意愿、回流地域意愿和回流创业意愿的影响因素；四是讨论"家"和"业"对农民工回流意愿的影响。

第四，学界较少把农民工回流意愿置于新型城镇化背景下进行研究，较少基于农民工回流意愿提出相应的对策建议以促进新型城镇化的发展，但此分析视角又具有很大的应用价值。新型城镇化背景在本研究中体现在以下四个方面：首先，探讨新型城镇化与农民工回流的关系；其次，比较分析传统城镇化背景下和新型城镇化背景下中西部地区外出农民工回流的差异；再次，基于研究发现和新型城镇化的战略要求，提出一些针对性和操作强的对策建议，引导农民工合理有序流动，优化配置劳动力资源，以加快推进新型城镇化的持续健康发展；最后，新型城镇化是以人为本的城镇化，这就决定了新型城镇化背景下的农民工回流研究要比传统城镇化背景下的农民工回流研究更具人文关怀，为此本书关注"家"和"业"的选择对农民工回流意愿的影响。

第五，现有文献关于回流的对策建议较少关注家庭建设。"家"和"业"是农民工最关心的问题。因此政府和学界在解决农民工问题时，既要关注农民工的"业"又要关注农民工的"家"。但从前文的文献梳理可知，现有相关研究很少从家庭建设方面提出对策建议。受家庭成员分离的影响，农民工家庭比普通家庭面临更多的问题。针对这一现象，本书在提出对策建议时，不仅关注农民工的"业"，也关注农民工的"家"，目的是解决他们最关心、最直接和最现实的利益问题，更好地满足他们对美好生活的向往，不断提高他们的获得感、幸福感、安全感，从而促进社会的和谐稳定。

概括而言，本书将在借鉴现有理论和实证研究成果的基础上，以新型城镇化为背景，对中西部地区外出农民工回流意愿的现状及其影响因素进行深入分析，并基于研究发现，提出一些针对性和操作性强的政策建议。希望能在一定程度上弥补现有研究的不足以及推进和深化农民工回流的相关研究。

第四节 理论分析框架

一 劳动力回流理论在本书中的应用

通过对回流理论和实证研究文献的梳理可知，影响农民工回流选择的因素是多样化的（吴兴陆，2005）。因此，单一的经济学或社会学理论都不能对农民工的流动选择做出满意的解释（悦中山、李树茁、费尔德曼等，2009）。本书将在新古典经济理论、新迁移经济理论、生命周期理论、社会网络理论和结构主义理论的指导下分析中西部地区外出农民工回流意愿的影响因素。这五个理论的观点虽然并不完全一致，但由于本书中每个主要自变量都是在某一个理论（而不是多个理论）的指导下选取的，因此这些理论在本书中并不会产生冲突，亦即把这五个理论同时作为本书的理论基础是可行的。因为本章第一节已经详细介绍了以上理论，所以此处重点介绍这些理论在本书中的应用。

（一）新古典经济理论在本书中的应用

新古典经济理论的应用主要体现在两方面：一是指导自变量的选择，二是指导对策建议的提出。该理论对于分析经济发展水平，以及中西部地区外出农民工的就业机会、收入水平、职业、发展空间、人力资本对其回流意愿的影响具有重要的理论指导作用。我国中西部地区农民工外出的流向主要是从经济欠发达地区流入经济发达地区，主要目的是通过务工经商获取较高的收入（王宁，2016）。就业身份和购房地点可以在很大程度上体现农民工的收入水平，故而也会对回流意愿产生影响。根据新古典经济理论，流动模式也会影响回流意愿。即家庭式流动的农民工因为其配偶、孩子在流入地，所以降低了其在迁入地的成本，故而会减弱其回流意愿。流入地的户籍制度藩篱、生活成本昂贵和文化习俗差异都会提升中西部地区外出农民工的成本，根据新古典经济理论，这将增强其回流意愿。此外，新古典经济理论对提出引导中西部地区外出农民工合理有序回流的对策建议也有很好的指导作用，如促进中西部地区的经济发展，提高流出地的收入水平。

（二）新迁移经济理论在本书中的应用

新迁移经济理论尽管也分析了移民的收入、职业、人力资本与劳动力回流决策的关系，但本研究主要是用该理论来指导分析三个留守变量对中西部地区外出农民工回流意愿的影响。根据新迁移经济理论，留守在流出地的配偶和子女均会增强中西部地区外出农民工的回流意愿。

（三）生命周期理论在本书中的应用

生命周期理论对于分析中西部地区外出农民工年龄（代际）对回流意愿的影响具有重要的理论指导意义。对于农村流动劳动力而言，他们有一个特殊的生命周期，简化为两个阶段来看，就是年轻时外出务工挣钱，年龄大时回流到家乡（石智雷，2013；余运江、孙斌栋、孙旭，2014）。考虑到中国第一代农民工因年龄的影响在逐渐退出流入地的劳动力市场，所以本书把农民工分为新生代农民工和老生代农民工，并比较分析不同代际的中西部地区外出农民工在回流与否意愿、回流时间意愿、回流地域意愿和回流创业意愿等方面的异同。

（四）社会网络理论在本书中的应用

结合本书的调查数据，社会网络理论主要用于指导分析中西部地区外出农民工有无家人回流户籍地对回流创业意愿的影响。中西部地区外出农民工回流创业需要资金、技术、信息、经营和管理经验等，而他们回流到户籍地的家人在流入地打工期间积累的资金、技术和管理经验等可以为其回流创业提供帮助和指导。此外，部分已回流家人的成功创业事例会在一定程度上激发其创业热情。因此本书使用调查数据验证有家人回流户籍地的中西部地区外出农民工的回流创业意愿是否强于没有家人回流户籍地的中西部地区外出农民工。

(五) 结构主义理论在本书中的应用

结构主义理论从两方面指导本书。其一，基于结构主义理论"分析回流需要关注迁出地社会和制度因素"的观点，本书结合所使用的调查数据，探讨中西部地区外出农民工的流出区域、居住环境、乡土情结、回流政策等对回流意愿的影响。其二，基于结构主义理论"回流会给迁出地带来影响"的观点，本书认为中西部地区外出农民工的回流也会影响中西部地区新型城镇化的发展，因此该理论对本书提出引导中西部地区外出农民工合理有序流动进而推动中西部地区新型城镇化进程的对策建议具有理论指导意义。

二 理论分析框架

本书构建的中西部地区外出农民工回流意愿影响因素的分析框架见图 2-1。

该分析框架从以下四个方面突破现有研究。第一，不仅关注中西部地区外出农民工的回流与否意愿，还关注打算回流的中西部地区外出农民工的回流时间意愿、回流地域意愿和回流创业意愿。第二，分析中西部地区外出农民工的经济特征、人力资本特征、人口学特征（主要考察代际）等个体因素对其回流意愿的影响，试图回答打算回流（后文简称"回流"）、打算近期回流（后文简称"近期回流"）、打算回原居地（后文简称"回原居地"）和打算回流创业（后文简称"回流创业"）的中西部地区外出农民工在个体特征方面的选择性。此内容与现有研究的不同之处有两点：一是把分析对象聚焦到中西部地区外出农民工上，以往很少有专门探讨这一分析对象的文献；二是不仅考察回流的农民工在个体特征方面的选择性，而且还探讨近期回流、回原居地、回流创业的农民工在个体特征方面的选择性。相比之下，现有研究对前者的分析相对较多，对后三者的分析则很少。第三，把家庭成员在流入地和流出地的分布纳入分析框架，在比较分析中西部地区外出农民工不同留守家人对回流意愿影响性质和影响程度的同时，还探讨流动模式对回流意

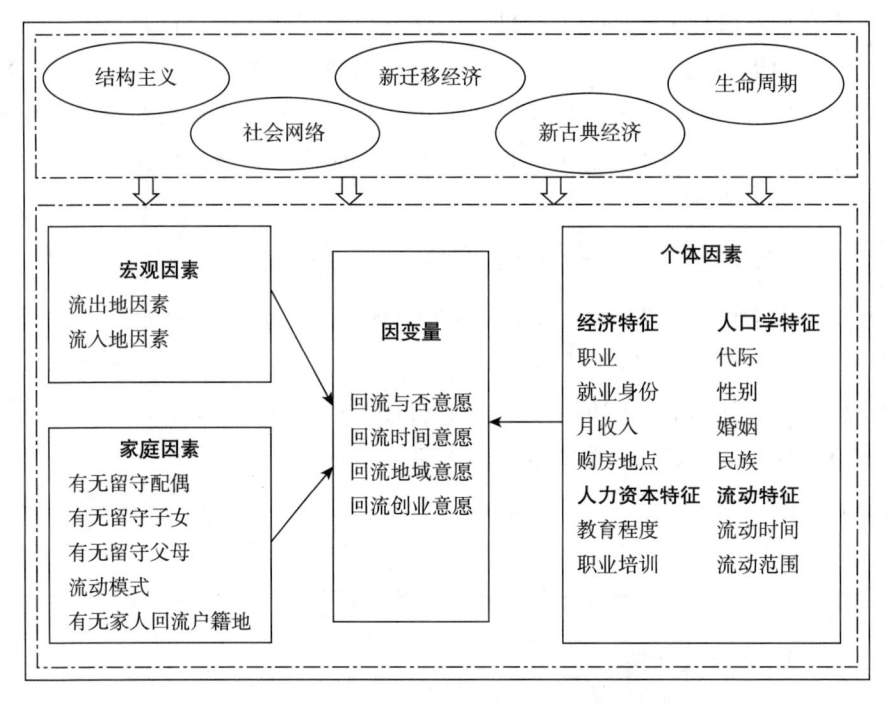

```
┌─────────────────────────────────────────────────────────────┐
│    结构主义          新迁移经济          生命周期            │
│         社会网络          新古典经济                         │
└────┬─────────────┬────────────────┬──────────────┬──────────┘
     ↓             ↓                ↓              ↓
┌─────────────────────────────────────────────────────────────┐
│  ┌──────────────┐                    ┌──────────────────┐   │
│  │ 宏观因素     │    ┌──────────┐    │ 个体因素         │   │
│  │ 流出地因素   │    │ 因变量   │    │ 经济特征  人口学特征│ │
│  │ 流入地因素   │    │          │    │ 职业      代际   │   │
│  └──────────────┘    │ 回流与否意愿│ │ 就业身份  性别   │   │
│                      │ 回流时间意愿│ │ 月收入    婚姻   │   │
│  ┌──────────────┐    │ 回流地域意愿│ │ 购房地点  民族   │   │
│  │ 家庭因素     │→   │ 回流创业意愿│←│ 人力资本特征 流动特征│
│  │ 有无留守配偶 │    └──────────┘    │ 教育程度  流动时间│   │
│  │ 有无留守子女 │                    │ 职业培训  流动范围│   │
│  │ 有无留守父母 │                    └──────────────────┘   │
│  │ 流动模式     │                                            │
│  │ 有无家人回流户籍地│                                       │
│  └──────────────┘                                           │
└─────────────────────────────────────────────────────────────┘
```

图 2-1 中西部地区外出农民工回流意愿影响因素的分析框架

愿的影响。第四，采用定量和定性相结合的混合研究方法分析流入地和流出地因素对中西部地区外出农民工回流意愿的影响。以上诸多影响因素背后反映的是"家"和"业"之间的选择会影响中西部地区外出农民工回流意愿的问题。因此本书将在本章构建的理论分析框架的指导下，在后文的定量和定性研究中讨论中西部地区外出农民工的"家"和"业"如何影响他们的回流意愿，这是本书的问题意识，也是本书区别于以往研究的重要方面。

为让读者详细地了解图 2-1 中的新古典经济理论、新迁移经济理论、生命周期理论、社会网络理论和结构主义理论分别指导哪些自变量的选择，本研究在表 2-1 中做了具体呈现。

表 2-1 各主要自变量选取所依据的理论

影响因素的类别	主要自变量	变量选取所依据的理论
个体因素	经济特征：职业、就业身份、月收入、购房地点	新古典经济理论
	人力资本特征：教育程度、职业培训	新古典经济理论
	人口学特征：代际	生命周期理论

续表

影响因素的类别	主要自变量	变量选取所依据的理论
家庭因素	三个留守变量：有无留守配偶、有无留守子女、有无留守父母	新迁移经济理论
	流动模式	新古典经济理论
	有无家人回流户籍地	社会网络理论
宏观因素	流入地因素：就业机会、制度藩篱、生活成本、发展空间、文化习俗	新古典经济理论
	流出地因素：流出区域、就业机会、相对收入、居住环境、乡土情结、回流政策	新古典经济理论、结构主义理论

注：受数据的制约，表2-1中的宏观因素在定量研究中仅考察流出区域对中西部地区外出农民工回流与否意愿的影响，其他的流出地因素和流入地因素对中西部地区外出农民工回流与否意愿的影响均在定性研究中进行分析。后文提出的研究假设为定量研究要验证的研究假设。

（一）个体因素

在本书中，个体因素包括中西部地区外出农民工的经济特征、人力资本特征、人口学特征和流动特征等变量。具体而言，主要自变量包括职业、就业身份、月收入、购房地点、教育程度、有无参加职业技能培训和代际。控制变量包括性别、婚姻、民族、流动时间和流动范围。

1. 经济特征

本书的经济特征变量主要指中西部地区外出农民工的职业、就业身份、月收入、购房地点。根据新古典经济理论，中西部地区外出农民工的回流意愿受到以上经济特征变量的影响。通常，在流入地能够实现预期经济目标的"成功者"回流的意愿弱，而在流入地未能获得预期经济收入和职业声望的"失败者"回流的意愿强。为推进中西部地区的新型城镇化进程，国家层面和各级政府部门制定了诸多政策措施，如引导产业由东部地区优先向中西部地区转移、推动大中小城市和小城镇协调发展、就近城镇化和就地城镇化等。在新型城镇化背景下，迁出地和迁入地在就业机会、收入等方面的差距可能缩小，由此可能带来迁出地和迁入地的推力和拉力发生变化。在此形势下，需要再次探讨职业、收入等变量对中西部地区外出农民工回流意愿的影响。此外，由于就业身份能在一定程度上体现中西部地区外出农民工的职业和收入，因此本书也将该变量纳入分析框架。从就业身份来看，自雇农民工多从事商业服务业，受雇农民工则多为从事管理技术的办事员和工人；在样本中雇主的收入也明显高于受雇者。① 购房地点也是体现经济收入的重要变量，在户籍地的村购房的农民工的收入显著低于在流入地购房和在户籍地的乡镇或区县政府所在地购房的农民工，因此本研究也考察了购房地点对中西部地区外出农民工回流意愿的影响。② 事实上，购房地点不仅可以体现中西部地区外出农民工的收入，在很大程度上还可以体现其将来打算居住的地域。换言之，中西部地区外出农民工购买住房的地方可能就是他们将来的定居之地。

从理论指导和数据的可获性出发，本书将考察职业和月收入对回流意愿四个测量指标的影响。仅考察就业身份对回流与否意愿、回流创业意愿的影响；以及购房地点对回流与否意愿、回流地域意愿的影响。

2. 人力资本特征

新古典经济理论认为迁移在人力资本方面具有正向选择性。在中国，农村劳动力的外出流动在人力资本方面也具有正向选择性，这给流出地带来了人才流失问题（阮荣平、刘力、郑风田，2011）。

随着农民工群体越来越多地进入人们的视域，有学者开始探讨农民工的人力资本（特别是教育程度）与回流意愿的关系。从第二章的文献综述可知，国内主流的观点是人力资本高的农民工因为其在流入地可以得到更高的人力资本回报、在劳动力市场中更具有优势、定居流入地的能力更强，因而其回流的意愿较弱。最近几年，受引导东部地区劳动密集型产业优先向中西部地区转移、鼓励中西部地区外出农民工回流创业等政策的影响，有研究认为农民工的回流现象开始增多。在新形势下，中西部地区外出农民工的人力资本与回流意愿的关系是本研究关注的一个问题。

人力资本也称非物质资本，是体现在劳动者身上的资本。Becker（1993）认为，人力资本包括知识、技能、才干、健康和寿命等。在实证研究中，牛建林（2015）使用教育程度、有无技术/技能、自评健康、有无慢性病测量人

---

① （2016年全国流动人口卫生计生动态监测调查）样本数据显示，自雇农民工从事商业服务业的比例高达86.88%，而受雇农民工的这一比例仅为44.65%；自雇农民工从事管理技术办事员和工人的比例分别为1.98%和11.14%，受雇农民工从事管理技术办事员和工人的这一比例分别高达14.73%和40.72%。在收入方面，自雇农民工的平均月收入为4386.17元，受雇农民工的平均月收入为3659.16元，前者比二者高727.01元。

② （2016年全国流动人口卫生计生动态监测调查）样本数据显示，在户籍地的村购房的农民工的月平均收入为3714.08元，在流入地购房和在户籍地的乡镇或区县政府所在地购房的农民工的月均收入分别为4194.55元和4226.33元。

力资本。杨菊华、张娇娇（2016）使用教育程度、有无参加职业技能培训、劳动技能、工作经验测量人力资本。本研究结合调查数据的可及性，使用教育程度、有无参加职业技能培训测量人力资本，并探讨其与中西部地区外出农民工回流意愿的关系。考虑到数据的可得性，本研究将分析教育程度对回流意愿四个测量指标的影响，还将分析有无参加职业技能培训对回流创业意愿的影响。

3. 人口学特征

人口学特征在本研究中主要指代际、性别、婚姻状况和民族。根据生命周期理论，移民因为不同生命周期所经历的生命历程事件不一样，所以回流意愿因不同的生命周期而存在差异。生命周期通过年龄和代际得到体现，因此移民的回流意愿受到年龄和代际的影响。我国中西部地区农民工外出的主要目的是务工经商，这使得他们在年轻时回流的概率较低，等年龄较大时受退出劳动力市场或在劳动力市场中没有竞争优势等因素的影响，其回流、近期回流、回原居地的概率可能随之上升，创业的概率则可能随之下降。考虑到当前我国农民工正在进行代际更替，本书将根据年龄把中西部地区农民工分为新生代农民工和老生代农民工，并探讨代际对回流意愿的影响。

受我国"男主外、女主内"等传统性别文化的影响，女性在赡养老人、抚育子女、家庭事务等方面比男性承担更多的责任。但随着性别平等观念的建立，男性和女性在家庭分工中的性别差异逐渐缩小，这使得性别对农民工回流意愿的影响在弱化（张丽琼、朱宇、林李月，2016）。不同婚姻状况的农民工在年龄、流动模式、家庭结构、生育等方面存在明显差异，这也可能使得已婚人口和未婚人口的回流意愿存在差别（郑文杰、李忠旭，2015）。受教育程度、收入、职业、语言等影响，少数民族农民工在流入地的社会融合程度不及汉族农民工（杨菊华，2013：139）。根据 De Haas 和 Fokkema（2011）"社会融合程度低的流动者回流意愿更强"的观点可以推断，汉族和少数民族农民工的回流意愿可能存在差异。为了探讨主要自变量对回流意愿的净影响，本书将性别、婚姻状况、民族作为控制变量。

4. 流动特征

流动特征在本书中主要指本次的流动时间和流动范围。从流动时间来看，学界主流的观点认为，流动时间与回流意愿之间负向相关（Tezcan, 2018; Bonifazi and Paparusso, 2019）。对于中西部地区外出农民工而言，较长的流动时间，更有利于其积累劳动经验和劳动技能，提升其就业能力，寻找声望和收入更高的职业；也更利于其扩大社会网络，了解流入地的风土人情，适应和融入城市的生活，这无疑会减弱农民工回流、近期回流和回原居地的意愿。此外，农民工的流动时间越长，其在流入地落户的可能性越大，受到的制度排斥则可能越小。比如，国务院《关于深入推进新型城镇化建设的若干意见》《中华人民共和国国民经济和社会发展第十三个五年规划纲要》中提出"优先解决在城镇就业居住5年以上农民工落户问题""连续居住年限是超大城市和特大城市制定农民工落户政策的主要指标"。亦即，流动时间较长的农民工，其在流入地落户和永久居住的可能性较大（Adda et al.，2006），回流、近期回流、回原居地的可能性较小。就回流创业意愿而言，一方面，流动时间较长的农民工在流入地积累的人力资本、经济资本、社会资本多于流动时间较短的农民工，所以其创业概率大于流动时间较短的农民工；另一方面，流动时间较长的农民工对流入地的归属感和认同感更强，对流出地较为陌生或年龄较大，所以其回流创业的可能性下降。流动时间对回流创业意愿一正一负的影响，相互抵消，可能致使流动时间对回流创业意愿的影响不显著。

中国长期实行的户籍制度具有城乡分割、区域封闭的负面影响。户籍制度及衍生的劳动就业制度、社会保障制度、教育培训制度，以及其他地方保护主义制度对外来人口存在排斥。这些"社会屏蔽"制度，把多数农民工屏蔽在分享流入地户籍人口的社会资源之外（李强，2012：19）。通常，跨省流动的农民工在流入地面临的制度排斥大于省内流动的农民工。此外，与省内流动的农民工相比，跨省流动的农民工在饮食、习俗、生活习惯、语言等方面与本地居民的差异更大，致使其文化融合更差。原生的户籍制度及其衍生制度的排斥是农民工不在流入地永久居住的深层次原因（蔡昉，2001；Piotrowski and Tong，2013），文化融合差则增强了农民工回流的意愿（Jorgen et al.，2014）。由于跨省流动的农民工在流入地受到的制度排斥大于省内流动的农民工，文化融合差于省内流动的农民工，因此其在流入地的回流意愿与省内流动的农民工可能存在差异。但随着我国户籍制度改革的持续推进，户籍制度及相关制度对外来农民工的排斥在不断减少，这可能使流动范围对中西部地区外出农民工回流意愿的影响减弱。

为了探讨主要自变量对回流意愿的净影响，本书将流动时间和流动范围作为控制变量。

（二）家庭因素

本书考察的家庭因素主要指家庭成员在流出地和流入地的分布以及有无家人回流户籍地。家庭成员在流出地和流入地的分布通过有无留守配偶、有无留守子女、有无留守父母（后文也称为"三个留守变量"）和流动模式变量测量。通过三个留守变量，可以知道有哪些家庭成员留守在流出地；通过流动模式变量，可以知道中西部地区外出农民工是个人流动、半家庭式流动还是举家流动。

新古典经济理论和新迁移经济理论都探讨过家庭成员的分布对移民回流意愿的影响，但他们得出的观点存在差异。由于在本章第一节详细比较过这两个理论的异同，故此处不再赘述。相比之下，国内外关于移民/农民工家庭成员的分布与其回流意愿关系的实证研究结果较为一致，普遍认为移民/农民工的配偶或子女在流入地会降低其回流意愿（Bonifazi and Paparusso, 2019; 余运江、孙斌栋、孙旭，2014），若移民/农民工的配偶或子女在流出地则会增强其回流意愿（Paparusso and Ambrosetti, 2017; 郑文杰、李忠旭，2015）。但这些实证研究基本没有在一篇文献中同时探讨家庭成员在流入地和流出地的分布对移民/农民工回流意愿的影响。本书既考察三个留守变量（可体现家庭成员在流出地的情况），又考察流动模式变量（可体现家庭成员在流入地的情况）对中西部地区外出农民工回流与否意愿、回流时间意愿和回流地域意愿的影响。由于三个留守变量和流动模式存在一定的共线性，所以本书在一个模型中探讨三个留守变量对中西部地区外出农民工回流意愿的影响，在另一个模型中探讨流动模式对中西部地区外出农民工回流意愿的影响。因为没有理论研究表明，三个留守变量或流动模式会影响移民/农民工的回流创业意愿，所以本研究不考察这些变量对中西部地区外出农民工回流创业意愿的影响。

受数据的限制，有无家人回流户籍地只用于分析该变量对中西部地区外出农民工回流创业意愿的影响。出于家庭团聚的需要，以及回流家人可以给中西部地区外出农民工回流创业提供经济、技术、信息和社会网络等支持，有家人回流户籍地的农民工回流创业概率可能高于没有家人回流户籍地的农民工。

(三) 宏观因素

1. 流出地因素

结构主义理论启示我们,对回流意愿的分析不仅要关注移民的个人和家庭因素,还要关注移民的流出地因素。由于在问卷调查中未调查流出地宏观层面的社会和经济现况,因此本书通过分析流出区域来间接考察中西部地区的社会经济因素对外出农民工回流意愿的影响。使用该变量的优势在于数据容易获得,通过问卷调查中的户籍地信息即可生成。使用该变量的不足之处在于把流出地仅分为中部和西部地区有一些粗略,在一定程度上会忽略各省份的异质性;但如果把中西部地区所有的省份纳入模型,则存在两个问题,一是模型过于庞大,二是某些省份的样本过小。为遵守模型的简约原则和克服某些省份样本不足的问题,以及考虑到数据的可及性,本研究在定量分析中考察流出区域对中西部地区外出农民工回流意愿的影响(中西部地区各省份之间的差异仅在描述性分析中探讨)。其他的流出地因素在后文的定性研究中探讨。

2. 流入地因素

根据推拉理论和新古典经济理论,流入地的就业机会、制度藩篱、生活成本、发展空间、文化习俗等均会影响中西部地区外出农民工的回流与否意愿。受定量调查数据的制约,这些因素在后文的定性研究中分析。

三 相关概念界定

(一) 回流农民工、农民工回流

现有研究主要是对回流农民工或农民工回流作了界定,因为学界通常交替使用这两个概念、对这二者的界定也从相同的维度进行、且均指的是回流行为(非回流意愿),所以下面把这两个概念放在一起同时进行梳理。概括而言,现有研究对回流农民工或农民工回流的界定主要是围绕回流的时间和回流的空间两个方面展开。在回流的时间方面,Zhao (2002) 和齐小兵 (2013) 明确提出,农民工回流后一年内没有再次外出打工的群体才可称为回流农民工;胡枫、史宇鹏 (2013) 也认为,回流农民工是回乡一年以上的劳动力。但段成荣 (1999) 和周皓、梁在 (2006) 持不同观点,为了与国家统计局开展的人口普查对外出人口在时间上的统计口径保持一致,农民工回流后6个月内没有再次外出的人口才可以界定为回流农民工。与回流的时间相比，在界定回流农民工或农民工回流时在回流的空间上的分歧较少。学界基本都认为因各种原因返回到户籍所在地（包括村、镇、县城等）的农民工都算回流农民工（罗兴奇，2016）。陈世海（2014）在梳理了大量农民工回流文献的基础上，提出了自己独到的见解，认为农民工回流需要从客观指标和主观指标两个方面进行综合界定。陈世海把农民工回流定义为：在外务工的农民工返回县域以内的家乡所在地务农、就业或创业达半年以上；或者今后相当长一段时间内不再打算外出务工的劳动力迁移现象。从主观指标的角度对农民工回流进行操作性定义主要是避免在学术调查研究中把一些回乡半年以内但已经在本地就业、创业，或者今后很长时间都不打算外出务工的人口排除在外（陈世海，2014）。本书借鉴以上学者的观点，从客观和主观两个方面对农民工回流和中西部地区回流农民工进行界定。农民工回流是指因工作和生活等原因[①]回流到户籍所在地的县域范围内半年以上，或者因工作和生活等原因回流到户籍所在地的县域范围内虽不到半年但主观上相当长一段时间不再打算外出务工的劳动力迁移现象。中西部地区回流农民工是指因工作和生活等原因回流到中西部地区户籍所在地的县域范围内半年以上没有再次外出务工的人口，也指因工作和生活等原因回流到中西部地区户籍所在地的县域范围内虽不到半年但主观上相当长一段时间不再打算外出务工的人口。

（二）中西部地区外出农民工、农民工回流意愿

农民工回流意愿是与回流农民工、农民工回流不同的概念，前者强调意愿，后二者则强调行为。本书重点关注的是中西部地区外出农民工的回流意愿。本书的中西部地区外出农民工是指户籍在中西部地区、跨县流动到省内其他地方或跨省流动到东部地区务工经商、并在流入地居住一个月及以上、年龄为15周岁及以上的农业户籍人口。基于现有文献及本书使用的调查数据，将中西部地区外出农民工的回流意愿界定为：中西部地区外出农民工在流入地居住一个月及以上后对未来迁居安排的愿望和想法。具体从回流与否意愿、回流时间意愿、回流地域意愿和回流创业意愿四个方面测量中西部地区外出农民工的回流意愿。

---

① 回家过年、探亲、看病、养病等不算。

回流与否意愿是指中西部地区外出农民工在流入地居住一个月及以上后对打算在该地长期居住（5年以上）、还是回流问题上的思考，即在是否回流这一问题上的愿望和想法。李树苗、王维博、悦中山（2014）认为，有一部分人在流入地长期居住还是回流的问题上左右徘徊，没有想好，这部分人群需要引起学界和政府的重视。为此，本书从在流入地长期居住、回流①、没想好三个方面分析中西部地区外出农民工回流与否的意愿。这种对回流与否意愿的测量方法是科学的、合理的，吴磊、朱冠楠（2007）和李树苗、王维博、悦中山（2014）等学者均采用这种测量方法对农民工的居住和回流意愿进行分析。

回流时间意愿、回流地域意愿和回流创业意愿是对打算回流农民工回流意愿的进一步分析。对于打算在流入地长期居住的农民工而言，由于其没有回流打算，故不涉及回流时间意愿、回流地域意愿和回流创业意愿的问题。回流时间意愿是指打算回流的中西部地区外出农民工在何时回流这一问题的愿望和想法。本书主要从"2年内回流""3年及以后回流"②"没想好"三个方面进行考察。以2年作为标准对回流时间进行划分是出于以下考虑：一是想考察近期回流的农民工有多少，近期回流会受到哪些因素的影响；二是在回流时间的选项合并时考虑到各类别的样本不能太小，以免影响数据的分析。回流地域意愿是指打算回流的中西部地区外出农民工在回何处这一问题上的愿望和想法。根据前文对农民工回流的界定可知，农民工的回流地域是其户口所在地的县域范围内。为此，本研究将回流地域分为原居地（自家）、区（县）政府所在地、乡（镇）政府所在地、没想好四个方面进行考察。其中，原居住地（自家）指被访者户籍地区县的家③，由于大部分农民工的原居地是在农村，因此选择回原居地的农民工基本是选择回农村的。考虑到打算回流到区（县）政府所在地和乡（镇）政府所在地的比例不高，故在后文的模型分析中，本书又将其合并为一类进行分析。回流创业意愿是指打算回流的

---

① 回流：是指中西部地区外出农民工因工作和生活等原因（回家过年、探亲、看病、养病不算）打算回流到户籍所在地的县域范围内且相当长一段时间不再打算外出务工的意愿。

② 2年内回流和3年及以后回流中的回流也是指：中西部地区外出农民工因工作和生活等原因（回家过年、探亲、看病、养病不算）打算回流到户籍所在地的县域范围内且相当长一段时间不再打算外出务工的意愿。

③ 为简洁表述，"原居地（自家）"在后文中简称为"原居地"。

中西部地区外出农民工在回流后是否创业这一问题上的愿望和想法。创业是指农民工回流后在家乡合资或独资创办公司、工厂或其他组织，或者开店从事线上或线下的商品经营等活动；创业者的就业性质属于雇主或自营劳动者，它是相对于受雇到公司、工厂或其他组织的劳动者而言的。

（三）"家""业"

从前文的理论分析框架部分可知，虽然影响中西部地区外出农民工回流意愿的影响因素众多，但其背后反映的共同问题是"家"和"业"的选择会对农民工的回流意愿产生影响。郭云涛（2011）也认为，农民工回流决策不仅是一种个体基于利益权衡的理性选择行为，也是受传统家庭本位主义（惯习）影响的行为。

"家"主要指中西部地区外出农民工的家庭。对于非举家流动的中西部地区外出农民工而言，他们与配偶或子女或父母分居两地。本书在新迁移经济理论的指导下，定量研究重点分析三个留守变量对中西部地区外出农民工回流意愿的影响性质、比较不同的留守家人对农民工回流意愿的影响大小，以及探讨三个留守变量对农民工回流意愿的影响是否受到代际的调节。在定性研究中也将探讨留守家人对中西部地区外出农民工回流与否意愿的影响。

"业"主要指中西部地区外出农民工的事业（包括就业和创业）。农民工事业成功与否的重要衡量指标是收入的高低，本书在新古典经济理论的指导下，定量研究主要通过农民工的月收入来剖析"业"对农民工回流意愿的影响。一方面分析收入对中西部地区外出农民工回流意愿的影响性质，另一方面探讨收入对农民工回流意愿的影响是否受到代际的调节。在定性研究中，从事业和收入等方面来剖析"业"对农民工回流意愿的影响。

如前文所言，本书的问题意识是"家"和"业"的选择会影响中西部地区外出农民工的回流意愿。但需要说明的是，本书主要讨论"家"和"业"对中西部地区外出农民工回流与否意愿、回流时间意愿和回流地域意愿的影响。不探讨"家"和"业"对中西部地区外出农民工回流创业意愿的影响，这有两个原因，一是回流创业意愿的主要影响因素是流动劳动力的经济资本、人力资本和社会资本；二是没有相关理论和实证研究认为留守家庭成员会对流动劳动力的回流创业意愿产生影响。

第五节 研究假设

在第一节、第四节相继介绍了相关理论及中西部地区外出农民工回流意愿的分析框架后，本节内容将提出本书的研究假设。第一节所述的新古典经济理论、新迁移经济理论、生命周期理论、社会网络理论、结构主义理论以及第四节构建的中西部地区外出农民工回流意愿影响因素的分析框架可以为研究假设的提出奠定理论基础。第二节的实证研究文献可以为研究假设的建立提供经验依据。第一章提出的研究问题可以为研究假设的提出指明研究方向。下面将在以上理论和实证研究的基础上，结合本书的研究问题，提出需要在定量研究中检验的研究假设。性别、婚姻状况、民族、流动时间、流动范围等控制变量因为不是本研究关注的重点，因此下文不对这些变量提出研究假设。

一 个体因素与回流意愿的关系

从前文可知，中西部地区外出农民工的个体因素会影响其回流意愿。结合前文的理论和实证研究成果、提出的研究问题及构建的分析框架，本书将探讨中西部地区外出农民工的经济特征（职业、就业身份、收入、购房地点）、人力资本特征（教育程度、有无参加职业技能培训）和人口学特征（代际）等主要自变量对其回流意愿的影响。

(一) 经济特征

1. 职业

中西部地区外出农民工的职业是体现其社会阶层的重要变量（陆学艺，2003）。通常职业声望越高的职业，其社会阶层也越高。职业声望作为反映社会阶层的重要维度，是社会学研究的经典主题，其研究结果虽然在各文献中略有差异，但基本认同管理技术办事员、商业服务业人员、工人的职业声望存在从高到低的序次等级排列（高顺文，2005）。牛建林（2015）认为，从事制造业的产业工人的回流意愿强于职业声望更高的其他流动者。与管理技术人员和工人相比，商业服务业人员积累了一些销售、服务和管理经验，这在一定程度上为其回流后从事创业活动奠定了基础。所以，

假设1：中西部地区外出农民工的回流意愿因职业而异。具体而言：

1a. 工人和商业服务业人员，回流的概率大于管理技术办事员；

1b. 工人和商业服务业人员，近期回流的概率大于管理技术办事员；

1c. 工人和商业服务业人员，回原居地的概率大于管理技术办事员；

1d. 商业服务业人员，回流创业的概率大于管理技术办事员。

2. 就业身份

中西部地区外出农民工的就业身份是指其是自雇农民工还是受雇农民工。如前文所述，自雇农民工和受雇农民工在收入、职业等方面均存在一些差异。相比于受雇农民工，自雇农民工的收入更高，从事的职业主要以商业服务业人员居多。郑文杰、李忠旭（2015）的研究显示，平均月收入越高，回流意愿越弱。自雇农民工比受雇农民工更倾向在城市居留（李树茁、王维博、悦中山，2014），亦即，自雇农民工回流的意愿弱于受雇农民工。但自雇农民工具有的更高收入为其回流创业积累了更多的经济资本，多数自雇农民工从事的商业服务业为其回流创业积累了一定的销售、服务和管理经验。因此，

假设2：中西部地区外出农民工的回流意愿因就业身份而异。具体而言：

2a. 自雇农民工回流的概率小于受雇农民工；

2b. 自雇农民工回流创业的概率大于受雇农民工。

没有相关理论和实证研究表明就业身份会影响移民/农民工的回流时间意愿和回流地域意愿，因此本书并未提出就业身份与回流时间意愿和回流地域意愿的研究假设，这是本部分仅提出两个研究假设的原因。

3. 月收入

在迁移成本相同的情况下，收入直接影响中西部地区外出农民工在流入地获得的效益，进而影响其回流意愿。国内外主流的研究认为收入负向影响移民/农民工的回流意愿。即月收入高的移民/农民工，回流的意愿弱于月收入低的移民/农民工（Makina，2012；郑文杰、李忠旭，2015）。在我国当前的二元经济结构下，中西部地区农民工外出的主要目的是通过务工经商而获取比流出地更高的收入；对于打算回流的中西部地区外出农民工而言，由于流出地的信贷市场往往不完善（殷江滨，2015），因此其较高的收入积累可以为其在流出地从事创业提供较大的经济支持。所以，

假设3：中西部地区外出农民工的回流意愿因月收入而异。具体而言：

3a. 月收入越高的农民工，回流的概率越小；

3b. 月收入越高的农民工，近期回流的概率越小；

3c. 月收入越高的农民工，回原居地的概率越小；

3d. 月收入越高的农民工，回流创业的概率越大。

4. 购房地点

购房地点可以在一定程度上体现购房者的收入高低。不仅如此，中国人对住房还有特殊的情感和寄托。杜甫在《漫兴九首》中写到："颠狂柳絮随风舞，轻薄桃花逐水流"。该诗句的大概意思是：如果没有自己的住房、居无定所的话，就会给人"像柳絮随风飘、浮萍顺水流"的感觉。俗话说的"金窝银窝不如自己的狗窝"再次表明，住房对人们而言，不仅是栖身之所，更是情感和梦想的寄托。对于中西部地区外出农民工而言，购房地点与其回流与否意愿和回流地域意愿密切相关。如果农民工在流入地购房，其回流的意愿可能较弱。大部分农民工外出前居住在村里，如果他们在户籍地的村购房，其回流到原居地的意愿可能较强。因此，

假设4：中西部地区外出农民工的回流意愿因购房地点而异。具体而言：

4a. 在户籍地的村或政府所在地购房的农民工，回流的概率大于在流入地购房的农民工；

4b. 在户籍地的村购房的农民工，回原居地的概率大于在流入地购房的农民工。

没有相关理论和实证研究表明购房地点会影响移民/农民工的回流时间意愿和回流创业意愿，所以本书只考察购房地点和回流与否意愿、回流地域意愿的关系，这是本处只提出4a和4b两个研究假设（并未提出4个研究假设）的原因。

（二）人力资本特征

5. 教育程度

把人力资本的概念引入移民研究的作者是切茨维克和博加斯，其在测量移民的人力资本时采用了教育水平、工作经验和其他工作技能等变量（栾文敬、路红红、童玉林等，2012）。不论是国内文献还是国外研究，教育程度均是测量人力资本最基本、最重要的变量（de Haas and Fokkema, 2011）。从第二章的文献综述可知，国外大多数实证研究认为，教育程度和回流意愿之间正向相关，但国内文献则多认为教育程度负向影响回流意愿。新古典经济理论认为，人力资本较高者会流向人力资本回报高的地区（Constant and Massey, 2002）。国外的研究还发现，在回流劳动力中，创业者的教育程度高于

工资性劳动者（Piracha and Vadean，2010）；亦即，教育水平越高，从事自我雇佣的创业活动的概率越大（Epstein and Radu，2007）。在我国当前的二元社会经济结构中，笔者认为流入地的人力资本回报高于流出地。因此，

假设5：中西部地区外出农民工的回流意愿因教育程度而异。具体而言：

5a. 教育程度越高的农民工，回流的概率越小；

5b. 教育程度越高的农民工，近期回流的概率越小；

5c. 教育程度越高的农民工，回原居地的概率越小；

5d. 教育程度越高的农民工，回流创业的概率越大。

6. 有无参加职业技能培训

从理论上看，参加职业技能培训有助于提升人们的职业技能，积累其人力资本。King（2000）认为，通过培训和"干中学"等形式获得的技能，可以促进移民回流创业。Germenji 和 Lindita（2009）通过对阿尔巴尼亚回流移民的调查也发现，外出期间积累的技能对移民回流创业具有显著的正向促进作用。最近几年，农民工回流创业受到流出地政府的关注，中西部地区的各级政府都出台和实施了鼓励农民工回流创业的政策，这为中西部地区外出农民工回流创业营造了良好的环境氛围。但中西部地区外出农民工是否有创业意愿还取决于其是否掌握了创业技能，职业技能培训是提升其创业能力的重要途径，因此职业技能培训是影响中西部地区外出农民工回流创业的重要因素。所以，

假设6：参加职业技能培训的农民工，回流创业的概率大于没有参加职业技能培训的农民工。

因为本书使用的调查数据之一（2016年全国流动人口卫生计生动态监测调查）未调查受访者有无参加职业技能培训这一问题，故无法验证有无参加职业技能培训对回流与否意愿、回流时间意愿和回流地域意愿的影响，这是本处只提出一个研究假设的原因。

（三）人口学特征

7. 代际

如前文所述，在人口学变量中，代际是本研究考察的一个主要自变量，性别、婚姻状况、民族则是控制变量。由于重点是分析主要自变量对因变量的影响，因此本部分只对代际提出研究假设。生命周期理论认为，由于不同

年龄所经历的生命历程事件不同,因此移民在不同生命周期的回流意愿存在差异。对于我国中西部地区的外出农民工而言,受户籍制度的制约,他们较难在大城市(尤其是北上广深等一线城市)落户,而落户门槛较低的中小城市对其吸引力又不大;同时受乡土情结的影响,他们中的大多数人只是将流入地当成打工赚钱的地方,而不是久居之地。亦即,等其年龄较大时回流的意愿会显著增强。由此可以推断,年龄较大的老生代农民工回流、近期回流和回原居地的意愿强于年龄较小的新生代农民工。在回流创业意愿方面,青壮年农民工创业性回流的可能性最大,超过一定的年龄后,创业性回流的可能性下降(刘俊威、刘纯彬,2009),这与新生代农民工的创业热情更高、对风险有更强烈的偏好有关。因此,

假设7:中西部地区外出农民工的回流意愿因代际而异。具体而言:

7a. 老生代农民工回流的概率大于新生代农民工;

7b. 老生代农民工近期回流的概率大于新生代农民工;

7c. 老生代农民工回原居地的概率大于新生代农民工;

7d. 老生代农民工回流创业的概率小于新生代农民工。

二 家庭因素与回流意愿的关系

8. 有无留守配偶

新古典经济理论和新迁移经济理论均探讨了留守配偶对移民回流意愿的影响。新古典经济理论认为,移民把配偶留在流出地,是为了实现更高的收入并在流入地定居和实现家庭团聚;新迁移经济理论则认为,留守配偶会激励移民尽快实现目标后回流(Constant and Massey,2002)。受我国区域经济发展不平衡以及长期存在的户籍制度的影响,中西部地区农民工外出的主要目的是通过务工经商获取更高的收入(而不是在流入地定居),因此本书更认同新迁移经济理论的观点。所以本书认为,留守配偶会显著提高农民工回流、近期回流和回原居地的概率。由于没有相关理论和实证研究认为留守配偶会影响移民/农民工的回流创业意愿,所以本书在分析回流创业意愿时,未将留守配偶变量纳入分析模型。因此,

假设8:中西部地区外出农民工的回流意愿因有无留守配偶而异。具体而言:

8a. 有留守配偶的农民工,回流的概率大于没有留守配偶的农民工;

8b. 有留守配偶的农民工，近期回流的概率大于没有留守配偶的农民工；

8c. 有留守配偶的农民工，回原居地的概率大于没有留守配偶的农民工。

9. 有无留守子女

新迁移经济理论认为，留守子女和留守配偶一样会激励移民尽快实现收入目标而回流（Constant and Massey，2002）。张丽琼、朱宇、林李月（2016）的研究也认为，有留守子女的农民工回流的概率大大高于没有留守子女的农民工。所以本书认为，留守子女会显著提高农民工回流、近期回流和回原居地的概率。由于没有相关理论和实证研究认为留守子女会影响移民/农民工的回流创业意愿，所以本书在分析回流创业意愿时，未将留守子女纳入分析模型。因此，

假设9：中西部地区外出农民工的回流意愿因有无留守子女而异。具体而言：

9a. 有留守子女的农民工，回流的概率大于没有留守子女的农民工；

9b. 有留守子女的农民工，近期回流的概率大于没有留守子女的农民工；

9c. 有留守子女的农民工，回原居地的概率大于没有留守子女的农民工。

10. 有无留守父母

在人口大流动时代，受年轻劳动力外出务工经商的影响，流出地不仅存在大量的留守配偶和留守子女，还存在大量的留守父母。2018年《中国农村留守老人研究报告》显示，农村留守老人规模达到1600万人。规模庞大的留守老人作为外出农民工的父母，未能与其子女居住在一起，这种分隔的家庭结构可能对农民工的回流意愿产生影响。由于没有相关理论和实证研究认为留守父母会影响移民/农民工的回流创业意愿，所以本书在分析回流创业意愿时，未将留守父母纳入分析模型。因此，

假设10：中西部地区外出农民工的回流意愿因有无留守父母而异。具体而言：

10a. 有留守父母的农民工，回流的概率大于没有留守父母的农民工；

10b. 有留守父母的农民工，近期回流的概率大于没有留守父母的农民工；

10c. 有留守父母的农民工，回原居地的概率大于没有留守父母的农民工。

11. 流动模式

与留守变量不同，流动模式是反映中西部地区外出农民工是否与家庭成员一起流动的变量。在本书中，若被访者至少与配偶和子女一起同时流动

（还可以有更多的其他家庭成员），则为举家流动；若被访者在流动过程中虽然与家庭成员一起流动，但没有同时包括配偶和子女，则为半家庭式流动；若被访者独自流动，则为个人流动。① 显然，不同流动模式的中西部地区外出农民工，其家庭成员在流入地的情况不一样。新古典经济理论和新迁移经济理论都认为，跟随移民一起流动的配偶和子女会对其回流意愿产生影响。实证研究也显示，配偶和子女在流入国的移民的回流意愿比配偶和子女在流出国的移民的回流意愿更弱（Bonifazi and Paparusso, 2019；Tezcan, 2018）。也就是说，家庭式流动者在回流时因为需要付出比非家庭式流动者更高的经济成本和心理成本，因此其回流的概率更小（张丽琼、朱宇、林李月，2016），近期回流和回原居地的概率也更小。所以，

假设11：中西部地区外出农民工的回流意愿因不同流动模式而异。具体而言：

11a. 家庭式流动的农民工，回流的概率小于个人流动的农民工；

11b. 家庭式流动的农民工，近期回流的概率小于个人流动的农民工；

11c. 家庭式流动的农民工，回原居地的概率小于个人流动的农民工。

和三个留守变量相同，本处只提出三个研究假设，是因为没有相关理论和实证研究认为流动模式会影响移民/农民工的回流创业意愿，所以本书在分析回流创业意愿时，未将流动模式纳入分析模型。

12. 有无家人回流户籍地

当今社会，任何一个人群的创业都需要资金、技术、信息、人才等创业资源。而对于大多数打算回流到中西部地区的外出农民工而言，由于流出地的经济发展水平相对较低，资本市场和信贷市场相对不成熟、创业扶持政策相对不完善，所以他们回流创业很难得到回流地资本市场、信贷市场和创业扶持政策的支持，这使得其回流创业比较依赖于由血缘和亲缘关系组成的社会关系网络。对于有家人回流到户籍地的中西部地区外出农民工而言，由于其家人在外出期间积累了一定的资金、技能、工作和管理经验，可以为其提供重要的创业支持，这可能提高其回流创业意愿。部分已回流家人的成功创业事例，也能在一定程度上激发中西部地区外出农民工的回流创业热情。因此，

---

① 在本书中，流动模式包括家庭式流动（举家流动、半家庭式流动）和非家庭式流动（个人流动）。

假设12：有家人回流户籍地的农民工，回流创业的概率大于没有家人回流户籍地的农民工。

由于2016年全国流动人口卫生计生动态监测调查数据没有调查有无家人回流户籍地这一问题，所以本研究未能探讨该变量对回流与否意愿、回流时间意愿和回流地域意愿的影响，这是本处仅提出一个研究假设的原因。

三 宏观因素与回流意愿的关系

13. 流出区域

如本章第二节所述，考虑到数据的可及性，本研究在考察流出地因素与回流意愿的关系时，仅考察流出区域对回流意愿的影响。我国当前经济发展的一个重要特点是东部、中部和西部的不均衡发展。以中部和西部地区为例，它们在经济增长、产业结构、固定资产投资、城乡居民收入、城镇化、市场化等经济发展的各个层面，存在不同程度的差距（聂倩，2018）。为了推进区域经济的均衡发展，缩小中西部地区和东部地区的经济发展差距，我国分别于1999年提出了西部大开发战略、2006年提出了促进中部地区崛起战略。国家统计局的报告显示，新中国成立70周年来，我国的区域发展差距呈缩小趋势。[①] 尽管如此，在经济社会发展方面，东部地区仍然处于领先地位，而中部地区又优于西部地区。相比于中部地区，西部地区对外出农民工回流的吸引力可能更小，这使得中西部地区外出农民工的回流与否意愿、回流时间意愿、回流地域意愿和回流创业意愿存在差异。因此，

假设13：流出区域仅在一定程度上影响中西部地区外出农民工的回流意愿。具体而言：

13a. 西部地区外出的农民工，回流的概率小于中部地区外出的农民工；

13b. 西部地区外出的农民工，近期回流的概率小于中部地区外出的农民工；

13c. 西部地区外出的农民工，回原居地的概率小于中部地区外出的农民工；

13d. 西部地区外出的农民工，回流创业的概率小于中部地区外出的农

---

① 中华人民共和国中央人民政府：国家统计局发布报告显示——我国区域发展差距呈缩小态势，http://www.gov.cn/xinwen/2019-08/20/content_5422484.htm，2019-8-20

民工。

以上基于现有理论和实证研究文献对十三个主要自变量与回流意愿之间的关系提出了研究假设,现将其以表格的形式简单地呈现出来(见表2-2)。表中"+"表示显著正影响;"-"表示显著负影响;"有关系"表示二者之间相关,因该主要自变量为三分类变量,难以简单的用"+"或"-"来表示该主要自变量与因变量之间的关系性质,故而在表2-2中用"有关系"来表示;"/"表示没有显著影响;"na"表示没有考虑关系。

从本章第四节的理论分析框架和第五节的研究假设可知,回流与否意愿、回流时间意愿、回流地域意愿和回流创业意愿的影响因素存在一些差异。在定量研究中,就业身份仅影响回流与否意愿和回流创业意愿;购房地点仅影响回流与否意愿和回流地域意愿;有无留守配偶、有无留守子女、有无留守父母、流动模式等四个变量仅影响回流与否意愿、回流时间意愿和回流地域意愿;有无家人回流户籍地仅影响回流创业意愿(见表2-2)。在定性研究中,仅探讨流入地和流出地的就业机会、收入水平、制度政策、生活成本、发展空间、居住环境、文化差异等因素对回流与否意愿的影响。

表2-2 中西部地区外出农民工回流意愿的研究假设汇总

主要自变量	与因变量关系				研究假设的理论依据
	回流与否	回流时间	回流地域	回流创业	
职业	有关系	有关系	有关系	有关系	新古典经济理论
就业身份	-	na	na	+	新古典经济理论
月收入	-	-	-	+	新古典经济理论
购房地点	有关系	na	有关系	na	新古典经济理论
教育程度	-	-	-	+	新古典经济理论
有无参加职业技能培训	na	na	na	+	新古典经济理论
老生代农民工	+	+	+	-	生命周期理论
有无留守配偶	+	+	+	na	新迁移经济理论
有无留守子女	+	+	+	na	新迁移经济理论
有无留守父母	+	+	+	na	新迁移经济理论
流动模式	有关系	有关系	有关系	na	新古典经济理论
有无家人回流户籍地	na	na	na	+	社会网络理论
流出区域	-	-	-	-	结构主义理论

第三章 数据与方法

第二章在借鉴和参考现有研究成果的基础上，构建了本书的理论分析框架，并提出了有待检验的研究假设。本章将对验证研究假设的数据与方法进行详细陈述。本章内容共分四节：第一节介绍本书的数据来源与样本选择，第二节说明本书变量的定义（包括因变量、主要自变量、控制变量）与操作化，第三节阐述本书的数据分析方法，第四节描述本书各样本的基本分布特征。

第一节 数据来源与样本选择

本书主要使用两套问卷调查数据以及个案访谈数据，采用定量研究为主、定性研究为辅的混合研究方法分析中西部地区外出农民工的回流意愿及其影响因素。本节内容将对数据来源、数据的优势与局限、样本选择方法进行较为全面地描述。

一 数据来源

为了对中西部地区外出农民工的回流意愿及其影响因素进行较为深入、全面地分析，本书不仅使用了2016年全国流动人口卫生计生动态监测调查数据，[①] 还使用了笔者在2018—2020年开展的问卷调查数据和个案访谈数据。

（一）定量数据

1. 全国流动人口卫生计生动态监测调查

从2009年开始，国家卫生健康委员会（原国家卫生和计划生育委员会）组织实施了全国流动人口动态监测调查，至2019年已连续11年收集有关流

---

① 从2014年起，流动人口动态监测调查更名为全国流动人口卫生计生动态监测调查。

动人口的基本信息及其在流入地的生存和发展状况、公共卫生服务利用、计划生育服务管理等数据。根据本书的研究问题与调查问卷的内容，本书选择使用2016年全国流动人口卫生计生动态监测调查数据进行定量分析。

2016年全国流动人口卫生计生动态监测调查在全国31个省（自治区、直辖市）和新疆生产建设兵团流动人口较为集中的流入地随机抽取样本点，这使得调查结果对全国和各省具有代表性。该调查的基本抽样框为31个省（自治区、直辖市）和新疆生产建设兵团2015年全员流动人口年报数据，具体采取分层、多阶段、与规模成比例的PPS方法进行抽样。样本量为169000人。

该调查共有三套调查问卷，A卷、B卷是个人问卷，C卷是社区问卷。其中，A卷和B卷的调查对象均为流动人口，但二者的调查内容存在一些差异。A卷和B卷的调查对象为在流入地居住一个月及以上、非本区（县、市）户口的15周岁及以上（即2001年4月及之前的出生人口）流入人口。A卷和B卷的内容差异在于B卷抽取了5%的样本以长表的形式对15-69周岁的流动人口进行健康素养专题调查。C卷为村居问卷，调查对象是居委会或村委会掌握卫生计生或公安户籍数据的两位负责人，以及社区卫生服务中心/服务站或乡镇卫生院/村卫生室的两位负责人。本书使用的是个人调查问卷数据，调查内容如下：

（1）家庭成员与收支情况。包括与被访者关系、出生年月、性别、民族、教育程度、户口性质、婚姻状况、是否本地户籍人口、现居住地、流动范围、流动时间、流动原因等被访者和家庭成员的基本信息，以及其收入和支出情况。这些调查数据可以获得被访者及其家庭成员的人口学特征、社会经济特征、流动特征等相关信息，这有助于对中西部地区外出农民工回流意愿的影响因素进行分析。

（2）流动和就业特征。包括流动次数、流动开始和结束的年份、和谁一起流动、流动原因、流动累计时长、"五一"前是否做过1小时以上有收入的工作、未工作的原因、就业途径、主要职业、行业、就业单位性质、就业身份、是否签订劳动合同、是否参加社会保险、父母外出经历等相关信息。这些调查数据不仅提供了详细的流动特征信息，还提供了较多的劳动就业特征信息，有助于探讨中西部地区外出农民工回流意愿的影响因素。

（3）居留和落户意愿。包括老家所处的位置、住房性质、购房地点、在本地的长期居住意愿、回流时间意愿、回流地域意愿、继续流动的地域空间等。这些调查数据非常重要，有 3 道题目涉及到本研究的因变量，这有助于较为全面地了解中西部地区外出农民工在回流与否、回流时间和回流地域等方面的回流意愿。

（4）婚育和卫生计生服务。包括是否建立健康档案、是否参加健康教育、初婚时间、生育子女数、子女相关情况、孩子托育情况、接受健康产检情况、避孕情况、优生健康检查情况、避孕方法、计划生育服务获得情况等。这部分调查数据中，仅 406 题中子女居住地的信息与本书有关，但由于在"一、家庭成员与收支情况""二、流动和就业特征"中可以提取子女居住地的相关信息，故未使用本部分的数据。

（5）健康素养。这是个人调查问卷中以长表的形式开展的健康素养专题调查。该调查的题型较多，有判断题、单选题、多选题、情景题。因为这些内容与本研究的因变量和自变量无关，所以未使用该部分的信息。

2. 中西部地区外出农民工回流意愿问卷调查

为了较为全面和深入地分析中西部地区外出农民工的回流意愿及影响因素，笔者对中西部地区外出农民工的回流意愿进行了问卷调查。该数据的调查时间为 2018 年 12 月至 2019 年 6 月。调查的样本点分布在我国东部地区，包括广东、上海、天津、浙江、福建、江苏、北京等。调查对象为在本地居住一个月及以上、非本省户口的 15 周岁及以上的中西部地区外出农民工。样本点和调查对象的抽取采用的是非概率抽样的方法。问卷调查共回收 609 份有效问卷，经过数据清理后，最后进入模型的样本为 502 人。从流入省的分布来看，广东 415 人、上海 51 人、北京 9 人、天津 2 人、江苏 4 人、浙江 15 人、福建 6 人。从流出省的分布来看，云南 4 人、四川 48 人、宁夏 2 人、安徽 18 人、陕西 2 人、广西 58 人、江西 144 人、河南 57 人、湖北 31 人、湖南 94 人、甘肃 9 人、贵州 12 人、重庆 15 人、陕西 4 人、青海 1 人、内蒙古 3 人。问卷采用两种方法进行调查：针对大学及以上教育程度的农民工，采取自填式问卷法，调查员在旁边指导和答疑；针对高中及以下教育程度的农民工，由调查员采取访问式问卷法。调查的具体内容如下：

（1）基本信息。包括受访者的性别、出生年月、民族、婚姻状况、教育程度、户口性质、户籍地、现居地等基本信息，以及孩子的基本信息等。

（2）流动与就业。通过这部分的调查问题，可以获得农民工离开户籍地的时间、外出次数、有无回流经历、回流次数、流动原因、流动模式、父母健康状况、主要职业、是否签订劳动合同、平均收入、有无参加技能培训、是否获得正式专业技术职称、就业市场情况等，这有助于探讨中西部地区外出农民工回流意愿的影响因素。

(3) 生活与健康。从这部分调查问题中可以获得农民工参加社会保险、住房来源、现居地邻居、本地的主要交往对象、参加本地活动、参加社会组织、掌握本地语言、与本地市民差别、健康状况、对流入地和流出地的满意程度等信息。

(4) 居住与回流意愿。包括居住在本地和返回户籍地的意愿、打算留在本地的原因、回流到户籍地的区域、回流后从事非农的意愿、回流后的创业意愿、创业领域、创业预计的困难、回流户籍地的类型（永久性回流还是暂时性回流）、回流户籍地的时间、回流户籍地的原因、家人和朋友的回流情况、对新型城镇化和乡村振兴战略的了解、户籍地是否有鼓励回流的政策等。这部分的内容非常重要，涉及本研究的部分因变量和自变量。

(二) 定性数据

本研究使用的定性数据来自笔者在 2018 年至 2020 年开展的个案访谈。潘绥铭、姚星亮、黄盈盈 (2010) 认为，定性研究的访谈人数应该遵循信息饱和原则，而不是定量研究的代表性原则；从研究者的角度来看，如果他（她）认定所获得信息已经足够分析自己的研究目标，那么就是信息饱和了。根据信息饱和原则，笔者一共访谈了 156 人。其中，中西部地区外出农民工 103 人，已经回流到中西部地区的农民工 29 人，政府工作人员 24 人。① 在中西部地区外出农民工和回流农民工中，男性占 69.70%（92 人），女性占 30.30%（40 人）；从教育程度来看，小学及以下占 5.80%（7 人），初中占 31.10%（41 人），高中/中专占 20.50%（27 人），大专/高职占 13.60%（18 人），本科及以上占 29.60%（39 人）；平均年龄为 32.48 岁；跨省到东部地区的流动者占 81.80%（108 人），省内流动者占 18.20%（24 人）。

从访谈对象的户籍省来看，中西部地区外出农民工的分布为：山西 5 人、安徽 5 人、江西 31 人、河南 12 人、湖北 4 人、湖南 8 人、内蒙古 1 人、广西

---

① 笔者访谈的外出农民工和回流农民工均来自中部和西部地区的各省份。访谈的政府工作人员主要来自中部和西部地区的各省份，但考虑到在东部地区务工的农民工回流后会给东部地区带来一定的影响，所以也访谈了三位在东部地区上班的政府工作人员。

3人、重庆6人、四川4人、贵州4人、云南3人、西藏3人、陕西2人、甘肃2人、青海1人、宁夏6人、新疆3人；中西部地区回流农民工的分布为：山西1人、安徽1人、江西3人、河南1人、湖北2人、湖南3人、内蒙古1人、重庆1人、贵州1人、云南2人、西藏1人、陕西1人、甘肃1人、青海1人、宁夏7人、新疆2人。

从工作单位所在省来看，政府工作人员的分布为：江西15人、河南1人、湖北1人、四川1人、云南1人、陕西1人、宁夏1人、广东2人、山东1人。在访谈的24位工作人员中，其工作单位包括农业农村局、人力资源和社会保障局（包括其下属的就业局）、发展和改革委员会、区/县政府、组织部、医保局、街道办、乡/镇政府等。男性占79.20%，女性占20.80%。从级别来看，普通工作人员占45.80%，副科级干部占12.50%，正科级干部占37.50%，正处级干部占4.20%。

定性调查为半结构式访谈，即根据事先设计好的半结构式访谈提纲进行访问。同时，在访谈过程中，还结合本研究所要回答的问题，对被访者的回答进行有针对性的追问。访谈方式包括面对面访谈和电话访谈两种。

对中西部地区外出农民工的访谈内容主要包括以下四个方面。一是农民工的基本信息：年龄、婚姻状况、教育程度、从事的职业、收入、家人在流入地和流出地的情况等。二是农民工的回流意愿：回流与否、回流时间、回流地域、回流创业等指标的回流意愿。三是回流的原因，包括比较"家"和"业"对回流意愿的影响大小。四是回流政策：对流出地鼓励农民工回流政策的了解和评价等。

对中西部地区回流农民工的访谈内容也包括四个方面。一是回流农民工的基本信息：年龄、婚姻状况、教育程度、从事的职业、收入、家人在流入地和流出地的情况等。二是农民工的外出和回流情况：第一次外出的情况、回流经历、本次回流的详细情况（如回流时间、回流地域、回流就业和创业）、回流后的困难和社会适应情况等。三是回流的原因，包括比较"家"和"业"对回流意愿的影响大小。四是回流政策：对流出地鼓励农民工回流政策的了解和评价等。

对中西部地区政府部门工作人员的访谈内容包括三个方面。一是当地的劳动力流动状况：农民工的外出情况、农民工回流规模的变化情况、回流农民工的特征、农民回流的原因、农民工回流的地域、农民工回流的就业和创业情况等。二是政策的宣传和实施效果：当地政策的出台和实施情况、政策的宣传方式、政策的实施效果等。三是新型城镇化和乡村振兴与农民工回流的关系：新型城镇化对农民工回流的影响、农民工回流对新型城镇化的影响、传统城镇化下的农民工回流与新型城镇化下的农民工回流的异同、乡村振兴对农民工回流的影响、农民工回流对乡村振兴的影响。

对东部地区政府部门工作人员的访谈内容包括三个方面。一是农民工与产业转移情况：流入当地的农民工规模及其变化情况、当地回流的农民工规模及其变化情况、疫情对农民工就业的影响、人工智能的应用对农民工就业的影响、农民工回流对当地经济发展的影响、产业转移情况等。二是农民工回流的原因。三是新型城镇化和乡村振兴与农民工回流的关系：新型城镇化对农民工回流的影响、农民工回流对新型城镇化的影响、传统城镇化下的农民工回流与新型城镇化下的农民工回流的异同、乡村振兴对农民工回流的影响、农民工回流对乡村振兴的影响。

（三）不同数据的衔接

上面对本书使用的三套数据（2016年全国流动人口卫生计生动态监测调查数据、笔者收集的问卷调查数据和个案访谈数据）的调查情况和调查内容做了详细的介绍。本部分将介绍这三套数据的具体应用。

全国流动人口卫生计生动态监测调查数据是一个全国性的大样本调查数据，使用的是概率抽样方法，因此具有代表性。本书的第四章、第五章、第六章主要使用该数据对因变量的前三个测量指标（回流与否意愿、回流时间意愿、回流地域意愿）进行定量分析。

本书的第七章主要使用笔者收集的问卷调查数据对因变量的第四个测量指标（回流创业意愿）进行定量分析。需要说明的是，笔者收集的问卷调查数据因为采用的是非概率抽样方法，故相关数据结果不能推断为我国中西部地区外出农民工总体的回流创业意愿，只适合用来描述该调查样本的情况。

为了弥补笔者收集的问卷调查数据代表性不足的问题，也为尽可能获得较为丰富的资料，笔者对156位受访者做了个案访谈。本书在第八章、第九章主要使用个案访谈资料对农民工的回流意愿进行定性分析。个案访谈数据主要应用在以下四个方面：一讲述数字背后鲜活的故事；二是挖掘主要自变量作用于回流意愿的机制和路径；三是对难以采用定量分析方法实现的研究问题进行定性分析；四是为"怎么办"的问题提供参考借鉴。

二 数据的优势与局限

本书结合第二章构建的分析框架、因变量的测量指标，以及调查数据的特点，选择2016年全国流动人口卫生计生动态监测调查数据[①]和笔者于2018—2019年开展的问卷调查数据对研究假设进行验证。总体而言，这两套问卷调查数据相互补充，是分析回流意愿的较好数据，前者可以分析回流与否意愿、回流时间意愿和回流地域意愿，后者可以分析回流创业意愿。下面将描述这两套数据的优势与局限。

（一）数据的优势

两套问卷调查数据具有以下三大优势。

第一，两套数据具有较强的时效性。本书使用的"全国流动人口卫生计生动态监测调查数据"的调查时间为2016年5月，笔者收集的问卷调查数据的调查时间是2018年12月—2019年6月，对该数据的分析可及时反映我国中西部地区外出农民工回流意愿的新情况、新特点，并准确把握中西部地区外出农民工回流意愿的影响因素。

第二，两套数据具有较强的针对性。（1）调查对象具有针对性。本书使用的2016年全国流动人口卫生计生动态监测调查数据的调查对象是15周岁及以上流动人口（其中近80%是农民工），可以从中提取出中西部地区外出农民工的相关信息；而笔者收集的问卷调查数据的调查对象则直接是在东部地区务工/经商的中西部地区外出农民工。（2）调查内容具有针对性。2016年全国流动人口卫生计生动态监测调查的问卷虽然不是针对农民工的回流意愿专门设计的，但由于它是一个全国性的大样本调查数据，调查内容非常丰富（调查问卷内容长达9页），其中包含大量与农民工回流意愿及其影响因素的调查题目；笔者的调查问卷完全是根据本书的分析框架、研究思路设计的，

[①] 虽然2017年全国流动人口卫生计生动态监测调查数据也调查了回流意愿的相关问题，但2017年的数据需要通过两个调查问题（Q314和Q317）才能知道农民工的回流与否意愿。故分析农民工的回流与否意愿时，需要合并这两道题，但合并过程中存在一个问题（Q317中选"没想好"选项的那部分人找不到合适的归属选项），故2017年全国流动人口卫生计生动态监测调查数据不适合用来分析农民工的回流与否意愿（测量回流意愿的最基本指标）。相比之下，2016年全国流动人口卫生计生动态监测调查数据是用来分析中西部地区外出农民工回流意愿的最好数据。

因此很多内容都与本书的分析问题直接相关，这可以很好的满足本书的分析需求。

第三，2016年全国流动人口卫生计生动态监测调查数据在全国和各省具有代表性。该调查在抽取样本点和被访者时，采用的是随机抽样方法。其抽样框为2015年全员流动人口年报数据，采取分层、多阶段的PPS抽样方法。因此，该数据具有代表性，可以在较大程度上弥补笔者问卷调查数据采取非概率抽样方法抽取样本的不足。

第四，数据可以对中西部地区外出农民工的回流意愿进行多指标分析。受调查数据的限制，以往研究分析回流意愿时，通常进行单指标的分析。由于2016年全国流动人口卫生计生动态监测调查数据是大样本量（169000人），这允许本书不仅能对中西部地区外出农民工的回流与否意愿进行分析，还能对其回流时间意愿和回流地域意愿进行分析。笔者收集的问卷调查数据则可以分析中西部地区外出农民工的回流创业意愿。

（二）数据的局限

然而，这两套问卷调查数据也存在一些局限。

第一，存在样本的选择性问题。两套数据的调查都是在流入地开展的，流入地只能调查当时还在流入地务工经商的农民工，没有办法调查回流意愿较强并已经回流到户籍地的中西部地区外出农民工。[①] 这一样本的选择性问题可能会低估中西部地区外出农民工回流的比例。

第二，尽管2016年全国流动人口卫生计生动态监测调查数据的样本量大，但具体到打算回流的中西部外出农民工后，样本量就变小了，故在考察留守家庭成员对中西部地区外出农民工回流意愿的影响时，无法详细考察不同性别和年龄的留守孩子和留守父母对其回流意愿的影响。

第三，购房地点与回流与否意愿和回流地域意愿两个因变量可能相互影响。根据第二章的分析框架可知，购房地点可能影响中西部地区外出农民工的回流与否意愿和回流地域意愿。但反过来，中西部地区外出农民工也可能根据自己的回流与否意愿和回流地域意愿来确定自己去哪里购房。

[①] 为弥补定量数据未调查回流农民工的不足，笔者对29位中西部地区的回流农民工做了个案访谈。

三 样本选择

因为本书涉及到两套问卷调查数据，故依次描述这两套问卷调查数据的样本选择方法。

考虑到 2016 年全国流动人口卫生计生动态监测调查数据的调查对象是在流入地居住一个月及以上、非本区（县、市）户口的 15 周岁及以上（即 2001 年 4 月及之前的出生人口）流动人口，而本书的分析对象为中西部地区的外出农民工。农民工虽然是流动人口的主体，但二者是两个不同的概念。为了满足本书研究的需要，对样本进行了筛选。具体步骤如下：

第一步：仅保留在流入地务工和经商的流动人口。虽然 2016 年全国流动人口卫生计生动态监测调查的初始样本量为 169000 人，但根据变量 Q101N1 和 Q101F1 保留务工和经商的乡—城和城—城流动人口后，样本量为 140995 人。

第二步：仅保留农业户口的乡—城流动人口（即农民工）。样本量为 118891 人。

第三步：仅保留中西部地区的农民工样本。根据 Q101J1（户籍地省份）把全国农民工样本区分为东部、中部、西部和东北四大区域的样本。根据本书研究的需要，剔除户籍地为东部和东北地区的样本，以及剔除因变量和自变量有缺失值的样本后，中西部地区外出农民工的样本量为 34137 人，其中打算回流的样本量为 2290 人。

与全国流动人口卫生计生动态监测调查数据相比，笔者收集的调查数据的样本选择相对简单，这是因为其调查对象直接为在东部地区务工经商的中西部地区外出农民工。本书在数据清理后剔除了不回流、因变量和自变量有缺失值的样本，最后分析回流创业意愿的样本量为 502 人。①

需要说明的是，在本书中，两套定量数据对中西部地区外出农民工的操作性定义略有差异。在 2016 年全国流动人口卫生计生动态监测调查数据中，中西部地区外出农民工是指户籍在中西部地区、跨县流动到省内其他地方或跨省流动到东部地区务工经商、并在流入地居住一个月及以上、年龄为 15 周岁及以上的农业户籍人口。在笔者收集的问卷调查数据中，中西部地区外出

---

① 该样本为打算回流样本，而不是全部样本，故而不包括打算在流入地长期居住的农民工。

农民工是指户籍在中西部地区、跨省流动到东部地区务工经商、并在流入地居住一个月及以上、年龄为15周岁及以上的农业户籍人口。显然，在2016年全国流动人口卫生计生动态监测调查数据中，包括跨省和省内流动的中西部地区外出农民工；但在笔者收集的调查数据中，则只有跨省到东部地区务工的中西部地区外出农民工。

第二节　变量的定义与操作化

在定量研究中，研究假设是在一定的理论指导下提出的，使用调查数据验证相关研究假设时需要对一些变量进行定义和操作化。

一　因变量

为全面、系统和较为深入地分析中西部地区外出农民工的回流意愿及其影响因素，本书认为需要采用回流与否意愿、回流时间意愿、回流地域意愿、回流创业意愿四个指标测量回流意愿。对这四个因变量的定义和操作化见表3-1。

（一）回流与否意愿

回流与否意愿是以往文献测量回流意愿的主要指标，本书也将对这一指标进行分析。该问题源于2016年全国流动人口卫生计生动态监测调查问卷的Q305"您今后是否打算在本地长期居住（5年以上）"，选项包括"打算，返乡，继续流动，没想好"，本书将该题目的4个答案选项进行合并和重新编码，1代表回流，2代表没想好，3代表在流入地长期居住。回流与否意愿是预测回流行为的重要变量，对该变量的分析可以知道有多少比例的中西部地区外出农民工打算回流，这可在一定程度上判断中西部地区外出农民工的回流趋势。

（二）回流时间意愿

回流时间意愿是反映回流意愿的另一指标，主要指打算回流的中西部地区外出农民工选择什么时候回流。该问题源于2016年全国流动人口卫生计生动态监测调查问卷的Q307，选项包括"1年内，1—2年，3—5年，6—10年，10年以后，没想好"。本书将这些答案选项合并为三个类别，1代表2年内回流（后文也称为"近期回流"），2代表没想好，3代表3年及以后回流（见表3-1）。

（三）回流地域意愿

对回流地域意愿的分析有助于把握中西部地区外出农民工回流后的空间分布，主要指打算回流的中西部地区外出农民工选择回流到家乡的什么地方。该问题源于2016年全国流动人口卫生计生动态监测调查问卷的Q308，选项包括"原居住地（自家），乡镇政府所在地，区县政府所在地，没想好"。本书将这些答案选项合并为三个类别，1代表回原居住地（自家），2代表没想好，3代表回乡镇或区县政府所在地（见表3-1）。

表3-1 因变量及其定义

变量的名称	变量的定义
回流与否意愿	1=回流；2=没想好；3=在流入地长期定居
回流时间意愿	1=2年内回流；2=没想好；3=3年及以后回流
回流地域意愿	1=回原居地；2=没想好；3=回乡镇、区县政府所在地
回流创业意愿	1=创业；0=不创业

（四）回流创业意愿

最近几年，作为农民工主要输出地的中西部地区不断优化创业环境鼓励外出农民工回流创业。为此，本书将对中西部地区外出农民工的回流创业意愿进行研究。该问题源于笔者调查问卷的q68，即回流到户籍所在省后是否打算自己创业？选项包括"1是，2否"。本书将其生成虚拟变量，0代表不创业，1代表创业。在大众创业、万众创新的背景下，对中西部地区外出农民工的回流创业意愿进行分析具有重要的意义。

二 自变量

从第二章构建的分析框架和研究假设中可知，中西部地区外出农民工的回流意愿可能受到经济特征、人力资本特征、人口学特征等个体因素、家庭成员在流入地和流出地的分布等家庭因素、流出区域等流出地因素的影响。下面将对这些主要自变量和控制变量进行定义和操作化（见表3-2）。

表3-2 自变量的定义与分布（单位:%、均值）

变量名称	变量的定义	流动人口动态监测调查		课题组调查
		全部样本	回流样本	回流样本
主要自变量				
职业				
管理技术办事员	1=管理技术办事员；0=其他	7.88	4.85	17.33
商业服务业人员	1=商业服务业人员；0=其他	65.13	55.33	35.06
工人	1=工人及其他人员；0=其他	26.99	39.83	47.61
自雇农民工	1=自雇农民工；0=受雇农民工	50.94	38.47	12.75
月收入	连续变量	3890.80	3478.19	5022.41
购房地点				
流入地	1=本地或其他地方；0=其他	40.76	8.69	—
户籍地的政府所在地	1=户籍地的乡镇区县政府所在地；0=其他	20.53	30.87	—
户籍地的村	1=户籍地的村；0=其他	38.71	60.44	—
教育程度				
初中及以下	1=初中及以下；0=其他	67.08	73.54	55.78
高中	1=高中；0=其他	22.47	21.70	17.73
大专及以上	1=大专及以上；0=其他	10.46	4.76	26.49
参加了职业技能培训	1=参加了职业技能培训；0=没有参加职业技能培训	—	—	27.89
老生代农民工	1=老生代农民工；0=新生代农民工	48.33	51.97	39.24

第三章 数据与方法

续表

变量名称	变量的定义	流动人口动态监测调查 全部样本	流动人口动态监测调查 回流样本	课题组调查 回流组样本
有留守配偶	1=有留守配偶；0=无留守配偶	9.71	18.52	—
有留守子女	1=有留守子女；0=无留守子女	16.23	41.66	—
有留守父母	1=有留守父母；0=无留守父母	1.53	2.40	—
流动模式				
个人流动	1=个人流动；0=其他	31.27	40.92	—
半家庭式流动	1=半家庭式流动；0=其他	33.83	37.34	—
举家流动	1=举家流动；0=其他	34.91	21.75	—
有家人回流户籍地	1=有家人回流户籍地；0=无家人回流户籍地	—	—	57.97
西部	1=西部；0=中部	48.31	47.29	30.48
控制变量				
男性	1=男性；0=女性	60.37	58.82	55.38
已婚	1=已婚；0=未婚	87.81	84.45	70.12
汉族	1=汉族；0=少数民族	91.40	89.69	92.03
流动时间	连续变量	5.83	4.24	8.43
跨省流动	1=跨省流动；0=省内流动	50.79	66.55	—
样本量	—	34137	2290	502

(一) 主要自变量

1. 职业

职业是重要的经济变量,也是大多数问卷会调查的问题。在2016年全国流动人口卫生计生动态监测调查中,职业源自调查问卷的Q212;在笔者的调查数据中,职业源自调查问卷的q26voa。在这两套调查问卷中,调查职业的问题和选项完全相同,共有19个选项,本研究将其合并为三个选项,1代表管理技术办事员,2代表商业服务业人员,3代表工人。

2. 就业身份

就业身份在两套数据中均为四分类变量,本书将其合并为二分类的虚拟变量,0代表受雇农民工,1代表自雇农民工。这个变量在2016年全国流动人口卫生计生动态监测调查数据和笔者的调查数据中源自不同的调查问题,前者来自调查问卷的Q215,后者来自调查问卷的q67。

3. 月收入

月收入是体现经济地位的重要指标。本书使用的两套数据均采用月纯收入来测量,分别源于2016年全国流动人口卫生计生动态监测调查问卷的Q217和笔者调查问卷的q30。这两道问题的变量属性均为连续变量,在描述性分析中使用的是月纯收入,在模型分析中使用的是月纯收入的对数。

4. 购房地点

中国人对住房有种特殊的情感,住房在哪里就可能到哪里定居,因而中西部地区外出农民工的购房地点可以在一定程度上影响其回流意愿。购房地点源于2016年全国流动人口卫生计生动态监测调查问卷的Q303,该问题是个多选题,共有五个小题需要作答。本书根据这五个小题的答案将其合并为一个三分类变量,1代表在本地或其他地方购房(后文简称为:在流入地购房),2代表在户籍地的乡镇或区县政府所在地购房,3代表在户籍地的村购房。

5. 教育程度

教育程度是测量人力资本的重要变量。该变量在2016年全国流动人口卫生计生动态监测调查中源自调查问卷的Q101E1,该问题共有"没上过学、小学、初中、高中/中专、大学专科、大学本科、研究生"七个选项。该变量在笔者调查数据中源自调查问卷的q5,该问题的选项共有"小学及以下、初中、高中/中专、专科、本科及以上"五个选项。本书将这两套数据的教育程度变量的选项合并为三个选项，1代表初中及以下，2代表高中，3代表大专及以上。

6. 有无参加职业技能培训

本书仅在笔者的问卷调查中，调查了中西部地区外出农民工有无参加职业技能培训，该变量源于调查问卷的q31"近3年，您是否接受过政府或企业提供的职业技能培训"，其选项包括"1是，2否"，本书将其转换成虚拟变量，0代表没有参加职业技能培训，1代表参加了职业技能培训。

7. 代际

在本书中，主要是从代际的角度探讨年龄对回流意愿的影响。该变量源于2016年全国流动人口卫生计生动态监测调查问卷的Q101C1Y"出生年"，以及笔者调查问卷的q2y"出生年"。根据调查得到的出生年份，本书把1980年之后出生的农民工赋值为0，称为新生代农民工，把1980年及之前出生的农民工赋值为1，称为老生代农民工。

8. 有无留守配偶

在2016年全国流动人口卫生计生动态监测调查数据中，有无留守配偶是根据调查问卷的Q101A、Q101K和Q101B综合生成。在笔者调查数据中，该变量是根据调查问卷的q24a生成。有无留守配偶是个虚拟变量，0代表无留守配偶，1代表有留守配偶。

9. 有无留守子女

在2016年全国流动人口卫生计生动态监测调查数据中，有无留守子女是根据调查问卷的Q101A和Q101K综合生成。在笔者调查数据中，该变量是根据调查问卷的q24c和q24d生成。有无留守子女是个虚拟变量，0代表无留守子女，1代表有留守子女。

10. 有无留守父母

与有无留守配偶和有无留守子女类似，有无留守父母也是一个根据调查问题生成的新变量。在2016年全国流动人口卫生计生动态监测调查数据中，有无留守父母是根据调查问卷的Q101A和Q101K综合生成。在笔者调查数据中，该变量是根据调查问卷的q24e生成。该变量为虚拟变量，0代表无留守父母，1代表有留守父母。

11. 流动模式

不同流动模式的中西部地区外出农民工,他们的家庭成员在流入地和流出地的分布不一样,这会对其回流意愿产生影响。流动模式源于 2016 年全国流动人口卫生计生动态监测调查问卷的 Q205A 和笔者调查问卷的 q22。该变量的生成较为复杂,首先根据调查问题生成不同规模的流动家庭结构类型,然后将这些家庭结构类型划分为三种流动模式,1 代表个人流动,2 代表半家庭式流动,3 代表举家流动。

12. 有无家人回流户籍地

有无家人回流户籍地源于笔者调查问卷的 q75 "您是否有家人回流到户籍所在省(自治区、直辖市)",包括 "有、没有、不适用" 三个选项。本书将其合并生成二分类的虚拟变量,0 代表没有家人回流户籍地(包括不适用的样本),1 代表有家人回流户籍地。2016 年全国流动人口卫生计生动态监测调查数据没有调查该问题。

13. 流出区域

2016 年全国流动人口卫生计生动态监测调查数据和笔者调查数据均调查了受访者的户籍所在省,前者来源于调查问卷的 Q101J1 "户籍地省份",后者来源于调查问卷的 q7prov "您的户籍地是____省"。本书根据我国四大区域的划分方法,将农民工的流出区域划分为 "东部、中部、西部、东北"。由于本书只分析中西部地区外出农民工的回流意愿,所以剔除了流出区域为东部和东北地区的样本,这使得流出区域变量最后成为二分类变量,将其转变成虚拟变量后,0 代表中部地区,1 代表西部地区。

(二)控制变量

1. 性别

性别变量源于 2016 年全国流动人口卫生计生动态监测调查问卷的 Q101B1 "性别",以及笔者调查问卷的 q1 "性别",这两个题目的选项为 "1 男性,2 女性"。本书将其转变为二分类的虚拟变量,0 代表女性,1 代表男性。

2. 婚姻状况

婚姻状况变量源于 2016 年全国流动人口卫生计生动态监测调查问卷的 Q101G1 "婚姻状况",该问题的选项包括 "未婚、初婚、再婚、离婚、丧偶、同居"六个类别。在笔者调查数据中，该变量源于调查问卷的q4"您目前的婚姻状况是"，其选项包括"未婚、已婚、离婚、丧偶、同居"五个选项。本书将婚姻状况合并生成二分类的虚拟变量，0代表未婚，1代表已婚。

3. 民族

和性别类似，民族在2016年全国流动人口卫生计生动态监测调查数据和笔者调查数据中均有两个选项，分别为"1汉族、2少数民族"，本书将其转化为虚拟变量，0代表少数民族，1代表汉族。

4. 流动时间

流动时间指本次流动时间，源于2016年全国流动人口卫生计生动态监测调查问卷的Q101M1Y和笔者调查问卷的q20。本书采取两个步骤生成该变量：第一步是计算出本次流入现居地的居住时间，即用问卷调查的年份与本次流入本地的年份相减；第二步是把在现居地居住36年及以上的数据删失为36年（本步骤的目的是剔除奇异值）。该变量是一个连续变量。

5. 流动范围

流动范围源于2016年全国流动人口卫生计生动态监测调查问卷的Q101L1，共有三个选项，1代表跨省流动，2代表省内跨市流动，3代表市内跨县流动，4代表跨境流动。本书一方面剔除了跨境流动者，另一方面考虑到市内跨县流动的样本量较少，故将Q101L1的剩余三个选项合并为两个类别并转化为虚拟变量，0代表省内流动，1代表跨省流动。

第三节 分析方法

一 定量资料分析方法

本书采用定量研究为主、定性研究为辅的混合研究方法，探讨中西部地区外出农民工的回流意愿及其影响因素。下面具体阐述本书所使用的分析方法。

在定量研究中，主要使用了单变量和双变量的描述性分析，以及模型分析方法。单变量的描述性分析方法虽然简单，但它必不可少，而且必须在双变量分析和模型分析之前使用。本书使用单变量描述性方法主要是用来认识和了解自变量和因变量的分布特征，具体包括变量的频数、比例、均值、最小值、最大值、方差、标准差、峰度和偏度等，为进行双变量分析和模型分析做好准备。

双变量的描述性分析主要用于探讨两个变量之间的关系。根据本书中自变量和因变量的测量水平，具体使用了交互分类分析方法（当两个变量均为定类/定序变量时采用）、一元方差分析方法（当一个变量为定距变量，另一个变量为三分类及以上变量时采用）、两个独立样本的T检验方法（当一个变量为定距变量，另一个变量为二分类变量时采用）。双变量分析方法是在未控制其他变量干扰和调节的情况下得出的结果，为进一步了解各自变量对因变量的独立影响，本书还使用模型分析方法。

模型的类型需要根据因变量的测量层次来选择。本书共使用四个指标测量回流意愿。回流与否意愿是三分类变量（1代表回流，2代表没想好，3代表在流入地长期居住），适合选用多分类Logistic回归模型（Multinomial logistic regression），其参照组为在流入地长期居住（第三个类别）。回流时间意愿是三分类变量，1代表2年内回流（后文也称：近期回流），2代表没想好，3代表3年及以后回流，适合选用多分类Logistic回归模型，其参照组是3年及以后回流（第三个类别）。回流地域意愿也是三分类变量，1代表回原居住地（自家）（后文也称：回原居地），2代表没想好，3代表回乡镇或区县政府所在地，也适合选用多分类Logistic回归模型，其参照组是回乡镇或区县政府所在地（第三个类别）。回流创业意愿是二分类变量，0代表不创业，1代表创业，适合选用二分类Logistic回归模型，参照组为不创业（见表3-3）。

表3-3 本研究采用的定量研究模型

因变量	二分类Logistic回归	多分类Logistic回归
回流与否意愿		√
回流时间意愿		√
回流地域意愿		√
回流创业意愿	√	

二 定性资料分析方法

访谈法作为一种定性研究方法，包括结构式访谈、半结构式访谈、非结构式访谈三种方式。本书采用半结构式访谈方式对中西部地区外出农民工和回流农民工、政府工作人员等多类人群进行个案访谈。这些访谈资料在本书中的作用表现为：一讲述数字背后鲜活的故事；二是挖掘主要自变量作用于回流意愿的机制和路径；三是对难以采用定量分析方法实现的研究问题进行定性分析；四是为"怎么办"的问题提供参考借鉴。

第四节　样本的基本分布特征

一　因变量的基本分布特征

（一）回流与否意愿

在2016年全国流动人口卫生计生动态监测调查数据的全部样本中，描述性分析显示，中西部地区外出农民工打算回流（后文简称：回流）的比例较低，仅有6.71%，没想好的比例为30.14%，打算在流入地长期居住（后文简称：在流入地长期居住）的比例则高达63.15%（见图3-1）。显然，中西部地区外出农民工回流的意愿较弱，在流入地长期居住的意愿较强。

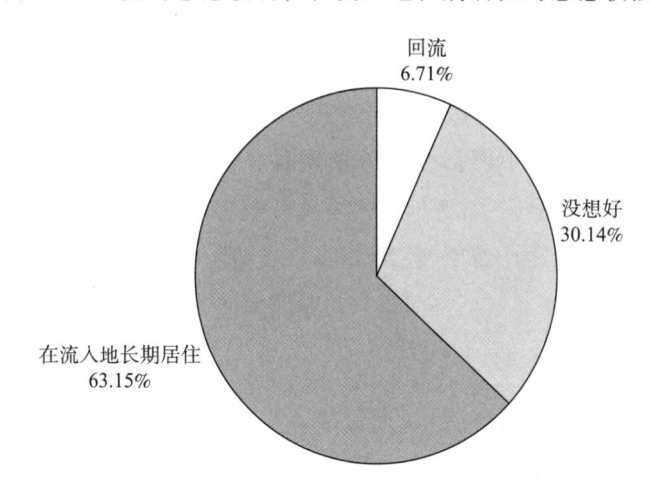

图3-1　中西部地区外出农民工的回流与否意愿（%）

（二）回流时间意愿

为了更全面、深入地了解中西部外出农民工的回流意愿，本书还使用2016年全国流动人口卫生计生动态监测的回流样本分析了中西部地区外出农民工在回流时间和回流地域方面的意愿（见图3-2）。数据显示，中西部地区外出农民工的回流时间意愿具有一定的分散性，打算近期回流（后文简称：近期回流）的比例为41.97%，打算3年及以后回流（后文简称：3年及以后回流）的比例为25.20%，还有32.84%表示没想好。

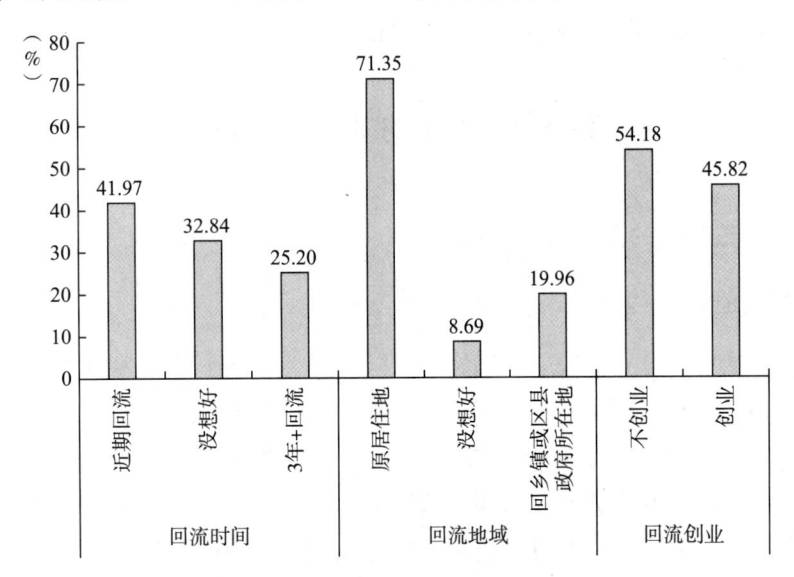

图3-2 中西部地区外出农民工的回流时间、回流地域和回流创业意愿（%）

（三）回流地域意愿

从图3-2可见，中西部地区外出农民工高达71.35%打算回原居住地（后文简称：回原居地），打算回乡镇或区县政府所在地（后文简称：回乡镇或区县政府所在地）的比例不到20.00%。此外，在回流地域的选择上，没想好的比例仅为8.69%，远低于回流与否意愿和回流时间意愿的这一比例。

（四）回流创业意愿

在笔者问卷调查数据（打算回流样本）中，单变量的描述性分析显示，在大众创业、万众创新的背景下，中西部地区外出农民工打算创业（后文简称：创业）的比例略低于打算不创业（后文简称：不创业）的比例，前者为45.82%，后者为54.18%，二者相差8.36个百分点（见图3-2）。这表明中西部地区外出农民工有一定的回流创业意愿。

二 自变量的基本分布特征

在详细描述因变量的基本分布特征后，本部分将对自变量的基本分布特征进行简单描述。如前文所述，本书使用了两套问卷调查数据，涉及到三个不同的样本。第一个样本和第二个样本均源自 2016 年全国流动人口卫生计生动态监测调查数据。其中，第一个样本是从该调查数据中提取出来的所有的中西部地区外出农民工（后文简称：全部样本，N = 34137），该样本用于分析中西部地区外出农民工的回流与否意愿。第二个样本是打算回流样本（后文简称：回流样本，N = 2290），具体是指第一个样本在回流与否意愿上选择"1 回流"的中西部地区外出农民工，该样本用于分析中西部地区外出农民工的回流时间意愿和回流地域意愿。第三个样本是打算回流样本（后文简称：回流样本，N = 502），源自笔者的调查数据，该样本用于分析中西部地区外出农民工的回流创业意愿。下面将同时展示这三个样本的自变量的分布情况（见表 3 - 2）。

（一）主要自变量

1. 职业

中西部地区外出农民工的职业分布因不同的样本而异。在 2016 年全国流动人口卫生计生动态监测调查数据的全部样本中，管理技术办事员占 7.88%，商业服务业人员占 65.13%，工人占 26.99%；在回流样本中，管理技术办事员的比例降至 4.85%，商业服务业人员的比例降至 55.33%，工人的比例上升至 39.83%。在笔者的调查数据中，工人比例最高（47.61%），商业服务业人员的比例次之（35.06%），管理技术办事员的比例最低（17.33%）。

2. 就业身份

就 2016 年全国流动人口卫生计生动态监测调查数据而言，全部样本中自雇农民工的比例（50.94%）略超过受雇农民工（49.06%）；在回流样本中，自雇农民工的比例下降至 38.47%，受雇农民工的比例则上升至 61.53%。在笔者的调查数据中，自雇农民工的比例只有 12.75%，受雇农民工的比例则高达 87.25%。

3. 月收入

月收入是一个连续变量，其均值在三个样本中存在一些差异。在 2016 年全国流动人口卫生计生动态监测调查数据中，中西部地区外出农民工的月收入在全部样本中平均为 3890.80 元，在回流样本中，平均月收入为 3478.19 元，后者较前者低 412.61 元。在笔者的调查数据中，回流样本的平均月收入为 5022.41 元。

4. 购房地点

购房地点的分布在不同样本中存在明显差异。在全部样本中，在流入地购房的比例最高，为 40.76%；在户籍地的村购房的比例为 38.71%，在户籍地的乡镇或区县政府所在地购房的比例最低，为 20.53%。在回流样本中，在户籍地的村购房的比例最高，达到 60.44%，在户籍地的乡镇或区县政府所在地购房的比例居中，为 30.87%，在流入地购房的比例最低，仅有 8.69%。

5. 教育程度

总体而言，中西部地区外出农民工接受高等教育的比例不高。在 2016 年全国流动人口卫生计生动态监测调查数据中，接受过大专及以上教育的比例在全部样本中只有 10.46%；在回流样本中，这一比例更低，仅为 4.76%；相反，接受过初中及以下教育的比例则较高，在以上两个样本中分别为 67.08% 和 73.54%。在笔者的调查数据中，接受过初中及以下教育的农民工比例为 55.78%，接受过大专及以上教育的农民工比例为 26.49%。

6. 有无参加职业技能培训

笔者的问卷调查数据显示，中西部地区外出农民工参加了职业技能培训的比例不高，只有 27.89%，没有参加职业技能培训的比例则高达 72.11%。

7. 代际

2016 年全国流动人口卫生计生动态监测调查数据显示，全部样本中老生代农民工占 48.33%，在回流样本中，老生代农民工的比例略高，为 51.97%。笔者的问卷调查数据显示，老生代农民工的比例为 39.24%，这表明笔者调查的样本比 2016 年全国流动人口卫生计生动态监测调查的样本更年轻。

8. 有无留守配偶

在中西部地区外出农民工的全部样本中，有留守配偶的农民工比例较低，只有 9.71%；相比之下，在回流样本中，有留守配偶的农民工比例更高，为 18.52%。这表明，已婚农民工与配偶一起流动的比例较高。

9. 有无留守子女

在全部样本中，有留守子女的农民工比例为 16.23%；但在回流样本中，有留守子女的农民工比例高达 41.66%。这一方面表明有留守子女的农民工回流的意愿更强，另一方面也表明在农民工流动过程中，留守子女现象比留守配偶现象更为普遍。

10. 有无留守父母

2016年全国流动人口卫生计生动态监测调查数据显示，有留守父母的农民工比例非常低。在全部样本中，有留守父母的农民工比例为1.53%，在回流样本中，这一比例为2.40%。受我国当前家庭规模小型化以及住房条件改善的影响，大多数父母都与子女（尤其是已婚子女）分开居住，这是两个样本中有留守父母的农民工比例很低的原因。[①]

11. 流动模式

在2016年全国流动人口卫生计生动态监测调查数据的全部样本中，个人流动、半家庭式流动、举家流动的比例较为接近，均为三成多。在回流样本中，家庭流动模式呈现明显的分异，个人流动的比例超过四成，半家庭式流动的比例接近四成，举家流动的比例较低，刚超过两成。

12. 有无家人回流户籍地

笔者的问卷调查数据显示，有家人回流户籍地的农民工比例高达57.97%，无家人回流户籍地的农民工比例为42.03%，两者之间相差15.94个百分点。

13. 流出区域

在2016年全国流动人口卫生计生动态监测调查数据的两个样本中，来自中部地区的农民工约为52.00%，来自西部地区的农民工约为48.00%。在笔者的调查数据中，来自中部和西部地区的农民工比例分别为69.52%和30.48%，前者较后者高39.04个百分点。

（二）控制变量

1. 性别

以往文献显示，人口流动具有性别选择性，即男性比女性更倾向流动。本研究使用的调查数据也验证了这一观点。在2016年全国流动人口卫生计生动态监测调查数据中，男性比例在全部样本中为60.37%，在回流样本中，这一比例为58.82%。在笔者的调查数据中，男性的比例也达到55.38%。可见，在三个样本中，均是男性农民工的比例高于女性农民工。

[①] 留守父母比例低是由于调查问卷中的相关题目强调了"家中"，未把在老家与农民工分开居住的留守父母统计在内。

2. 婚姻状况

婚姻在中国具有普遍性。已婚农民工的比例在2016年全国流动人口卫生计生动态监测调查的全部样本和回流样本中分别高达87.81%、84.45%。在笔者的调查数据中，已婚农民工的比例略低，但仍然超过70.00%。

3. 民族

在中国的56个民族中，汉族人口一直占据着主体地位。调查数据显示，在三个样本中，汉族农民工的比例均为90.00%左右。

4. 流动时间

在2016年全国流动人口卫生计生动态监测调查数据的全部样本中，中西部地区外出农民工的流动时间较长，均值为5.83年；相比之下，回流样本的流动时间更短，其均值为4.24年。在笔者的调查数据中，农民工的居住时间最长，其均值为8.43年。

5. 流动范围

在2016年全国流动人口卫生计生动态监测调查数据的全部样本中，跨省流动的比例和省内流动的比例较为接近，均为50%左右；在回流样本中，跨省流动的比例较高，为66.55%，而省内流动的比例则只有33.45%。

以上内容对本书所使用的数据与方法进行了详细介绍，具体包括数据的来源和样本选择、数据分析方法、因变量和自变量的定义与分布等。第四章至第七章将在第二章构建的理论框架的指导下，使用两套问卷调查数据，依次探讨中西部地区外出农民工的回流与否意愿、回流时间意愿、回流地域意愿和回流创业意愿。从本章第四节可知，笔者问卷调查数据的回流样本在变量的分布上与2016年全国流动人口卫生计生动态监测调查数据的全部样本存在一些差异，这与前者采用非概率抽样方法进行抽样和调查对象有所差异有关。为了弥补笔者收集的回流样本数据代表性不足的问题，本书在第八章、第九章使用个案访谈资料对农民工回流意愿的相关问题进行定性分析。定量研究与定性研究相结合的混合研究方法，将使本书的结论更全面、更准确、更可靠。

第四章　问君归否：回流与否意愿分析

现有分析移民或农民工回流意愿的文献，主要考察的是他们的回流与否意愿。考虑到该测量指标的重要性以及不可替代性，本章内容将对中西部地区外出农民工的回流与否意愿进行深入分析。本章共有三个亮点：首先，现有的大多数文献把回流与否意愿作为一个二分类变量进行探讨，本章考虑到有些中西部地区外出农民工在接受调查时还没有想好是回流还是在流入地长期居住的问题，故第二节使用三个选项（回流、没想好、在流入地长期居住）测量其回流与否意愿。李树苗、王维博、悦中山（2014）认为非常有必要关注在做回流选择时没想好的农民工。其次，在理论层面，将与新古典经济理论、新迁移经济理论、生命周期理论和结构主义理论进行对话。本书通过对两个变量的交互效应分析，从代际和对三类留守家人比较的角度对新古典经济理论和新迁移经济理论进行补充和发展。再次，在问题意识方面，讨论"家"和"业"对中西部地区外出农民工回流与否意愿的影响。

本章内容具体安排如下：第一节采用双变量描述性分析方法探讨自变量与回流与否意愿的相关关系；第二节采用多分类 Logistic 回归模型探讨自变量对回流与否意愿的独立影响；第三节对数据的分析结果进行总结与讨论。本章内容的目的共有三个：第一，认识中西部地区外出农民工回流与否意愿的现状特点；第二，把握中西部地区外出农民工回流与否意愿的影响因素，并对"家"和"业"如何影响中西部地区外出农民工的回流与否意愿进行讨论；第三，比较回流和没想好的两个中西部地区外出农民工群体在个体特征、家庭特征和流出区域等方面的共性与差异。

第一节 回流与否意愿的现状特点

单变量描述性分析结果显示，中西部地区外出农民工回流的比例较低，仅为6.71%，而高达63.15%在流入地长期居住，还有30.14%表示没想好。由此可知，中西部地区外出农民工比较倾向于在流入地长期居住，回流的意愿较弱；此外，还有一部分中西部地区外出农民工在回流与否的选择上存在不确定性。

为进一步了解中西部地区外出农民工回流与否意愿的特点，下文将使用交互分类、一元方差分析等方法探讨自变量与回流与否意愿的相关关系。

一 主要自变量与回流与否意愿的相关分析

1. 工人和商业服务业人员回流的意愿更强，在回流与否的选择上更为模糊

职业不同的中西部地区外出农民工，其回流与否意愿存在显著差异。从回流的中西部地区外出农民工来看，占比最高的是工人（9.90%），其次是商业服务业人员（5.70%），最低的是管理技术办事员（仅为4.13%）。没想好的中西部地区外出农民工的职业分布也呈现出工人的比例最高、商业服务业人员的比例次之、管理技术办事员的比例最低的特征（见表4-1）。但在流入地长期居住的农民工的职业分布呈现与回流和没想好的农民工相反的特征，即管理技术办事员的比例最高（73.67%）、商业服务业人员的比例次之（64.70%）、工人的比例最低（56.34%）。以上数据表明，工人和商业服务业人员回流的意愿强于管理技术办事员，他们在回流与否问题上存在的不确定性多于管理技术办事员；相比之下，管理技术办事员更倾向在流入地长期居住。

表4-1 自变量和回流与否意愿的相关分析（%、均值）

变量	回流	没想好	在流入地长期居住	变量	回流	没想好	在流入地长期居住
主要自变量				流动模式			
职业				个人流动	8.78	36.28	54.94
管理技术办事员	4.13	22.20	73.67	半家庭式流动	7.40	31.78	60.82

续表

变量	回流	没想好	在流入地长期居住	变量	回流	没想好	在流入地长期居住
商业服务业人员	5.70	29.60	64.70	举家流动	4.18	23.05	72.77
工人	9.90	33.76	56.34	流出区域			
就业身份				中部	6.84	28.41	64.75
受雇农民工	8.41	32.57	59.02	西部	6.57	31.99	61.44
自雇农民工	5.07	27.80	67.13	控制变量			
月收入	3478.19	3663.92	4042.92	性别			
购房地点				女性	6.97	30.80	62.23
流入地	1.43	11.75	86.82	男性	6.54	29.71	63.76
户籍地的政府所在地	10.09	39.18	50.73	婚姻			
户籍地的村	10.47	44.71	44.82	未婚	8.56	49.86	41.59
教育程度				已婚	6.45	27.40	66.14
初中及以下	7.35	32.15	60.50	民族			
高中	6.48	28.93	64.58	少数民族	8.04	32.56	59.40
大专及以上	3.05	19.86	77.09	汉族	6.58	29.91	63.50
年龄				流动时间	4.24	4.51	6.63
新生代农民工	6.24	32.15	61.62	流动范围			
老生代农民工	7.21	28.00	64.79	省内流动	4.56	24.32	71.12
—	—	—	—	跨省流动	8.79	35.78	55.43

2. 自雇农民工回流的意愿更弱，在回流与否的选择上存在更少的不确定性

不同就业身份的中西部地区外出农民工，其回流与否意愿存在差异。自雇农民工回流的比例（5.07%）低于受雇农民工（8.41%），自雇农民工没想好的比例（27.80%）也低于受雇农民工（32.57%）。与此不同，在流入地长期居住的比例是自雇农民工（67.13%）高于受雇农民工（59.02%）。显然，与受雇农民工相比，自雇农民工回流的意愿更弱，在回流与否的选择上存在的不确定性更少。

3. 月收入较高的农民工回流的意愿更弱

月收入与中西部地区外出农民工的回流与否意愿显著相关。一元方差分析结果显示，回流的中西部地区外出农民工的月收入最低，只有3478.19元，

没想好的农民工的月收入为3663.92元，而在流入地长期居住的农民工的月收入最高，为4042.92元。这表明，中西部地区外出农民工随着月收入水平的提高，其回流的意愿减弱。

4. 在户籍地购房的农民工回流的意愿更强，在回流与否的选择上更为模糊

在不同地方购房的中西部地区外出农民工，其回流与否意愿存在差异。数据显示，在户籍地的村和户籍地的政府所在地购房的农民工，回流的比例约为10.00%，在流入地长期居住的比例在47.00%左右。比较而言，在流入地购房的农民工更倾向在流入地长期居住（其比例高达86.82%），回流的比例极低，仅为1.43%。此外，在流入地购房的农民工没想好的比例也大大低于在户籍地的村和户籍地的政府所在地购房的农民工，前者仅为11.75%，后二者占42.00%左右。这一方面表明，在户籍地购房的农民工回流的意愿强于在流入地购房的农民工，另一方面也表明，在户籍地购房的农民工在回流与否的选择上存在更多的不确定性。

5. 教育程度越高的农民工回流的意愿越弱，在回流与否的选择上更为明确

教育程度和回流与否意愿的交互分类结果显示，随着教育程度的升高，中西部地区外出农民工回流的比例从初中及以下的7.35%，下降至高中的6.48%、大专及以上的3.05%；农民工没想好的比例也呈现和回流类似的趋势；但农民工在流入地长期居住的比例则呈现随着教育程度的升高而上升的趋势（分别为60.50%、64.58%、77.09%）。这说明教育程度越高的农民工，回流的意愿越弱，在回流与否的问题上存在的不确定性越少。

6. 老生代农民工回流的意愿更强，在回流与否的选择上存在更少的不确定性

不同代际的中西部地区外出农民工，其回流与否意愿存在显著差异。老生代农民工回流的比例（7.21%）比新生代农民工回流的比例（6.24%）高。与此类似，老生代农民工在流入地长期居住的比例（64.79%）也略高于新生代农民工的这一比例（61.62%）。值得一提的是，与新生代农民工相比，老生代农民工没想好的比例更低，这反映出老生代农民工在回流与否的选择上比新生代农民工更明确。

7. 有留守家人的农民工回流的意愿更强，在回流与否的选择上存在更多的不确定性

如第三章所述，本书主要从有无留守配偶、有无留守子女和有无留守父母三个方面考察有无留守家人对农民工回流与否意愿的影响。数据显示，有

无留守配偶与中西部地区外出农民工的回流与否意愿显著相关。具体而言，有留守配偶者回流的比例为12.79%，无留守配偶者回流的比例只有6.05%，较前者低6.74个百分点。有留守配偶者没想好的比例也高于无留守配偶者，二者分别为32.55%和29.88%。与此形成对照的是，有留守配偶者在流入地长期居住的比例（54.66%）低于无留守配偶者（64.06%），二者相差9.40个百分点（见图4-1）。

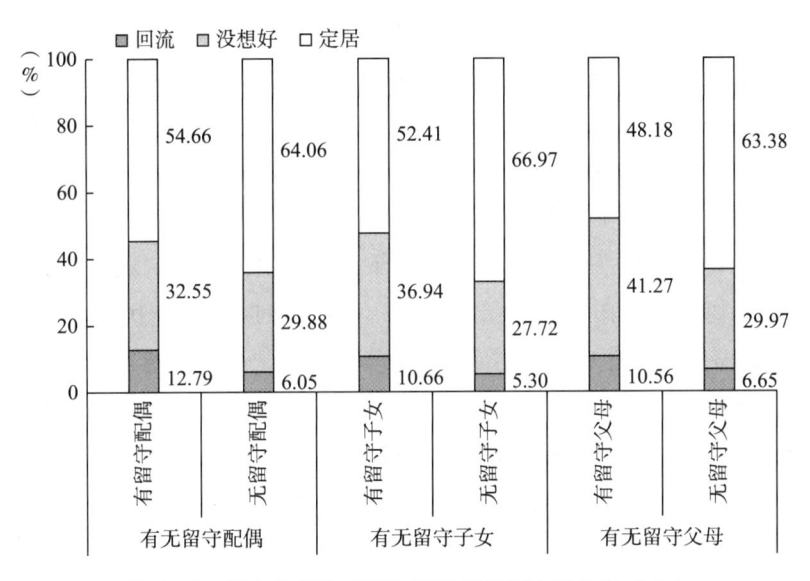

图4-1 留守变量和回流与否意愿的双变量分析（%）

交互分类结果显示，有无留守子女与中西部地区外出农民工的回流与否意愿也显著相关。有留守子女者回流的比例（10.66%）比无留守子女者回流的比例（5.30%）高5.36个百分点；有留守子女者没想好的比例（36.94%）也高于无留守子女者（27.72%）。有留守子女者在流入地长期居住的比例（52.41%）则比无留守子女者（66.97%）低14.56个百分点。

有无留守父母和中西部地区外出农民工的回流与否意愿之间也显著相关。从图4-1可知，有留守父母的农民工回流、没想好的比例分别高于没有留守父母者的相应比例，有留守父母者在流入地长期居住的比例（48.18%）则低于没有留守父母者（63.38%）。以上数据表明，配偶、子女和父母中的任何一个人留守均会提升中西部地区外出农民工回流的意愿，以及增加他们在回流与否问题选择上的不确定性。

8. 家庭式流动农民工回流的意愿更弱，在回流与否的选择上存在更少的不确定性

中西部地区外出农民工的回流与否意愿在不同流动模式的人口之间存在明显差异。从回流和没想好的比例来看，均为个人流动农民工的比例最高、半家庭式流动农民工的比例次之、举家流动农民工的比例最低。从在流入地长期居住的比例来看，最高的是举家流动者、其次为半家庭式流动者、最后为个人流动者。这表明家庭式流动对中西部地区外出农民工的回流与否意愿有两方面的影响：一是减弱其回流的意愿，二是减少其在回流与否问题选择上的不确定性（见表4-1）。

9. 与中部地区相比，西部地区外出农民工回流的意愿更弱，在回流与否的选择上存在更多的不确定性

在没有控制其他变量的情况下，中部和西部地区外出农民工的回流与否意愿存在一些差异。交互分类结果显示，西部地区外出农民工回流的比例（6.57%）略低于中部地区外出农民工（6.84%），在流入地长期居住的比例也是西部地区外出农民工（61.44%）低于中部地区外出农民工（64.75%）。但西部地区外出农民工没想好的比例高于中部地区外出农民工，前者为31.99%，后者为28.41%。可见，与中部地区外出农民工相比，西部地区外出农民工回流的意愿更弱，在回流与否的选择上具有更多的不确定性。

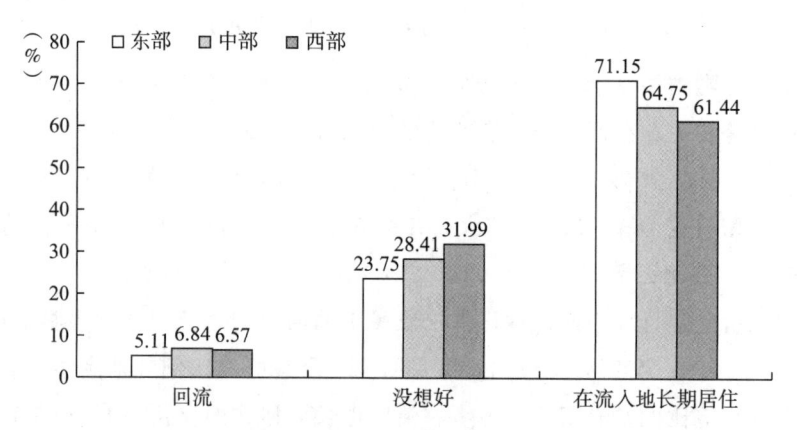

图4-2 流出区域和回流与否意愿的双变量分析（%）

从图4-2可知，相比于中部和西部地区，东部地区外出农民工回流的比例更低（5.11%）、没想好的比例也更低（23.75%），在流入地长期居住的比

例则更高（71.15%）。东部地区外出农民工回流的意愿弱于中部和西部地区，这主要是因为东部地区外出农民工中有一半多（53.11%）为省内流动，他们由于户籍在本省，受到的制度排斥小于跨省流动的农民工。如省内流动的农民工子女因为是在省内参加高考，不像跨省流动的农民工子女面临不能在异地参加高考、各省教材不统一等问题；又如，省内流动农民在流入地缴纳的社会保险和住房公积金在转移接续方面比跨省流动农民工面临的障碍更少。因此，东部地区省内流动的外出农民工回流的比例很低（4.06%），在流入地长期居住的比例则较高（76.69%）。换言之，和东部地区相比，中西部地区外出农民工回流的比例更高，在回流与否的选择上存在的不确定性更多。

分省份来看，中西部地区回流的比例差异较大（见图4-3a）。①从低到高排在前四位的分别为内蒙古（2.70%）、西藏（2.90%）、宁夏（3.20%）、广西（4.30%）。回流比例最高的是新疆（14.30%），紧跟其后的省份分别为山西（10.05%）、云南（9.06%）、贵州（8.00%）。

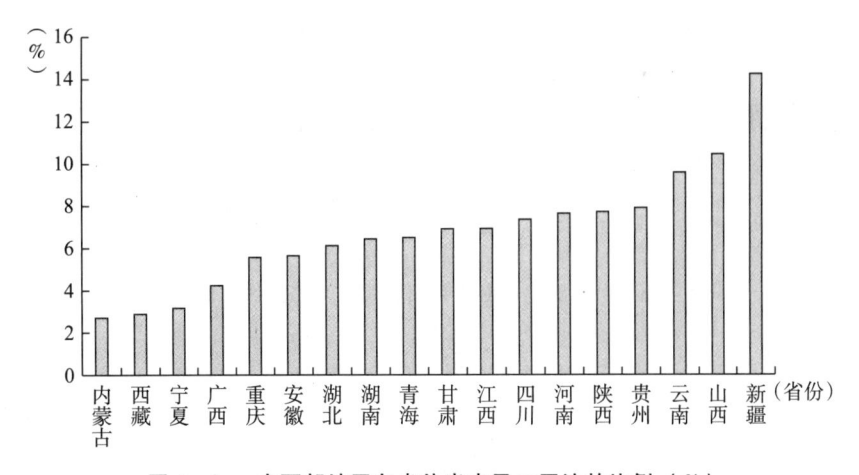

图4-3a 中西部地区各省外出农民工回流的比例（%）

若结合中西部地区外出农民工没想好和在流入地长期居住的比例来看，内蒙古、宁夏和重庆的外出农民工在回流与否的选择上存在的不确定性相对较少，倾向在流入地长期居住。西藏和广西的外出农民工虽然回流的比例低，

---

① 本书关注的是中西部地区外出农民工的回流与否意愿，所以仅比较分析中部地区和西部地区外出农民工在回流与否意愿上的省际差异，不关注东部地区外出农民工回流与否意愿的省际差异。在第五章、第六章的回流时间意愿和回流地域意愿分析中，也是仅比较分析中部地区和西部地区的省际差异。

但在回流与否的选择上存在的不确定性相对较多,所以在流入地长期居住的比例不高。新疆和山西的外出农民工虽然回流的比例最高,但因为其没想好的比例相对较低,所以其在流入地长期居住的比例相对较高。云南外出农民工没想好的比例最高、在流入地长期居住的比例则最低(见图4-3b,图4-3c)。江西外出农民工在回流与否的选择上具有较多的不确定性(在中西部地区各省中排名第二位),回流的比例居中,但在流入地长期居住的比例较低(在中西部地区各省中排名倒数第二位)。概而言之,受流出地和流入地等宏观因素以及中西部地区外出农民工个人和家庭等微观因素的影响,中部和西部地区各省外出农民工的回流与否意愿存在较大的差异。

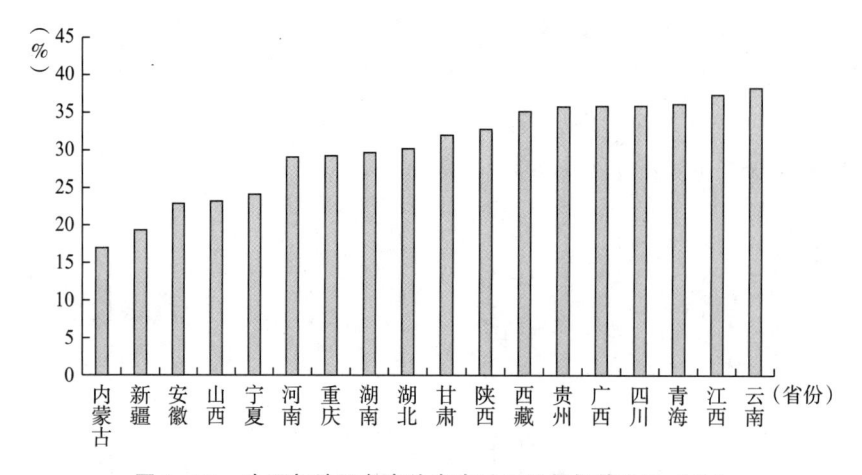

图4-3b　中西部地区各省外出农民工没想好的比例(%)

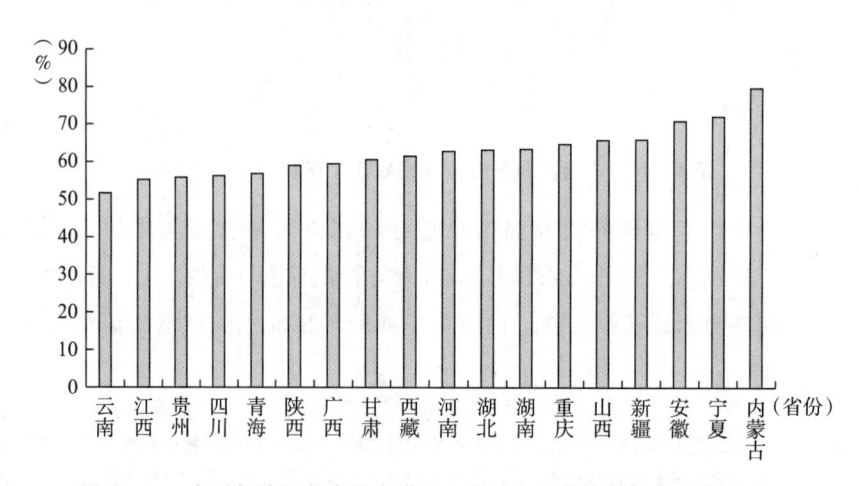

图4-3c　中西部地区各省外出农民工在流入地长期居住的比例(%)

二 控制变量与回流与否意愿的相关分析

1. 男性农民工回流的意愿更弱，在回流与否的选择上存在更少的不确定性

与中西部地区外出的女性农民工相比，中西部地区外出的男性农民工回流和没想好的比例更低。换言之，在不控制其他变量的情况下，中西部地区的外出男性农民工更倾向在流入地长期居住（见表4-1）。

2. 已婚农民工回流的意愿更弱，在回流与否的选择上存在更少的不确定性

交互分类结果显示，婚姻状况与农民工的回流与否意愿显著相关。已婚农民工回流的比例（6.45%）低于未婚流动农民工（8.56%）；已婚农民工没想好的比例（27.40%）也低于未婚农民工（49.86%）；但已婚农民工在流入地长期居住的比例（66.14%）高于未婚农民工（41.59%）。这一方面表明已婚农民工回流的意愿更弱，另一方面也说明已婚农民工在回流与否的选择上存在更少的不确定性。

3. 汉族农民工回流的意愿更弱，在回流与否的选择上存在更少的不确定性

和中西部地区外出的少数民族农民工相比，中西部地区外出的汉族农民工回流和没想好的比例更低，但在流入地长期居住的比例更高。卡方检验结果显示，汉族和少数民族农民工的回流与否意愿在统计上具有显著差异。也就是说，与少数民族农民工相比，汉族农民工回流的意愿更弱，在回流与否的选择上存在的不确定性更少。

4. 流动时间较长的农民工回流的意愿更弱

一元方差分析结果显示，回流、没想好和在流入地长期居住的农民工的平均流动时间分别为4.24年、4.51年和6.63年。这表明中西部地区外出农民工随着在流入地居住时间的延长，其回流的意愿逐渐减弱。换言之，随着居住时间的延长，中西部地区外出农民工在流入地长期居住的意愿随之增强。

5. 跨省流动农民工回流的意愿更强，在回流与否的选择上存在更多的不确定性

不同流动范围的中西部地区外出农民工的回流与否意愿存在显著差异。与省内流动农民工相比，跨省流动农民工回流的比例显著更高（8.79%），没想好的比例也更高（35.78%）；在流入地长期居住的比例却大大低于省内流动农民工，二者之间相差15.69个百分点。显然，省内流动农民工更倾向在流入地长期居住，跨省流动农民工则更倾向回流（见表4-1）。

第二节 回流与否意愿的多分类 Logistic 模型分析

为了把握中西部地区外出农民工回流与否意愿的现状特点，本章第一节内容分别探讨了个体、家庭和流出地特征等变量与中西部地区外出农民工回流与否意愿的相关关系。统计数据显示，以上自变量均与回流与否意愿显著相关，但以上分析结果是在未控制其他变量的情况下得出的。为进一步分析各自变量对回流与否意愿的独立影响，下面将进行模型分析。本节的回流与否意愿是三分类变量：1代表回流，2代表没想好，3代表在流入地长期居住。由于该变量的三个类别之间不存在序次关系，故使用多分类 Logistic 回归模型。考虑到本书主要关注回流的影响因素，也想了解没想好的影响因素，故把在流入地长期居住作为参照组。

表 4-2 有模型 1 和模型 2 两个模型。这两个模型存在一些共性和差异：共性表现为两个模型的控制变量相同；差异性表现在主要自变量的选择上，由于三个留守变量和流动模式变量之间存在一定的多重共线性，所以在模型分析中未将三个留守变量和流动模式同时纳入模型，而是在模型 1 中考察有无留守配偶、有无留守子女和有无留守父母对因变量的影响，在模型 2 中考察流动模式对因变量的影响。模型 1 和模型 2 的样本量均为 34137 人，伪平方（Pseudo R^2）分别为 0.1492 和 0.1472。

一 回流的影响因素分析

（一）主要自变量

从表 4-2 的模型 1 中可知，在其他变量相同的情况下，经济特征显著影响中西部地区外出农民工回流的概率。以在流入地长期居住为参照组，商业服务业人员回流的概率是管理技术办事员的 1.32 倍，工人回流的概率更高，是管理技术办事员的 1.86 倍。自雇农民工回流的概率只有受雇农民工的 74.00%。月收入越高的农民工，回流的概率越低。这证实了新古典经济理论"流入地的工资对劳动力回流有负面影响"的观点。为进一步分析月收入对中西部地区外出农民工回流与否意愿的影响是否受到代际的调节，本书探讨了月收入与代际两个变量的交互项对回流与否意愿的影响。从表 4-3 的模型 1 可知，月收入与代际的交互项在统计上显著，这表明中西部地区外出农民工的月收入负向显著影响其回流与否的意愿,但这一负向影响受到代际的调节,对新生代农民工的影响大于老生代农民工。换言之,流入地较高的月收入对新生代农民工的拉力大于老生代农民工。为让读者直观地感受月收入对新生代农民工和老生代农民工回流与否意愿的影响差异,本书计算了不同月收入农民工回流的概率。在图4-4中,横轴为月收入的对数,纵轴为农民工回流的概率。从该图中可见,不管是在哪个收入段,新生代农民工回流的概率均低于老生代农民工,这表明新生代农民工对"业"的追求强于老生代农民工。

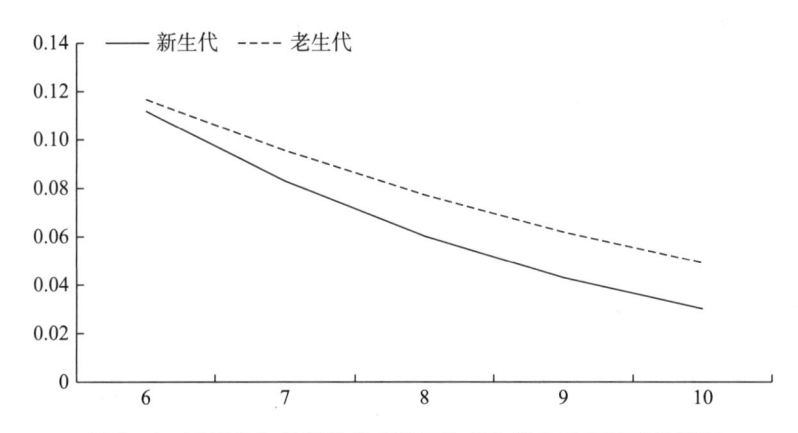

图4-4 不同收入的新生代农民工和老生代农民工回流的概率

注:因为模型分析中用的是月收入的对数,所以图中的横轴也用的是月收入的对数。

与在流入地购房的农民工相比,在户籍地的政府所在地购房的农民工回流的概率高7.44倍,在户籍地的村购房的农民工回流的概率比参照组高8.24倍。这表明住房对中西部地区外出农民工回流与否意愿的影响非常大,购房地点是其流向的风向标。与相关分析结果一致,教育程度负向影响中西部地区外出农民工的回流与否意愿。具体而言,教育程度为高中的农民工回流的概率仅为初中及以下者的89.00%,教育程度为大专及以上的农民工回流的概率只有参照组的47.00%。为了更好的预测教育程度的影响,本书根据教育程度计算了回流与否意愿三个类别的预测概率。从图4-5中可知,教育程度越高的农民工回流的可能性越低,在流入地长期居住的可能性则越高。这一研究结果与古恒宇、覃小玲、沈体雁(2019)的研究发现相符。老生代农民工回流的概率是新生代农民工的1.37倍,这与现有研究发现新生代农民工更倾向在城市定居的观点一致(汤爽爽、郝璞,2018),这说明生命周期理论也适合用来解释我国中西部地区外出农民工的回流与否意愿。中西部地区外出的老生代农民工回流的意愿强于新生代农民工,这与年龄较大的老生代农民工接近退出劳动力市场或在劳动力市场中没有竞争优势以及具有较为浓厚的乡土情结有关。邱幼云、程玥(2011)也认为,老生代农民工的乡土情结比新生代农民工更浓厚。综上所述,回流的中西部地区外出农民工在个体特征方面具有一定的选择性,即职业声望较低、受雇农民工、月收入较低、在户籍地购房、教育程度较低和老生代的中西部地区外出农民工回流的意愿分别强于职业声望较高、自雇农民工、月收入较高、在流入地购房、教育程度较高和新生代的中西部地区外出农民工。研究假设1a、2a、3a、4a、5a、7a得到证实,这些研究结果与新古典经济理论的观点一致。

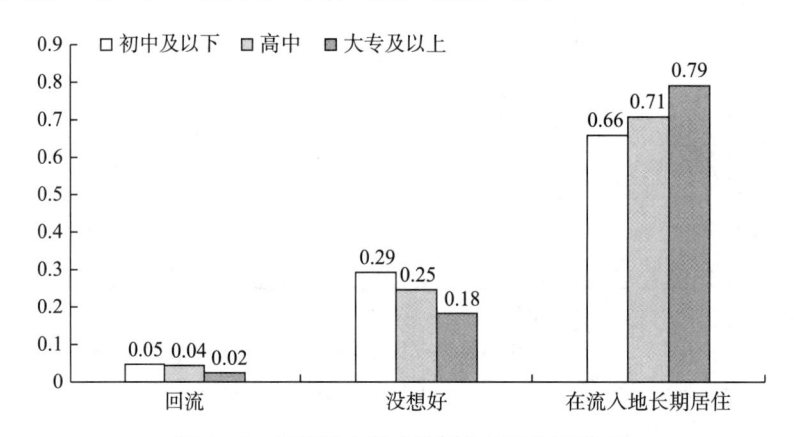

图4-5 根据教育程度预测的回流与否意愿

在家庭因素方面,从表4-2的模型1中可知,在控制其他变量后,有无留守家人依旧显著影响中西部地区外出农民工回流的意愿,这和相关分析结果一致。具体而言,有留守配偶的农民工回流的概率是没有留守配偶的农民工的1.90倍,有留守子女的农民工回流的概率是没有留守子女的农民工的1.63倍,有留守父母的农民工回流的概率是没有留守父母的农民工的1.37倍。这表明有无留守家人是影响中西部地区外出农民工回流与否意愿的重要因素。其原因可能为:(1)与留守家庭成员团聚的情感需求;(2)抚育留守子女、照料留守老人的现实需要。从模型2可知,在其他变量相同的情况下,流动模式显著影响中西部地区外出农民工回流的意愿。模型结果显示,半家庭式流动农民工回流的概率只有个人流动农民工的74.00%,举家流动农民工回流的概率更低，仅为个人流动农民工的44.00%。这从反面证实了林赛南、梁奇、李志刚等（2019）对温州流动人口居留意愿的研究结果，该文认为，单人流动者、仅夫妻流动的半家庭式流动者在流入地长期居住的意愿比举家流动者更弱。这表明留守家人降低了农民工在流入地长期居住的意愿，增强了他们回流的意愿。简言之，三个留守变量与流动模式影响中西部地区外出农民工回流与否意愿的观点相互验证。研究假设8a、9a、10a、11a得到证实。本书得出"留守配偶和留守子女均会增强中西部地区外出农民工回流的意愿"观点与新迁移经济理论的观点一致，"留守父母会增强中西部地区外出农民工回流的意愿"观点则对新迁移经济理论作了补充和扩展。为了能够更进一步推进新迁移经济理论的发展，本书探讨了有无留守配偶、有无留守子女与代际的交互项对回流与否意愿的影响，即从代际方面深化现有理论。从表4-3的模型2可见，有无留守配偶与代际的交互项在统计上显著，这表明有无留守配偶对中西部地区外出农民工回流与否意愿的影响存在代际差异。为了更直观地展示这一差异，本书计算了四类人群回流的概率。从图4-6中可知，在新生代农民工中，没有留守配偶者回流的概率只有6.00%，有留守配偶者回流的概率略高，为8.00%；在老生代农民工中，有留守配偶者回流的概率为12.00%，没有留守配偶者回流的概率比有留守配偶者低5个百分点，为7.00%。显然，有无留守配偶对老生代农民工回流与否意愿的影响大于新生代农民工。表4-3模型3的数据显示，有无留守子女与代际的交互项在统计上显著，这表明有无留守子女对中西部地区外出农民工回流与否意愿的影响也存在代际差异。具体而言，没有留守子女的新生代和老生代农民工回流的概率分别为5.00%和8.00%；有留守子女的新生代和老生代农民工回流的概率均为8.00%（文中未用图表展现此数据），这表明有无留守子女对新生代农民工回流与否意愿的影响大于老生代农民工，这与较多新生代农民工的子女处于学龄期，且他们比较重视子女的教育有关；相比之下，较多老生代农民工的子女都已长大成人，他们对子女教育的重视程度也不及新生代农民工。

由于自变量所取单位不同，非标准化的Logistic回归系数不能用于比较各自变量的相对作用，只有经过标准化后的Logistic回归系数才能用来进行自变量之间的比较（洪岩璧，2015）。为了比较"家"和"业"对中西部地区外出农民工回流与否意愿的影响大小，本书根据公式 $\beta_i = \dfrac{b_i \times s_i}{\pi/\sqrt{3}}$，计算了月收入和三个留守变量的标准化回归系数。① 月收入的标准化回归系数为-0.13，有无留守配偶、有无留守子女和有无留守父母的标准化回归系数分别为0.10、0.12和0.02。通过比较各自变量标准化回归系数绝对值的大小可知，在外出农民工中，"业"的影响大于"家"，但二者的影响方向不一致。"业"会降低中西部地区外出农民回流的概率，这与新古典经济理论"经济动因是劳动力流动的最主要动因"的观点一致。"家"则提升中西部地区外出农民回流的概率，这与新迁移经济理论"留守配偶和留守子女促使家庭的外出劳动力回流"的观点一致。但"家"对中西部地区外出农民工回流与否意愿的影响因不同的家庭成员而异，留守子女的影响最大、留守配偶的影响次之、留守父母的影响最小，这在一定程度上发展了新古典经济理论。由此可以推断，不同的家庭成员在中西部地区外出农民工的心目中具有亲疏远近之分，相比之下，子女是最重要的。费孝通（2005：24-30）在《乡土中国》一书中用"差序格局"来形容我国社会中人与人之间的关系。本书的数据分析结果显示，在我国比较亲密的家庭关系中也存在类似的"差序格局"。

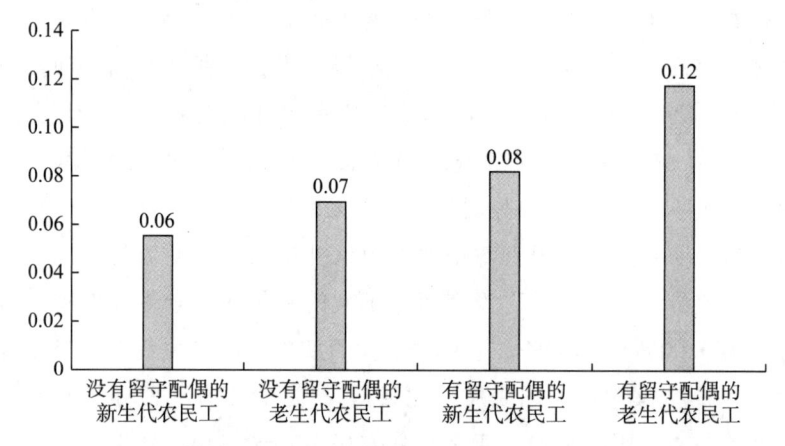

图4-6 有无留守配偶的新生代农民工和老生代农民工回流的概率

在其他变量相同的情况下，流出区域显著影响中西部地区外出农民工回流的意愿，这和前文的双变量描述性分析结果一致，与结构主义理论的观点一致。从表4-2的模型1中可知，西部地区外出农民工回流的概率比中部地

---

① β_i为第i个自变量的标准化回归系数，b_i为第i个自变量的非标准化回归系数，s_i为第i个自变量的标准差，$\pi/\sqrt{3}$是标准Logistic分布的标准差（郭志刚，2015：176）。

区外出农民工下降9.00%，这说明西部地区外出农民工回流的意愿比中部地区外出农民工弱，证实了研究假设13a。这与西部地区的社会经济发展环境不及中部地区有关。

（二）控制变量

如前文所述，我国的男性和女性在公域和私域都存在一定的性别分工，这使得在描述性分析结果中，性别显著影响中西部地区外出农民工的回流与否意愿。但在其他变量相同的情况下，性别对回流与否意愿没有显著影响，这是因为性别影响中西部地区外出农民工的职业、就业身份、收入、教育程度等，当控制这些变量以后，性别对回流与否意愿的影响就不再显著。在控制其他变量后，已婚农民工回流的概率显著低于未婚农民工，汉族农民工回流的概率显著低于少数民族农民工。

流动特征变量显著影响中西部地区外出农民工回流的概率。中西部地区外出农民工的流动时间与其回流的概率负向相关，即流动时间越长，中西部地区外出农民工回流的概率越低，这与描述性分析结果一致。为了更好的预测流动时间的影响，本书根据流动时间计算了回流与否意愿三个类别的预测概率。从图4-7中可知，流动时间很长的农民工回流的可能性很低，但在流入地长期居住的可能性很高。Dustmann（1996）通过分析4319个外国移民的回流意愿，得出了类似的结论，即流动时间越长，移民回流的可能性越低。究其原因，一是我国当前的户籍制度优先解决在流入地居住时间长的农民工落户问题，二是流动时间长的农民工在流入地积累的人力资本、经济资本、

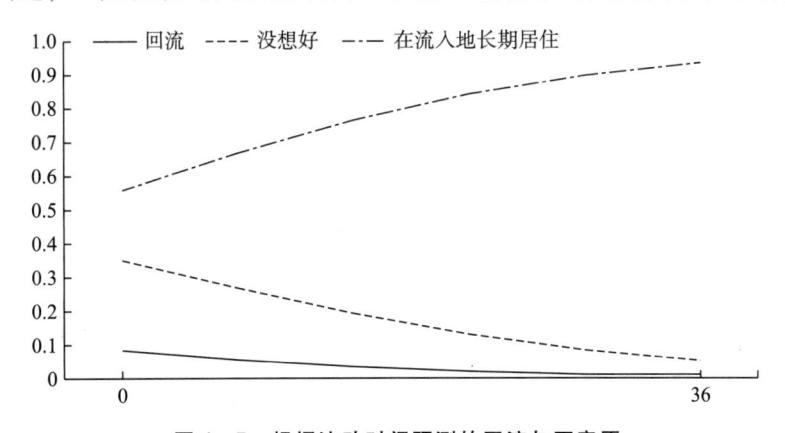

图4-7　根据流动时间预测的回流与否意愿

社会资本可能多于流动时间短的农民工,这有助于提升其社会融合水平,增强其定居流入地的能力,因此其回流的意愿弱。

以在流入地长期居住为参照组,跨省流动农民工回流的概率是省内流动农民工的1.59倍(见表4-2)。这可从以下两方面进行解释:一是跨省流动农民工在流入地受到原生的户籍制度及其衍生的劳动就业、社会保障、教育培训等制度的制约大于省内流动农民工;二是跨省流动农民工因饮食、习俗、语言等方面的差异使其在流入地的文化融合差于省内流农民工。二者的综合作用使得跨省流动农民工在流入地受到的推力大于省内流动农民工,因此其回流的意愿强于省内流动农民工。

二 没想好的影响因素分析

(一) 主要自变量

如前文所述,本部分重点对表4-2中模型1的分析结果进行解释,仅对模型2的流动模式变量进行解释。

以在流入地长期居住为参照组,职业对中西部地区外出农民工没想好的影响与对回流的影响类似,商业服务业人员没想好的概率比管理技术办事员高22.00%,工人没想好的概率比管理技术办事员高35.00%。受雇农民工没想好的概率低于自雇农民工,但这一差异在统计上不显著。月收入负向影响中西部地区外出农民工没想好的概率,即随着月收入的上升,中西部地区外出农民工没想好的概率随之下降。购房地点不同,中西部地区外出农民工没想好的概率也存在显著差异,在户籍地的政府所在地和户籍地的村购房的农民工,没想好的概率分别是在流入地购房的农民工的4.39倍和5.22倍。这表明,在户籍地购房不仅提升中西部地区外出农民工回流的意愿,还提升中西部地区外出农民工在回流与否选择上的不确定。教育程度不同的中西部地区外出农民工,没想好的概率存在显著差异。教育程度为高中、大专及以上的农民工,没想好的概率比教育程度为初中及以下的农民工分别下降21.00%和45.00%,这透视出教育程度的提升降低了中西部地区外出农民工在回流与否选择上的不确定性,这与教育程度较高的农民工因具有较强定居城镇的能力而倾向在流入地长期居住有关。老生代农民工没想好的概率是新生代农民工的1.05倍,但这一差异在统计上不显著。

就家庭因素而言,模型1的结果显示:有留守配偶的中西部地区外出农民

表4-2 回流与否意愿的多分类Logistic模型分析结果

变量	模型1（全部样本）				模型2（全部样本）			
	回流		没想好		回流		没想好	
	发生比	标准误	发生比	标准误	发生比	标准误	发生比	标准误
主要自变量								
职业（对照组：管理技术办事员）								
商业服务业人员	1.32**	0.15	1.22***	0.07	1.25*	0.14	1.21***	0.07
工人	1.86***	0.21	1.35***	0.08	1.83***	0.21	1.35***	0.08
自雇农民工	0.74***	0.04	0.96	0.03	0.77***	0.04	0.99	0.03
月收入	0.67***	0.03	0.83***	0.02	0.67***	0.03	0.82***	0.02
购房地点（对照组：流入地）								
户籍地的政府所在地	8.44***	0.72	4.39***	0.17	8.43***	0.72	4.46***	0.17
户籍地的村	9.24***	0.74	5.22***	0.18	9.09***	0.73	5.22***	0.18
教育程度（对照组：初中及以下）								
高中	0.89*	0.05	0.79***	0.03	0.87*	0.05	0.78***	0.03
大专及以上	0.47***	0.05	0.55***	0.03	0.44***	0.05	0.52***	0.03
老生代农民工	1.37***	0.07	1.05	0.03	1.50***	0.08	1.12***	0.03
有留守配偶	1.90***	0.13	1.19***	0.06	-	-	-	-
有留守子女	1.63***	0.09	1.46***	0.05	-	-	-	-
有留守父母	1.37*	0.22	1.19	0.12	-	-	-	-
流动模式（对照组：个人流动）								
半家庭式流动	-	-	-	-	0.74***	0.04	0.88***	0.03

续表

变量	模型 1（全部样本）				模型 2（全部样本）			
	回流		没想好		回流		没想好	
	发生比	标准误	发生比	标准误	发生比	标准误	发生比	标准误
举家流动	—	—	—	—	—	—	0.65***	0.03
西部	0.91*	0.04	1.13***	0.03	0.88**	0.04	1.11***	0.03
控制变量								
男性	0.97	0.05	1.03	0.03	0.98	0.05	1.02	0.03
已婚	0.55***	0.04	0.44***	0.02	0.99	0.08	0.59***	0.03
汉族	0.76***	0.06	1.02	0.05	0.77**	0.06	1.03	0.05
流动时间	0.93***	0.00	0.94***	0.00	0.91***	0.00	0.93***	0.00
跨省流动	1.59***	0.08	1.35***	0.04	1.56***	0.08	1.35***	0.04
常数	0.85	0.32	1.39	0.29	1.07	0.40	1.57*	0.33
样本量	34137				34137			
Log likelihood	−24192.045				−24250.686			
LR chi^2	8487.24				8369.95			
Prob > chi^2	0.0000				0.0000			
Pseudo R^2	0.1492				0.1472			

注：$^+ < 0.1$，$^* < 0.05$，$^{**} < 0.01$，$^{***} < 0.001$

表4-3 代际与收入、有无留守配偶、有无留守子女的交互效应

变量	模型1 系数	模型1 标准误	模型2 系数	模型2 标准误	模型3 系数	模型3 标准误
主要自变量						
职业（对照组：管理技术办事员）						
商业服务业人员	0.28*	0.11	0.28*	0.11	0.27*	0.11
工人	0.62***	0.11	0.62***	0.11	0.61***	0.11
自雇农民工	-0.30***	-0.30	-0.30***	0.06	-0.30***	0.06
月收入	-0.48***	-0.48	-0.40***	0.04	-0.40***	0.04
老生代农民工	-0.88	0.66	0.27***	0.06	0.54***	0.07
月收入*代际	0.15+	0.08	-	-	-	-
购房地点（对照组：流入地）						
户籍地的政府所在地	2.13***	0.09	2.13***	0.09	2.14***	0.09
户籍地的村	2.22***	0.08	2.22***	0.08	2.23***	0.08
教育程度（对照组：初中及以下）						
高中	-0.12*	0.06	-0.12*	0.06	-0.11*	0.06
大专及以上	-0.74***	0.11	-0.74***	0.11	-0.73***	0.11
有留守配偶	0.64***	0.07	0.50***	0.11	0.63***	0.07
有无留守配偶*代际	-	-	0.23+	0.13	-	-
有留守子女	0.49***	0.06	0.49***	0.06	0.80***	0.08
有无留守子女*代际	-	-	-	-	-0.53***	0.10
有留守父母	0.32*	0.16	0.33*	0.16	0.31+	0.16
西部	-0.10*	0.05	-0.10*	0.05	-0.09+	0.05
控制变量						
男性	-0.03	0.05	-0.03	0.05	-0.03	0.05
已婚	-0.59***	0.08	-0.59***	0.08	-0.72***	0.08
汉族	-0.27***	0.08	-0.27***	0.08	-0.27***	0.08
流动时间	-0.07***	0.01	-0.07***	0.01	-0.08***	0.01
跨省流动	0.46***	0.05	0.46***	0.05	0.46***	0.05
常数	0.46	0.50	-0.15	0.37	-0.20	0.37
样本量	34137		34137		34137	
Log likelihood	-24189.999		-24190.388		-24178.431	
LR chi^2	8491.33		8490.55		8514.46	

续表

变量	模型1		模型2		模型3	
	系数	标准误	系数	标准误	系数	标准误
Prob > chi^2	0.0000		0.0000		0.0000	
Pseudo R^2	0.1493		0.1493		0.1497	

注：1. $^+$ <0.1，* <0.05，** <0.01，*** <0.001；2. 本表中呈现的是三个模型的回归系数，这与表4-2中呈现模型的发生比不同。3. 本表中的三个模型主要是用来分析月收入、有无留守配偶、有无留守子女与代际的交互效应。其他变量对回流与否意愿的影响参见表4-2。4. 有无留守父母与代际的交互项在统计上不显著，所以本表中未展示含有该交互项的模型结果。5. 交互效应不关注"没想好"人群，故本表未展示相关结果，仅展示的是回流的相关结果。

工没想好的概率是无留守配偶的农民工的1.19倍；有留守子女的中西部地区外出农民工没想好的概率是无留守子女的农民工的1.46倍；有留守父母的中西部地区外出农民工没想好的概率是无留守父母的农民工的1.19倍，但这一影响在统计上不显著。通过比较三个留守变量的回归系数和显著性发现，留守配偶和留守子女均会显著提升中西部地区外出农民工在回流与否选择上的不确定性；相比之下，有无留守子女的影响大于有无留守配偶。从模型2可知，流动模式显著影响中西部地区外出农民工没想好的概率，半家庭式流动农民工没想好的概率比个人流动农民工下降12.00%，举家流动农民工没想好的概率比个人流动农民工下降35.00%。简言之，有留守家人的非家庭式流动的农民工在回流与否的选择上存在的不确定性更多。

就流出区域而言，西部地区外出农民工没想好的概率显著高于中部地区外出农民工，前者是后者的1.13倍。这表明西部地区外出农民工在回流与否的选择上比中部地区外出农民工存在更多的不确定性，这和西部地区相对滞后的经济社会发展水平有关，使得从西部地区外出的农民工在回流与否的选择上有更多人口处于观望状态。

（二）控制变量

在其他变量相同的情况下，以在流入地长期居住为参照组，性别和民族对中西部地区外出农民工没想好的影响不显著。已婚的中西部地区外出农民工没想好的概率比未婚农民工显著下降56.00%。流动时间越长，中西部地区外出农民工没想好的概率越低。具体而言，流动时间每增加一年，中西部地区外出农民工没想好的概率下降6.00%。在控制其他变量后，流动范围显著影响中西部地区外出农民工没想好的概率，跨省流动农民工没想好的概率是省内流动农民工的 1.35 倍。

第三节　总结与讨论

以上内容使用描述性分析方法和多分类 Logistic 回归模型、交互效应分析等方法探讨了中西部地区外出农民工回流与否意愿的影响因素。数据分析发现，中西部地区外出农民工的回流与否意愿受个体、家庭和流出地等诸多因素的影响。下面将对数据分析结果进行总结与讨论。

(一) 实证研究结果

第一，中西部地区外出农民工回流的意愿较弱。描述性分析结果显示，中西部地区外出农民工仅有 6.71% 回流，而在流入地长期居住的比例则高达 63.15%，两者相差 56.44 个百分点。中西部地区外出农民工回流比例较低可以从三方面进行解释：一是中西部地区外出农民工回流的意愿确实较弱，这是最主要的原因。二是与调查问题的问法有关。2016 年全国流动人口卫生计生动态监测调查询问的是近 5 年的回流与否意愿，而中西部地区外出农民工主要是青壮年劳动力，[①] 许多要五年之后才退出劳动力市场的农民工会选择在流入地长期居住或没想好，这是中西部地区外出农民工回流比例较低的另一个原因。这个原因在笔者开展的问卷调查和个案访谈中得到证实。当笔者问及"您最近 5 年是否打算回流到老家时"，回答"打算回流"的人口很少；但当笔者再追问"等老了以后，您是否打算回流到老家时"，大部分人都毫不犹豫的回答"那肯定回去"。显然，调查问题的问法会直接影响回流比例的高低。三是样本可能存在选择性，即在流入地开展的调查仅能调查到还没有回流到中西部地区的外出农民工，有些回流意愿较强的农民工因为已经回流到了户籍地而被排斥在样本之外，这会在一定程度上低估回流农民工的比例。概括而言，中西部地区外出农民工回流的意愿因不同的生命周期而异，年轻时他们回流的意愿较弱，等年纪大了他们回流的意愿才会增强。

第二，回流的中西部地区外出农民工具有明显的选择性特征。从中西部地区外出农民工的经济特征来看，回流意愿较强的多为职业声望较低的工人

---

① 2016 年全国流动人口卫生计生动态监测调查数据显示，中西部地区外出农民工的平均年龄为 36.62 岁。

和商业服务业人员、受雇农民工、月收入较低的农民工、在户籍地购房的农民工。从中西部地区外出农民工的教育程度来看，回流意愿较强的多为教育程度较低的农民工。新古典经济理论倾向把回流者视为"失败者"，新迁移经济理论则倾向把回流者视为"成功者"。本书虽然未能证明已回流的农民工是"失败者"还是"成功者"，但从有回流意愿的农民工的经济特征和人力资本特征来看，可以确定他们中的大多数是劳动力市场中处于相对弱势的人群。从中西部地区外出农民工的年龄来看，老生代农民工回流的意愿强于新生代农民工。这证实了生命周期理论"年轻时外出务工，年龄大了回流"的观点。从中西部地区外出农民工个体特征的选择性可知，在我国新型城镇化背景下，回流意愿较强的农民工多为"被动式回流"。生产要素总是向回报高的地方流动，劳动力总是向收入高的地方流动（曾业国，2020）。由此可以推断，当前中西部地区在推进新型城镇化的进程中，面临着农民工回流的意愿较弱的问题，尤其面临着职业声望较高、月收入较高、人力资本较高和新生代的农民工不愿回流的问题，但这些人群又是促进中西部地区新型城镇化发展的重要力量。

第三，家庭成员是否分离显著影响中西部地区外出农民工回流与否的意愿。中西部地区外出农民工的流动模式对其回流与否意愿有重要影响。即核心家庭成员若跟随中西部地区外出农民工一起流动，会显著增强其在流入地长期居住的意愿；若核心家庭成员留守在家，则不仅显著增加其回流的意愿，还增加其在回流与否选择上的不确定性（表现为没想好的概率更高）。此外，不同的家庭成员留守，对中西部地区外出农民工回流与否意愿的影响存在差异：有无留守子女和有无留守配偶对回流与否意愿的影响大于有无留守父母。这一方面透视出中西部地区外出农民工的回流与否意愿受到家庭成员是否分离的影响；另一方面透视出在现代工业社会中，留守子女和留守配偶的重要性超过留守父母。简言之，非举家流动会提升中西部地区外出农民工回流的意愿。

第四，流出区域显著影响中西部地区外出农民工的回流与否意愿。与中部地区的外出农民工相比，西部地区的外出农民工回流的意愿更弱、在回流与否的选择上存在更多的不确定性。最近几年，中西部地区的政府在持续推进新型城镇化的发展、实施乡村振兴，经济也因此得到了较快的发展。但相比之下，西部地区在就业机会、收入水平方面还是不及中部地区，故而西部地区对外出农民工回流的拉力小于中部地区。需要说明的是，中部地区各省份和西部地区各省份外出农民工的回流与否意愿不是铁板一块,外出农民工因受流入地、流出地、家庭和个人等诸多因素的影响,其回流与否意愿存在较大的省际差异。从回流的比例来看,内蒙古、西藏、宁夏、广西四省外出农民工回流的比例较低,而新疆、山西、云南、贵州等省外出农民工回流的比例较高。

第五,超三成的中西部地区外出农民工在回流与否的选择上存在不确定性。描述性分析显示,在回流与否的问题上,有30.14%的中西部地区外出农民工表示没想好,这表明中西部地区外出农民工在回流与否的选择上存在较多的不确定性,他们在"家"和"业"的选择上犹豫不决。由于没想好的农民工在所有农民工中的占比超过三成,故这一人群必须引起关注。从其经济特征和人力资本特征来看,没想好的农民工具有明显的选择性,即职业声望较低者、月收入较低者、在户籍地购房者、教育程度较低者没想好的比例和概率更高。通过比较自变量对回流与否意愿的影响性质和影响程度发现,回流和没想好两个农民工群体在经济特征、人力资本特征、人口学特征等方面具有较大的相似性。由此可以推断,没想好的中西部地区外出农民工也是潜在的回流群体。若要提升中西部地区外出农民工的回流意愿,这一人群是一个目标人群。

(二) 理论回应

在理论方面,本书除证实了新古典经济理论、新迁移经济理论、生命周期理论和结构主义理论外,还对新古典经济理论和新迁移经济理论作了补充和发展。

第一,基于交互效应分析从代际的角度对新古典经济理论做了拓展。即中西部地区外出农民工的月收入负向显著影响其回流与否意愿,但这一负向影响受到代际的调节,对新生代农民工的影响大于老生代农民工。

第二,从三个方面对新迁移经济理论作了发展。(1) 分析了留守父母对回流与否意愿的影响,并得出了"留守父母会提升中西部地区外出农民工回流的意愿"的观点。(2) 比较了三类留守家人对中西部地区外出农民工回流与否意愿的影响差异,即留守子女的影响最大、留守配偶的影响次之、留守父母的影响最小。(3) 基于交互效应分析,得出了"有无留守配偶对老生代农民工回流与否意愿的影响大于新生代农民工"和"有无留守子女对新生代农民工回流与否意愿的影响大于老生代农民工"的观点,从代际角度对该理论作了发展。有无留守子女对新生代农民回流与否意愿的影响大于老生代农民工,是因为新生代农民工的子女较多处于学龄期,而子女的教育又是新生代农民工比较重视的问题。

(三)"家"和"业"对回流与否意愿的影响

中西部地区外出农民工回流与否选择的背后透视出他们对"家"和"业"的选择困境问题。"业"是吸引中西部地区外出农民工在流入地务工经商的主要原因,这使得他们倾向在流入地长期居住;对于非举家流动的农民工而言,受与留守家庭成员团聚的情感需求以及抚育留守子女、照顾留守老人的现实需要驱动,"家"是推动其回流的重要原因之一。显然,中西部地区外出农民工的"家"和"业"对其回流与否选择的影响方向相反,这使中西部地区外出农民工在做回流选择时面临较多的困境,这从"有超三成的中西部地区外出农民工在回流与否的选择上没想好"中可见一斑。

总体而言,在不能实现"家""业"兼顾的情况下,"业"的影响大于"家",即多数中西部地区外出农民工选择"业",少数中西部地区外出农民工选择"家",这与本章得出"中西部地区外出农民工回流的意愿较弱"的观点相互印证。从代际差异的角度来看,"业"对新生代农民工回流与否意愿的影响更大;"家"对两代农民工回流与否意愿的影响因不同的留守家庭成员而异。中西部地区外出农民工不管是优先选择"家"还是优先选择"业",都是在"家"和"业"不能兼顾情况下做出的无奈选择,这会给中西部地区外出农民工的个人和家庭发展带来一定的负面影响,影响农民工不断实现他们对美好生活的向往。

第五章　问君归期：回流时间意愿分析

尽管回流问题受到学界越来越多的关注，但有关回流意愿和回流行为的研究成果仍然不足（De Haas and Fokkema，2011）。以回流意愿为例，现有国外和国内的文献主要研究的是移民或农民工的回流与否意愿，对其回流时间意愿、回流地域意愿和回流创业意愿的探讨很少。为推进和发展回流意愿的相关研究，第五章（本章）、第六章、第七章将主要使用问卷调查数据分析中西部地区外出农民工的回流时间意愿、回流地域意愿和回流创业意愿。

回流时间是测量回流意愿的重要指标。De Haas 和 Fokkema（2011）对流入意大利和西班牙的埃及、摩洛哥、土耳其、加纳和塞内加尔移民的分析发现，不到三分之一的移民提到了特定的回流时间，超过七成的被访者表示还没想好何时回流。中西部地区外出农民工在回流时间的决策上是否和国际移民一样存在很多的不确定性？中西部地区外出农民工的回流时间意愿存在哪些特点？近期回流和没想好的中西部地区外出农民工在个体特征方面是否具有选择性？家庭成员在流入地和流出地的分布、流出区域是否对中西部地区外出农民工的回流时间意愿有独立影响？为了解答以上问题，本章对中西部地区外出农民工的回流时间意愿进行研究。具体内容安排如下：第一节采用描述性分析方法探讨回流时间意愿的现状特点；第二节采用模型分析方法探讨回流时间意愿的影响因素；第三节对数据分析结果进行总结与讨论。

在理论层面，本章将与新古典经济理论、新迁移经济理论、生命周期理论和结构主义理论进行对话：一是探明以上理论在解释回流与否意愿和回流时间意愿上的共性和差异；二是尝试从代际和对三类留守家人比较的角度对新迁移经济理论进行拓展。在问题意识方面，将讨论"家"和"业"对中西部地区外出农民工回流时间意愿的影响。

第一节　回流时间意愿的现状特点

在研究中西部地区外出农民工的回流意愿时，不仅需要知道他们的回流与否意愿，还需要了解中西部地区外出农民工的回流时间意愿（何时回），以较为准确地了解中西部地区是否有足够的劳动力推进其新型城镇化的发展。单变量描述性分析结果显示，中西部地区外出农民工近期回流的比例为41.97%，3年及以后回流的比例为25.20%，没想好的比例为32.84%。显然，中西部地区外出农民工在回流时间的选择上有三成多农民工呈现不确定性，剩余六成多农民工则提及了具体的回流时间，这一结果与De Haas和Fokkema（2011）的研究发现存在较大的差异。通过比较发现，我国中西部地区外出农民工在回流时间的选择上存在的不确定性比国际移民低很多，这与我国存在户籍制度及农民工具有乡土情结有一定的关系。如笔者的调查数据显示，有36.73%的中西部地区外出农民工回流是因为户口不在流入地；在身份认同上，有81.67%的中西部地区外出农民工认为自己不是本地人，而是老家人。正是因为他们对流入地没有太多的眷恋之情（宋健，2010），所以他们在流入地外出务工经商只是他们年轻时实现个体和家庭经济利益的一种手段，此时回流的意愿较弱；但当他们的经济目标实现或等年纪大了以后，多数农民工将会选择回流。

为挖掘中西部地区外出农民工回流时间意愿的特点，本节内容将使用交互分类、一元方差分析等方法探讨自变量与回流时间意愿的相关关系。

一　主要自变量与回流时间意愿的相关分析

1. 工人近期回流的意愿更强，在回流时间的选择上存在更少的不确定性

从事不同职业的中西部地区外出农民工，其回流时间意愿存在明显差异。从近期回流的农民工来看，工人的比例最高，为50.99%；管理技术办事员的比例次之，为40.54%；商业服务业人员的比例最低，为35.60%。从3年及以后回流的农民工来看，工人的比例仅为20.07%，而管理技术办事员和商业服务业人员的这一比例则接近29.00%，较工人高9个百分点左右。从没想好的农民工来看，商业服务业人员的占比（35.83%）高于管理技术办事员（30.63%）和工人（28.95%）。以上数据表明，工人比管理技术办事员和商

业服务业人员更可能近期回流,而商业服务业人员则较工人和管理技术办事员在回流时间的选择上存在更多的不确定性。

2. 月收入较高的农民工近期回流的意愿较弱

中西部地区外出农民工的月收入与其回流时间意愿显著相关。一元方差分析结果显示,近期回流的中西部地区外出农民工的月收入最低,为3282.71元;没想好的农民工的月收入次低,为3532.46元;3年及以后回流的农民工的月收入最高,为3733.02元(见表5-1)。从数据分析结果可以推断出:中西部地区外出农民工随着月收入的增加,近期回流的可能性下降,3年及以后回流的可能性则上升。

3. 不同教育程度农民工近期回流的意愿没有显著差异

调查数据显示,在近期回流的中西部地区外出农民工中,高中教育程度者的比例最高,初中及以下教育程度者的比例次之,大专及以上教育程度者的比例最低。在3年及以后回流的中西部地区外出农民工中,大专及以上教育程度者的比例最高,初中及以下和高中教育程度者的比例紧随其后。在没想好的中西部地区外出农民工中,初中及以下教育程度者的比例最高,其后依次为大专及以上教育程度者、高中教育程度者。卡方检验结果显示,虽然中西部地区外出农民工的回流时间意愿在不同教育程度者之间存在一些差异,但这一差异在统计上不显著。

4. 老生代农民工近期回流的意愿更弱,在回流时间的选择上存在更多的不确定性

交互分类结果显示,老生代农民工近期回流的比例为34.71%,新生代农民工的这一比例为49.82%,前者比后者低15.11个百分点。老生代农民工没想好的比例为37.23%,新生代农民工的这一比例为28.09%,前者比后者高9.14个百分点。老生代农民工3年及以后回流的比例也高于新生代农民工,前者为28.07%,后者为22.09%,两者之间相差5.98个百分点。由此可以推断,老生代农民工近期回流的可能性低于新生代农民工,但他们在回流时间的选择上存在的不确定性多于新生代农民工。

5. 有留守家人的农民工近期回流的意愿更强

有无留守配偶、有无留守子女与中西部地区外出农民工的回流时间意愿显著相关。就有无留守配偶而言,有留守配偶的农民工近期回流的比例(53.54%)高于无留守配偶的农民工(39.34%);没想好、3年及以后回流的比例则是有留守配偶的农民工低于无留守配偶的农民工（见图5-1）。从有无留守子女来看，有留守子女的农民工近期回流的比例（45.49%）高于无留守子女的农民工（39.45%）；有留守子女的农民工3年及以后回流的比例（21.38%）则低于无留守子女者（27.92%）；没想好的比例在有留守子女和没有留守子女的农民工之间较为接近，为33.00%左右。从有无留守父母来看，有留守父母的农民工近期回流的比例为45.49%，高于无留守父母农民工的这一比例（39.45%）；但有留守父母的农民工3年及以后回流的比例低于无留守父母的农民工。显然，留守配偶、留守子女、留守父母均会提升中西部地区外出农民工近期回流的可能性。需要说明的是，留守父母与中西部地区外出农民工回流时间意愿的相关关系在统计上不显著。

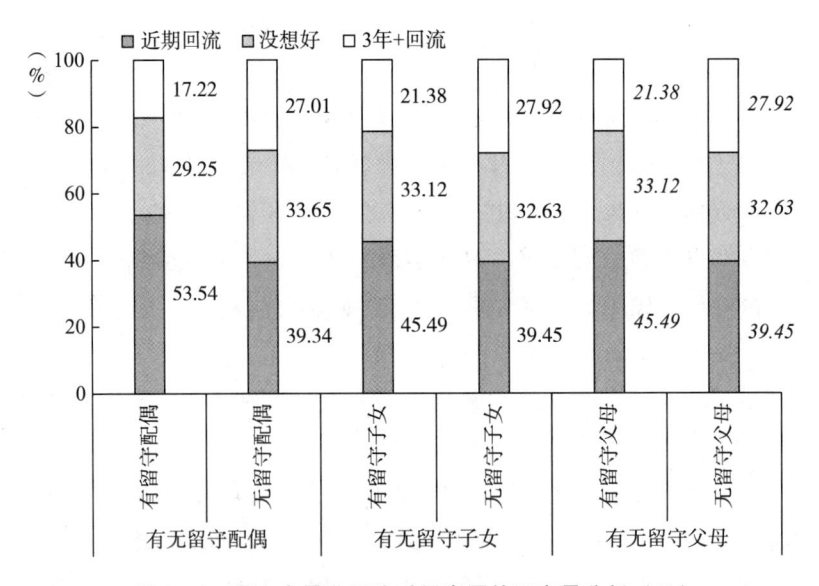

图5-1 留守变量和回流时间意愿的双变量分析（%）

注：1. 图5-1中的斜体数字代表双变量分析结果在统计上不显著。2. 图5-1中的"3年+回流"指"3年及以后回流"。

6. 家庭式流动农民工近期回流的意愿更弱，在回流时间的选择上有更多的不确定性

卡方检验结果显示，流动模式与中西部地区外出农民工的回流时间意愿显著相关。从近期回流的比例来看，个人流动农民工的比例最高，为50.16%；半家庭式流动农民工的比例位居第二位，为38.60%；举家流动农民工的比例位居第三位，为32.33%。农民工没想好、3年及以后回流的比例

呈现相反的特征，均为个人流动农民工的占比最低、半家庭式流动农民工的占比次低，举家流动农民工的占比最高。简言之，与个人流动农民工相比，家庭式流动农民工近期回流的可能性更低，但在回流时间的选择上存在更多的不确定性。

7. 西部地区外出农民工近期回流的意愿更强，在回流时间的选择上较为明确

在不控制其他变量的情况下，西部地区外出农民近期回流的比例为44.23%，中部地区外出农民工的这一比例为39.93%，前者比后者高4.30个百分点。没想好的比例是西部地区外出农民工（29.82%）低于中部地区外出农民工（35.54%）。3年及以后回流的比例在中部和西部地区外出农民工中只有微小差异，二者仅相差1.43个百分点。从数据可知，相比于中部地区外出农民工，西部地区外出农民工近期回流的可能性更高，在回流时间的选择上存在更少的不确定性。

与中部和西部地区相比，东部地区外出农民工的回流时间意愿呈现自己的特点。具体而言，东部地区外出农民工3年及以后回流的比例最高，比中部和西部地区外出农民工的这一比例分别高5.19个百分点和3.79个百分点，这在一定程度上验证了第四章得出的"东部地区外出农民工回流的意愿比中部和西部地区外出农民工更弱"的观点。和回流与否意愿一样，东部地区外出农民工没想好的比例在三大区域中最低，比中部地区和西部地区外出农民工的这一比例分别低6.64个百分点和0.92个百分点，这表明东部地区外出农民工不仅在回流与否的选择上存在的不确定性少于中部和西部地区，在回流时间的选择上存在的不确定性也少于中部和西部地区（见图5-2）。换言之，和东部地区相比，中西部地区外出农民工3年及以后回流的比例更低，在回流时间的选择上存在的不确定性更多。

外出农民工的回流时间意愿不仅在东部、中部和西部地区之间存在区域差异，而且还存在明显的省际差异。从图5-3a可知，在中西部地区，外出农民工近期回流比例最低的是广西，其后依次为安徽、重庆、湖南和江西。外出农民工近期回流比例最高的五个省份分别为新疆、山西、青海、贵州和宁夏。

从没想好和3年及以后回流的比例来看，新疆和山西的外出农民工明显不同于其他省份。具体而言，新疆和山西的外出农民工没想好的比例分别为

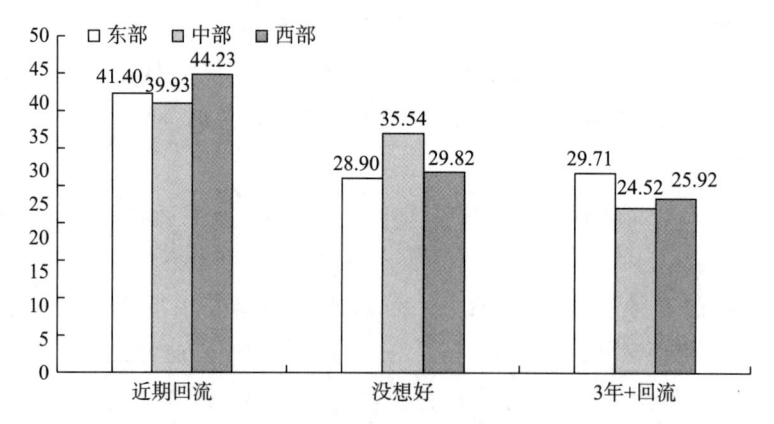

图 5-2 流出区域和回流时间意愿的双变量分析 (%)

最低和次低,这表明这两省外出农民工在回流时间的选择上非常明确;3 年及以后回流的比例分别为第三低和第二低,这反映出这两省的外出农民工更倾向近期回流。结合第四章和本章的内容可知,与其他省份相比,新疆和山西的外出农民工在回流与否的选择上和回流时间的选择上存在的不确定性较少,他们回流的比例和近期回流的比例则更高。与其他省份相比,广西的外出农民工在回流时间的选择上表示没想好的比例最高,这表明他们在何时回的问题上还具有很大的不确定性。相比之下,内蒙古的外出农民工在回流时间的选择上较为明确,他们倾向 3 年及以后回流的比例最高(见 5-3b,5-3c)。

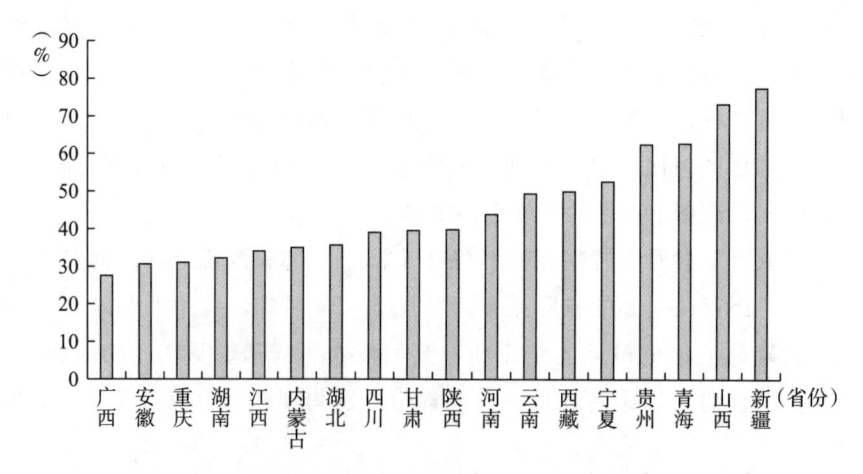

图 5-3a 中西部地区各省外出农民工近期回流的比例 (%)

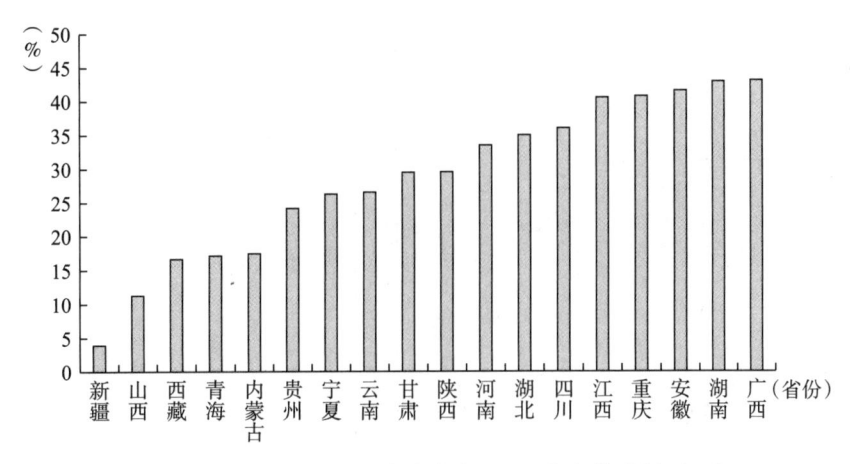

图 5-3b　中西部地区各省外出农民工没想好的比例（%）

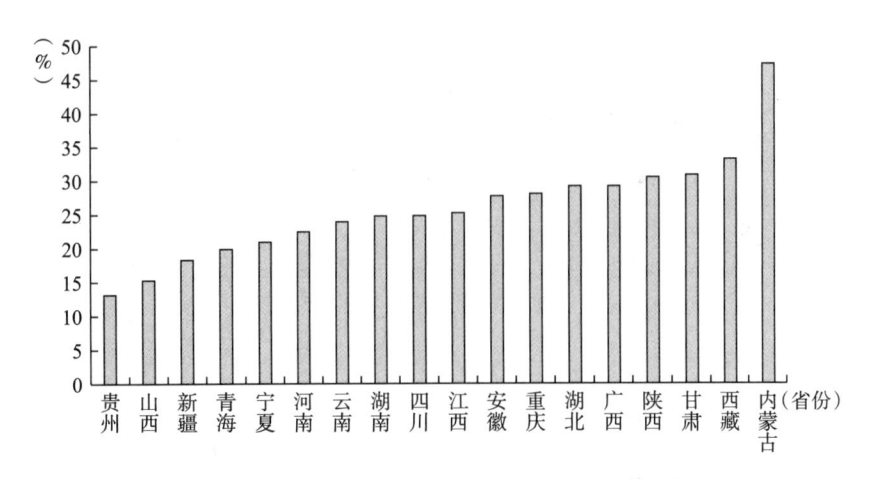

图 5-3c　中西部地区各省外出农民工 3 年 + 回流的比例（%）

二　控制变量与回流时间意愿的相关分析

1. 男性农民工的回流时间意愿与女性农民工没有显著差异

交互分类结果显示，中西部地区外出的男性农民工近期回流、没想好、3 年及以后回流的比例分别为 41.20%、32.29% 和 26.50%；而中西部地区外出的女性农民工的相应比例分别为 43.05%、33.62% 和 23.33%（见表 5-1）。显然，中西部地区外出的男性农民工和女性农民工的回流时间意愿差异很小，卡方检验结果也不显著。

表 5-1 自变量和回流时间意愿的相关分析（%、均值）

变量	近期回流	没想好	3年+回流	变量	近期回流	没想好	3年+回流
主要自变量				流出区域			
职业				中部	39.93	35.54	24.52
管理技术办事员	40.54	30.63	28.83	西部	44.23	29.82	25.95
商业服务业人员	35.60	35.83	28.57	**控制变量**			
工人	50.99	28.95	20.07	性别			
月收入	3282.71	3532.46	3733.02	女性	43.05	33.62	23.33
教育程度				男性	41.20	32.29	26.50
初中及以下	40.80	34.20	25.00	婚姻			
高中	46.48	28.77	24.75	未婚	55.90	23.03	21.07
大专及以上	39.45	30.28	30.28	已婚	39.40	34.64	25.96
年龄				民族			
新生代农民工	49.82	28.09	22.09	少数民族	57.63	22.46	19.92
老生代农民工	34.71	37.23	28.07	汉族	40.17	34.03	25.80
流动模式				流动时间	2.90	5.07	5.40
个人流动	50.16	28.18	21.66	流动范围			
半家庭式流动	38.60	33.80	27.60	省内流动	42.95	32.51	24.54
举家流动	32.33	39.36	27.71	跨省流动	41.47	33.01	25.52

注：1. 表 5-1 中的斜体数字代表双变量分析结果在统计上不显著。2. 表 5-1 中的"3年+回流"指"3年及以后回流"。

2. 已婚农民工近期回流的意愿更弱，在回流时间的选择上存在更多的不确定性

在不控制其他变量时，已婚农民工的回流时间意愿与未婚农民工存在显著差异。数据显示，已婚农民工近期回流的比例为39.40%，而未婚农民工的这一比例高达55.90%，前者比后者低16.50个百分点。这表明已婚农民工近期回流的可能性低于未婚农民工。这在一定程度上验证了代际与回流时间意愿的相关分析结果——老生代农民工近期回流的比例低于新生代农民工，因为婚姻在中国具有普遍性，通常老生代农民工结婚的概率大于新生代农民工。相比于未婚农民工，已婚农民工没想好和3年及以后回流的比例更高。

3. 汉族农民工近期回流的意愿更弱，在回流时间的选择上存在更多的不确定性

汉族和少数民族农民工在语言交流、生活习俗、价值观念、饮食文化等诸多方面存在一些差异，这可能会影响其回流时间意愿。与少数民族农民工相比，汉族农民工近期回流的比例更低；但没想好和3年及以后回流的比例更高。这表明汉族农民工近期回流的可能性比少数民族农民工更低，与此同时，汉族农民工在回流时间的选择上比少数民族农民工存在更多的不确定性。

4. 流动时间较长的农民工近期回流的意愿更弱

一元方差分析结果显示，近期回流的农民工，其流动时间最短（2.90年）；没想好的农民工的流动时间较长，为5.07年；3年及以后回流的农民工的流动时间最长，为5.40年。这表明，中西部地区外出农民工随着其在流入地居住时间的延长，近期回流的比例逐渐下降，在回流时间的选择上存在的不确定性以及3年及以后回流的比例则随之增加。

5. 跨省流动农民工的回流时间意愿与省内流动农民工没有显著差异

交互分类结果显示，跨省流动农民工和省内流动农民工的回流时间意愿差异很小，且卡方检验不显著。从表5-1可知，跨省和省内流动农民工近期回流的比例分别为41.47%和42.95%；3年及以后回流的比例分别为25.52%和24.54%；没想好的比例分别为33.01%和32.51%。

第二节 回流时间意愿的多分类 Logistic 模型分析

本章第一节的相关分析结果显示，除教育程度、有无留守父母、性别、流动范围外，其余自变量均与中西部地区外出农民工的回流时间意愿显著相关，以上研究结果是在未控制其他变量的情况下得出的，但两个变量之间的关系可能受到其他变量的干扰和调节。为了探讨自变量对回流时间意愿的独立影响（即排除其他因素的干扰与调节），本节内容使用多分类 Logistic 回归模型进行分析。考虑到本书主要关注近期回流的影响因素，也想了解没想好的影响因素，故把 3 年及以后回流作为参照组。

表 5-2 中展示了模型 1 和模型 2 的数据分析结果。这两个模型的差异在于：模型 1 考察所有自变量（包括有无留守配偶、有无留守子女、有无留守父母）对回流时间意愿的影响，模型 2 仅考察"流动模式"变量对回流时间意愿的影响。在模型分析中，未同时把三个留守变量和流动模式纳入同一个模型，是因为三个留守变量和流动模式之间存在多重共线性。模型 1 和模型 2 的样本量均为 2290 人，其伪平方（Pseudo R^2）分别为 0.0584 和 0.0565。

一 近期回流的影响因素分析

（一）主要自变量

表 5-2 模型 1 的数据显示，以 3 年及以后回流为参照组，工人近期回流的概率是管理技术办事员的 1.67 倍，且这一差异在统计上显著；商业服务业人员近期回流的概率低于管理技术办事员，但这一差异在统计上不具有显著性，研究假设 1b 仅得到定量数据的部分证实。从理论上看，商业服务业人员的职业声望低于管理技术办事员，前者近期回流的概率应该大于后者；但本研究的定量分析结果与理论假设存在一定差异。究其原因，这与从事商业服务业的农民工中家庭式流动的比例较高有关；新古典经济理论认为，流动劳动力的家庭成员若也在流入地，相当于降低了他们继续待在流入地的成本、提高了他们近期回流到家乡的成本，因此从事商业服务业的农民工近期回流的意愿与管理技术办事员没有显著差异。和描述性分析结果相同，在其他变量相同的情况下，收入显著影响中西部地区外出农民工近期回流的概率，月收入越高，中西部地区外出农民工近期回流的概率越低，研究假设 3b 被证实，

表 5-2 回流时间意愿的多分类 Logistic 模型分析结果

变量	模型 1（回流样本）				模型 2（回流样本）			
	近期回流		没想好		近期回流		没想好	
	发生比	标准误	发生比	标准误	发生比	标准误	发生比	标准误
主要自变量								
职业（对照组：管理技术办事员）								
商业服务业人员	0.89	0.23	1.09	0.29	0.83	0.22	1.07	0.29
工人	1.67*	0.44	1.30	0.36	1.59	0.42	1.27	0.35
月收入	0.69***	0.07	0.88	0.09	0.69***	0.07	0.88	0.09
教育程度（对照组：初中及以下）								
高中	1.06	0.15	0.82	0.12	1.07	0.15	0.84	0.12
大专及以上	0.65	0.18	0.75	0.21	0.62	0.17	0.75	0.21
老生代农民工	0.68**	0.09	0.96	0.13	0.70**	0.09	0.97	0.13
有留守配偶	2.03***	0.33	1.26	0.22	-	-	-	-
有留守子女	1.51**	0.19	1.24	0.15	-	-	-	-
有留守父母	1.08	0.40	0.86	0.35	-	-	-	-
流动模式（对照组：个人流动）								
半家庭式流动	-	-	-	-	0.65**	0.09	0.87	0.12
举家流动	-	-	-	-	0.47***	0.08	1.00	0.16
西部	0.92	0.11	0.78*	0.09	0.88	0.10	0.78*	0.09
控制变量								
男性	0.80	0.09	0.84	0.10	0.81	0.10	0.84	0.10

续表

变量	模型1（回流样本）				模型2（回流样本）			
	近期回流		没想好		近期回流		没想好	
	发生比	标准误	发生比	标准误	发生比	标准误	发生比	标准误
已婚	0.59**	0.11	1.06	0.21	1.16	0.21	1.27	0.25
汉族	0.63*	0.13	1.12	0.25	0.61**	0.12	1.17	0.26
流动时间	0.92***	0.01	0.99	0.01	0.91***	0.01	0.99	0.01
跨省流动	1.04	0.13	0.92	0.12	1.04	0.13	0.94	0.12
常数	99.54***	88.05	3.45	3.08	113.00***	99.74	3.44	3.07
样本量	2290				2290			
Log lkelihood	-2323.2118				-2327.7452			
LR chi²	288.07				279			
Prob > chi²	0.0000				0.0000			
Pseudo R²	0.0584				0.0565			

这表明新古典经济理论不仅适合用来解释收入对回流与否意愿的影响，也适合用来解释收入对回流时间意愿的影响。这透视出"业"对中西部地区外出农民工的回流时间意愿具有重要影响，农民工在流入地对"业"的追求的实现将降低其近期回流的概率。为进一步了解收入对回流时间意愿的影响是否受到代际的调节，本书在表5-3的模型1中纳入了收入与代际的交互项。数据结果显示，收入对中西部地区外出农民工回流时间意愿的影响因代际而异。为让读者直观地感受到月收入对新生代农民工和老生代农民工回流时间意愿的影响差异，本书计算了不同月收入农民工近期回流的概率。在图5-4中，横轴为月收入的对数，纵轴为农民工近期回流的概率。从该图中可见，当月收入的对数在8.9之前，新生代农民工近期回流的概率高于老生代农民工，这与新生代农民工中有相当一部分人为刚性回流有关，他们要么因为回家结婚、养育孩子、照料父母、未找到满意工作等必须回流，要么因为看到家乡的发展机会而主动回流就业创业；但当月收入的对数超过8.9之后，新生代农民工近期回流的概率低于老生代农民工（见图5-4）。这表明，当流入地的月收入较高时，新生代农民工近期回流的概率很低，换言之，月收入较高时他们对"业"的追求强于老生代农民工，甚至"家"可以为此做出一些牺牲；但对于老生代农民工而言，哪怕在流入地的收入很高，受生命周期、照料家庭成员、与家人团聚等因素的影响，近期回流的概率会相对更高，这透视出新生代农民工比老生代农民工更恋"业"。

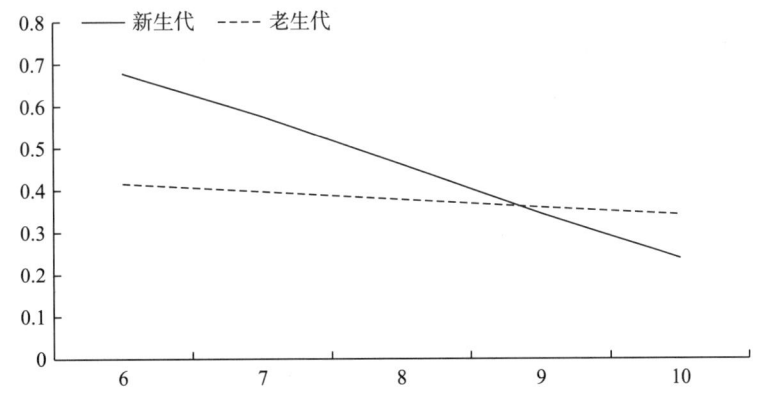

图5-4 不同收入的新生代农民工和老生代农民工近期回流的概率

注：因为模型分析中用的是月收入的对数，所以图中的横轴也用的是月收入的对数。

近期回流的概率在初中及以下、高中和大专及以上教育程度的农民工之间没有显著差异，这与相关分析结果相同，研究假设 5b 被证伪。这一分析结果出人意外，这可能是因为有些教育程度较低的农民工未找到合适的工作而被迫近期回流，而有些教育程度较高的农民工受流出地鼓励外出农民工回流就业创业政策的影响而主动近期回流，教育程度对近期回流者一正一负的影响相互抵消，最终使得不同教育程度的农民工近期回流的概率没有显著差异。在控制其他变量后，老生代农民工近期回流的概率显著低于新生代农民工，前者比后者下降 32%，这与前文的描述性分析结果一致，研究假设 7b 未被证实。这可以从以下方面进行解释：从第四章可知，老生代农民工回流的概率是新生代农民工的 1.37 倍，也就是说新生代农民工回流的意愿比老生代农民工弱；而本章的分析对象为回流样本，这一样本已经把全部样本中在流入地长期居住和没想好的样本剔除了；回流的新生代农民工通常是因为结婚、家庭成员需要照料等家庭原因，或者因为在流入地没有找到满意的工作、主动回流创业等个人原因而需要近期回流，这使得新生代农民工近期回流的概率高于老生代农民工。这与前文代际和收入的交互项对农民工回流时间意愿的影响结果相互印证。结合代际对农民工回流与否意愿和回流时间意愿的影响可以推知，生命周期理论只适合用来解释农民工回流的意愿，而不适合用来解释近期（即近 2 年内）回流的意愿，这与近期回流的新生代农民工中有一部分人为刚性回流有关。

在控制其他变量的情况下，有留守配偶和留守子女的中西部地区外出农民工近期回流的概率显著高于没有留守配偶和留守子女的农民工。从表 5-2 的模型 1 可知，有留守配偶的农民工近期回流的概率是没有留守配偶的农民工的 2.03 倍；有留守子女的农民工近期回流的概率是没有留守子女的农民工的 1.51 倍，这与新迁移经济理论的观点一致，研究假设 8b 和 9b 得到证实。这透视出新迁移经济理论不仅适合用来解释中西部地区外出农民工的留守配偶和留守子女对其回流与否意愿的影响，还适合用来解释对其回流时间意愿的影响。有留守父母的中西部地区外出农民工近期回流概率略高于无留守父母的农民工，但这一差异在统计上不显著，研究假设 10b 被证伪。这与有些农民工的父母年龄不大，身体比较健康、生活能够自理等因素有关，这一方面使得农民工不需要近期回流去照料父母；另一方面，因为父母能帮助他们处理好老家的家庭和社会事务，使他们可以在流入地安心的工作，积累更多人力资本，获得更多经济收入，从而实现效益最大化和成本最小化的最优抉择,这一解释得到后文定性研究的证实(详见第八章第一节)。

为了能够从代际角度推进新迁移理论的发展,本书探讨了有无留守配偶、有无留守子女与代际的交互项对回流时间意愿的影响。从表5-3的模型2可见,有无留守配偶与代际的交互项在统计上不显著,这表明有无留守配偶对中西部地区外出农民工回流时间意愿的影响不存在代际差异,这与近期回流的农民工没有明显的选择性有关。从表5-3的模型3可知,有无留守子女对中西部地区外出农民工回流时间意愿的影响存在代际差异,即留守子女对新生代农民工近期回流的影响大于老生代农民工,这可能是因为新生代农民工的留守子女有较多处于学龄期,且比老生代农民工更重视子女的教育;相比之下,老生代农民工对子女教育的重视程度不及新生代农民工,且有一些老生代农民工的子女已经长大,进入劳动力市场就业了。本书计算了四类人群近期回流的概率,并用图形将其直观地呈现给读者。从图5-5中可知,在新生代农民工中,没有留守子女者近期回流的概率为42.00%,有留守子女者近期回流的概率为52.00%;在老生代农民工中,没有留守子女者近期回流的概率为37.00%,有留守子女者近期回流的概率为41.00%。显然,"家"对农民工回流时间意愿的影响存在一定的代际差异,这突出表现为有无留守子女对新生代农民工近期回流的影响大于老生代农民工。

如第四章所言,由于自变量所取单位不同,非标准化的 Logistic 回归系数不能用于比较各自变量的相对作用,只有经过标准化后的 Logistic 回归系数才能用来进行自变量之间的比较(洪岩璧,2015)。为了比较"家"和"业"对中西部地区外出农民工回流时间意愿的影响大小,本研究根据公式 $\beta_i = \dfrac{b_i \times s_i}{\pi/\sqrt{3}}$,计算了月收入和三个留守变量的标准化回归系数。[①] 月收入的标准化回归系数为-0.12,有无留守配偶、有无留守子女和有无留守父母的标准化回归系数分别为0.11、0.14和0.07。通过比较各自变量标准化回归系数绝对值的大小可知,在外出农民工中,影响最大的是有无留守子女、其次是月收入、再次是有无留守配偶,最后为有无留守父母。相比之下"家"对中西部地区外出农民工回流时间意愿的影响更大。也就是说,近期回流的中西部地

[①] β_i 为第 i 个自变量的标准化回归系数,b_i 为第 i 个自变量的非标准化回归系数,s_i 为第 i 个自变量的标准差,$\pi/\sqrt{3}$ 是标准 Logistic 分布的标准差(郭志刚,2015:176)。

区外出农民工恋"家"多于恋"业"。在"家"的影响中，留守子女是推动他们近期回流的最大动力；留守配偶也是推动农民工近期回流的原因之一。留守父母的影响最小，而且在统计上不显著。这可以从两个方面进行解释，一是有些农民工的留守父母年龄不大，生活能自理，尚不需要他们回流照顾；二是留守父母在家庭中的地位不及留守子女和留守配偶，在"业"的吸引下，农民工不愿意近期回流。

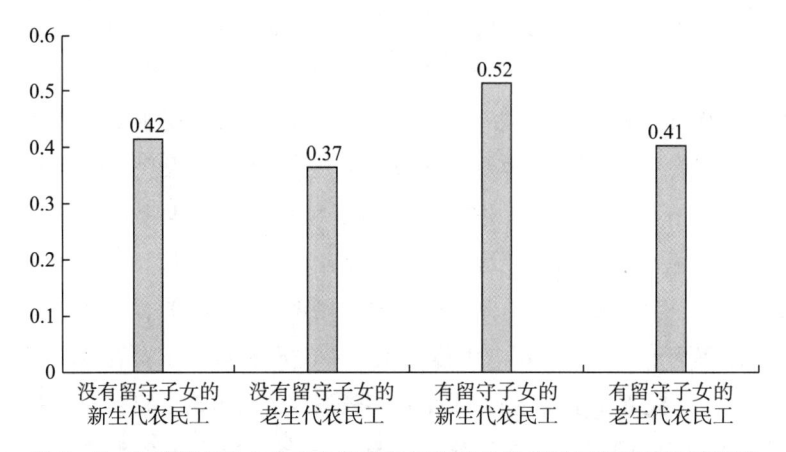

图 5-5 有无留守子女的新生代农民工和老生代农民工近期回流的概率

从流动模式来看，半家庭式流动农民工近期回流的概率只有个人流动农民工的65.00%，举家流动农民工近期回流的概率最低，只有个人流动农民工的47.00%。这表明家庭式流动农民工近期回流的意愿比个人流动农民工更弱，研究假设11b得到定量数据的证实。这可以借用新古典经济理论进行解释，家庭式流动农民工近期回流的意愿更弱与其家庭成员均在流入地，降低了他们继续居住在流入地的成本、提高了他们近期回流到家乡的成本有关。换言之，分隔的家庭结构将显著提升中西部地区外出农民工近期回流的意愿，这是因为留守的家庭成员可以降低其回流的经济成本和心理成本（张丽琼、朱宇、林李月，2016）。综合本章个体和家庭因素的影响可知，近期回流的中西部地区外出农民工在个体和家庭方面的选择性不明显。在近期回流的农民工中，既有职业声望较低的工人、收入和教育程度较低的农民工被动回流，也有教育程度较高的农民工主动回流，还有因生命周期和因家庭原因而回流的农民工。换言之，近期回流的农民工更像是刚性回流，这使得近期回流农民工的类型呈现多元化的特点。

表 5-3 代际与收入、有无留守配偶、有无留守子女的交互效应

变量	模型1 系数	模型1 标准误	模型2 系数	模型2 标准误	模型3 系数	模型3 标准误
主要自变量						
职业（对照组：管理技术办事员）						
商业服务业人员	-0.12	0.26	-0.12	0.26	-0.10	0.26
工人	0.50[+]	0.27	0.51[+]	0.27	0.52[*]	0.27
月收入	-0.72[***]	0.16	-0.38[***]	0.11	-0.36[**]	0.11
老生代农民工	-5.61[***]	1.66	-0.43[**]	0.14	-0.17	0.17
月收入*代际	0.65[**]	0.21	-	-	-	-
教育程度（对照组：初中及以下）						
高中	0.05	0.14	0.06	0.14	0.06	0.14
大专及以上	-0.39	0.27	-0.42	0.27	-0.40	0.27
有留守配偶	0.72[***]	0.16	0.60[*]	0.27	0.70[***]	0.17
有无留守配偶*代际	-	-	0.17	0.33	-	-
有留守子女	0.37[**]	0.13	0.42[***]	0.13	0.71[***]	0.20
有无留守子女*代际	-	-	-	-	-0.48[*]	0.25
有留守父母	0.11	0.37	0.09	0.37	0.07	0.37
西部	-0.09	0.12	-0.09	0.12	-0.08	0.12
控制变量						
男性	-0.22	0.12	-0.23	0.12	-0.22	0.12
已婚	-0.49[**]	0.18	-0.50[**]	0.18	-0.64[**]	0.19
汉族	-0.42[*]	0.20	-0.46[*]	0.20	-0.49[*]	0.20
流动时间	-0.08[***]	0.01	-0.08[***]	0.01	-0.08[***]	0.01
跨省流动	0.07	0.13	0.04	0.13	0.06	0.13
常数	7.32[***]	1.27	4.60[***]	0.88	4.48[***]	0.89
样本量	2290		2290		2290	
Log likelihood	-2318.1603		-2322.8343		-2321.2539	
LR chi^2	298.1700		288.8300		291.9900	
Prob > chi^2	0.0000		0.0000		0.0000	
Pseudo R^2	0.0604		0.0585		0.0592	

注：1. [+] <0.1，[*] <0.05，[**] <0.01，[***] <0.001；2. 本表中呈现的是三个模型的回归系数，这与表 5-2 中呈现模型的发生比不同。3. 本表中的三个模型主要是用来分析月收入、有无留守配偶、有无留守子女与代际的交互效应。其他变量对回流时间意愿的影响参见表 5-2。4. 有无留守父母在表 5-2 中不显著，与代际的交互项也不显著，所以本表中未展示含有该交互项的模型结果。5. 交互效应不关注"没想好"人群，故本表未展示相关结果，仅展示的是近期回流的相关结果。

与相关分析结果不同，在控制其他变量的情况下，西部地区外出农民工

近期回流的概率只有中部地区外出农民工的92.00%，但这一差异在统计上不显著。结合第四章的分析结果可知，虽然西部地区外出农民工回流的意愿比中部地区外出农民工更弱，但在近期回流的意愿上二者之间不存在显著差异，研究假设13b未被证实。结构主义理论认为，流出地的社会经济发展、政策制度等因素会影响农民工回流。理论上，西部地区因为其经济发展水平、就业机会等不及中部地区，故西部地区外出农民工近期回流的概率应该低于中部地区外出农民工，但本书的定量发现与理论假设存在一些差异。这一方面可能是因为近期回流的农民工基本属于刚性回流，因此受流出区域宏观层面因素的影响较小；另一方面可能是因为我国中西部地区包含诸多省份，虽然各省份外出农民工的回流时间意愿存在一些差异（具体可见本章第一节内容），但把这些省份合并到中部地区和西部地区后，各省份在回流时间意愿方面的差异可能相互抵消，从而使得回流时间意愿的区域差异不明显。

（二）控制变量

中西部地区外出的男性农民工近期回流的概率与中西部地区外出的女性农民工没有显著差异，这和描述性分析结果一致。婚姻状况和民族显著影响中西部地区外出农民工的回流时间意愿，已婚农民工近期回流的概率比未婚农民工下降41.00%，汉族农民工近期回流的概率比少数民族农民工下降37%。农民工的流动时间显著负向影响其近期回流的概率，即流动时间每增加一年，中西部地区外出农民工近期回流的概率下降8.00%（见表5-2）。为了更好的预测流动时间的影响，本书根据流动时间计算了回流时间意愿三个类别的预测概率。从图5-6中可知，流动时间很长的农民工近期回流的可能性很低，但3年及以后回流的可能性很高，没想好的可能性则变化不大。与流动时间不同，跨省流动农民工近期回流的概率比省内流动农民工高4.00%，但这一结果在统计上不显著。

二 没想好的影响因素分析

（一）主要自变量

和回流与否意愿类似，中西部地区外出农民工在回流时间的选择上，有超过30.00%的农民工表示没想好。表5-2的模型1和模型2展示了中西部地区外出农民工没想好的影响因素。两个模型中各自变量对因变量的影响比较一致，均只有流出区域的影响在统计上显著。在模型 1 和模型 2 中，西部地区外出农民工没想好的概率均比中部地区外出农民工下降 22.00%，这表明西部地区外出农民工在回流时间的选择上比中部地区外出农民工具有更少的不确定性，这可能与西部地区的经济发展水平相对落后于中部地区从而使其外出农民工较多地选择 3 年及以后回流有关。在其他变量相同的情况下，中西部地区外出农民工的职业、月收入、教育程度、代际等个体特征变量对没想好没有显著影响，这表明没想好的中西部地区外出农民工在个体特征方面没有明显的选择性。此外，中西部地区外出农民工的三个留守变量（有无留守配偶、有无留守子女、有无留守父母）和流动模式等家庭特征变量对没想好也没有显著影响。

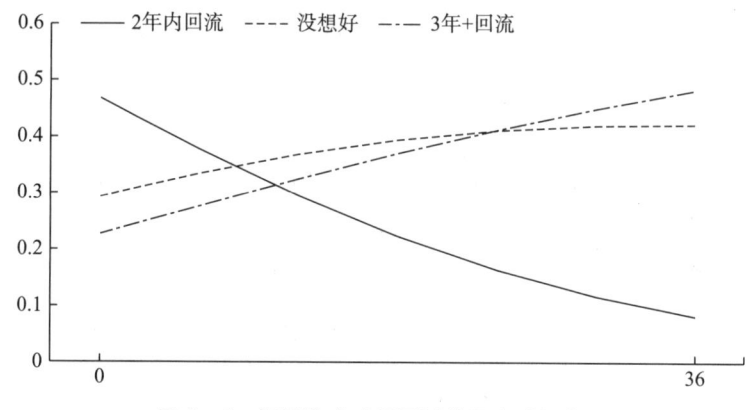

图 5-6　根据流动时间预测的回流时间意愿

（二）控制变量

在中西部地区外出农民工的回流样本中，男性农民工不仅近期回流的概率与女性农民工没有显著差异，其没想好的概率与女性农民工的差异在统计上也不显著。与近期回流的农民工不同，不同婚姻状况、不同民族、不同流动时间的农民工之间没想好的概率没有显著差异。此外，跨省流动农民工和省内流动农民工没想好的概率也没有显著差异。

第三节　总结与讨论

回流时间意愿是测量回流意愿的重要指标，本章内容不仅使用双变量分析方法描述了中西部地区外出农民工回流时间意愿的现状特点，还使用模型分析方法探讨了自变量对回流时间意愿的独立影响。下面将对数据分析结果进行总结与讨论。

(一) 实证研究结果

第一，中西部地区外出农民工的回流时间意愿呈现分散性。从回流时间意愿的分布来看，有超过四成的中西部地区外出农民工近期回流，接近三成的中西部地区外出农民工3年及以后回流，还有三成多农民工在回流时间的选择上表示没想好，这表明中西部地区外出农民工回流的时间比较分散。回流意愿是预测回流行为的最佳指标。从第四章可知，中西部地区外出农民工中只有6.71%回流。国家统计局的农民工监测调查报告显示，2016年我国中西部地区共有农民工16842万人，若所有在回流与否意愿调查时选择回流的中西部地区外出农民工都会发生回流行为，那么近五年内回流的农民工在1130.10万左右。但这一规模并不会形成明显的回流潮。究其原因，一是中西部地区外出农民工回流的意愿因不同的生命周期而异，年轻时受个体和家庭经济利益的驱动，主要在流入地务工经商，回流的意愿较弱，等年纪大了他们回流的意愿才会增强；二是这一规模人口在回流时间上具有分散性特征，在回流地域的空间上具有多地性特征（这在第六章有论述）。

第二，近期回流的中西部地区外出农民工在个体特征方面的选择性不明显。具体而言，在其他变量相同的情况下，职业声望较低的工人、月收入较低的农民工、新生代农民工近期回流的概率分别高于管理技术办事员、月收入较高的农民工、老生代农民工。但商业服务业人员近期回流的概率与管理技术办事员没有显著差异，不同教育程度的农民工其近期回流的概率也没有显著差异。若与回流的农民工相比，近期回流的农民工在个体特征方面的选择性更小。近期回流的农民工更像是刚性回流，这使得近期回流农民工的类型呈现多元化的特点，既有职业声望较低的工人、收入和教育程度较低的农民工被动回流，也有教育程度较高的农民工主动回流，还有因生命周期和因家庭原因而回流的农民工。

第三，流动模式和留守变量在一定程度上影响中西部地区外出农民工的回流时间意愿。举家流动农民工、半家庭式流动农民工、个人流动农民工近期回流的概率依次降低，这表明流动模式是影响中西部地区外出农民工近期回流的重要因素。有无留守配偶和有无留守子女显著影响中西部地区外出农民工近期回流的概率。虽然留守父母是影响中西部地区外出农民工回流与否意愿的重要因素,但对中西部地区外出农民工回流时间意愿的影响不显著,这是由于有些农民工的父母年龄不大、身体比较健康、生活能够自理,近期不需要子女回流照顾,甚至有些留守父母还能帮助他们处理好老家的家庭和社会事务,因此他们可以在流入地安心的工作。从三类留守家人标准化回归系数的比较来看,对中西部地区外出农民工近期回流的影响最大的是留守子女、其次是留守配偶、最后是留守父母。这也在一定程度上透视出,留守父母在家庭中的地位不及留守子女和留守配偶。

第四,西部地区外出农民工近期回流的概率与中部地区外出农民工没有显著差异。虽然相对于东部地区而言,中西部地区均属于在经济社会发展方面欠发达的地区。但相比之下,西部地区在经济增长、产业结构、城乡居民收入、城镇化、文化教育、医疗保障、基础设施建设等经济和社会发展的各个层面又不及中部地区。但本章数据表明,中部和西部地区外出农民工近期回流的意愿不存在显著差异。这可以从两方面进行解释:一是因为近期回流的农民工基本属于刚性回流,因此受流出区域的影响较小;二是因为我国中西部地区包含诸多省份,外出农民工近期回流的意愿虽然存在一些省际差异,但将其合并到中部地区和西部地区后,各省份外出农民工在近期回流意愿上的省际差异可能相互抵消,从而使得中西部地区外出农民工近期回流意愿的区域差异不明显。事实上,中部和西部地区外出农民工近期回流的比例在省际之间存在较大的差异:新疆和山西外出农民工近期回流的比例超过七成,青海和贵州的这一比例超过六成,宁夏和西藏的这一比例超过五成,广西的这一比例则仅为两成多。

第五,超三成的中西部地区外出农民工在回流时间的选择上存在不确定性,且这一人群在个体特征方面没有选择性。数据显示,有超过三成的中西部地区外出农民工在回流时间的选择上表示没想好。De Haas 和 Fokkema (2011) 的调查发现,国际移民在回流时间上有超过七成表示没想好。这表明我国的中西部地区外出农民工在回流时间的选择上比国际移民存在更少的不确定性,这与中西部地区外出农民工在流动过程中受到户籍制度的排斥以及他们具有乡土情结有关。在其他变量相同的情况下,没想好的中西部地区外出农民工在个人特征方面没有选择性,这与"第四章 回流与否意愿"中回流和没想好的中西部地区外出农民工在个体特征方面具有较强的选择性形成鲜明的对比。在主要自变量中，唯有流出区域显著影响中西部地区外出农民工没想好的概率，这是因为西部地区外出农民工受流出地较为落后的经济、社会和文化发展以及就业机会有限的影响，而理性地选择3年及以后回流。

（二）理论回应

在理论层面，本章主要与新古典经济理论、新迁移经济理论、生命周期理论和结构主义理论进行对话。

第一，比较了以上理论在解释回流与否意愿和回流时间意愿上的共性和差异。共性表现在以下两个方面：（1）新古典经济理论不仅适合用来解释收入和流动模式对中西部地区外出农民工回流与否意愿的影响，也适合用来解释收入和流动模式对中西部地区外出农民工回流时间意愿的影响；（2）新迁移经济理论不仅适合用来解释有无留守配偶和有无留守子女对中西部地区外出农民工回流与否意愿的影响，也适合用来解释有无留守配偶和有无留守子女对中西部地区外出农民工回流时间意愿的影响。

差异表现在以下三个方面：（1）生命周期理论只适合用来解释代际对中西部地区外出农民工回流与否意愿的影响，而不适合用来解释代际对中西部地区外出农民工回流时间意愿的影响；（2）新迁移经济理论只适合用来解释有无留守父母对中西部地区外出农民工回流与否意愿的影响，而不适合用来解释有无留守父母对中西部地区外出农民工回流时间意愿的影响；（3）结构主义理论只适合用来解释流出区域对中西部地区外出农民工回流与否意愿的影响，而不适合用来解释流出区域对中西部地区外出农民工回流时间意愿的影响。以上三个方面存在的差异与近期回流意愿较强的农民工为刚性回流有一定的关系。

第二，从代际角度发展了新古典经济理论。本书认为，月收入会显著负向影响中西部地区外出农民工近期回流的意愿，且这一影响受到代际的调节。比较而言，在月收入较低时，新生代农民工近期回流的概率高于老生代农民工；但当月收入较高时，新生代农民工近期回流的概率低于新生代农民工。

第三，从代际角度发展了新迁移经济理论。本书认为，（1）留守配偶虽然显著提升中西部地区外出农民工近期回流的意愿，但这一影响不受代际的调节。（2）留守子女显著提升中西部地区外出农民工近期回流的意愿，且这一影响存在代际差异，对新生代农民工的影响大于老生代农民工。

第四，从留守父母和三类留守家人对比的角度对新迁移经济理论做了拓展。(1) 新迁移经济理论只探讨了留守配偶和留守子女对迁移劳动力回流意愿的影响。本书补充分析了留守父母对中西部地区外出农民工回流时间意愿的影响，得出了"留守父母对中西部地区外出农民工近期回流意愿没有影响"的观点。(2) 比较分析了三类留守家人对中西部地区外出农民工近期回流意愿影响的大小：留守子女的影响最大、留守配偶的影响次之、留守父母的影响最小。

(三)"家"和"业"对回流时间意愿的影响

中西部地区外出农民工回流时间选择的背后透视出他们对"家"和"业"的选择困境问题。"家"和"业"从两个不同的方向作用于中西部地区外出农民工的回流时间意愿。"业"吸引在流入地的中西部地区外出农民工3年及以后回流，为个人或家庭积攒积蓄；"家"则提升中西部地区外出农民工近期回流的概率。中西部地区外出农民工对"家""业"兼顾的期望，使他们在回流时间的选择上犹豫不决，这突出表现在有三成多的农民工在何时回的问题上表示"没想好"。

总体而言，在不能实现"家""业"兼顾的情况下，"家"对中西部地区外出农民工近期回流意愿的影响大于"业"。即近期回流的中西部地区外出农民工恋"家"多于恋"业"。在"家"的影响中，留守子女是推动他们近期回流的最大动力；留守配偶也会在一定程度上促使他们近期回流，但影响小于留守子女。从代际差异的角度来看，"业"对农民工回流时间意愿的影响因不同的收入而异，在月收入较高时，新生代农民工比老生代农民工更恋"业"。"家"对农民工回流时间意愿影响的代际差异主要表现在"留守子女对新生代农民工近期回流的影响大于老生代农民工"，这是因为新生代农民工的留守子女有较多处于学龄期，且新生代农民工比老生代农民工更重视子女的教育。总之，对于非举家流动的农民工而言，他们在"家"和"业"的选择之间常常是顾了这头丢了那头，无论选择哪一头，都会给个人和家庭带来一些消极影响。不管是流入地还是流出地的政府和用人单位，都亟需努力创造条件使农民工实现"家""业"兼顾，使他们身安心更安，从而不断提升他们的幸福感、获得感和安全感。

第六章 问君归处：回流地域意愿分析

对中西部地区外出农民工而言，其回流意愿就是不断做选择的过程。在做出回流与否的选择后，选择回流的中西部地区外出农民工还面临回流时间（何时回）、回流地域（回哪里）、回流创业（回流后是否创业）等问题的选择。因此需把回流与否意愿、回流时间意愿、回流地域意愿和回流创业意愿作为回流意愿选择过程中的四个相关环节同时加以研究。由于第四章和第五章分别对中西部地区外出农民工的回流与否意愿和回流时间意愿进行了分析，故本章和第七章将分别探讨中西部地区外出农民工的回流地域意愿和回流创业意愿。

总体而言，国际移民的回流意愿研究主要集中在对回流与否意愿和回流时间意愿的探讨，对回流地域意愿的研究很少。我国以往多数研究把农民工回流视为回流到农村，因此国内探讨农民工回流地域意愿的文献也相对较少（戚迪明，2019），仅有少数学者对农民工的回流地域选择及其影响因素进行了考察（程晗蓓、刘于琪、苟翡翠等，2019；张甜、朱宇、林李月，2017；甘宇，2015；王利伟、冯长春、许顺才，2014；景晓芬、马凤鸣，2012），且研究结论尚未达成共识。为了推进回流意愿的相关研究，本章将较为全面和系统地探讨中西部地区外出农民工的回流地域意愿。首先，采用双变量描述性分析方法探讨自变量与回流地域意愿的相关关系，以阐述中西部地区外出农民工回流地域意愿的现状特点。其次，使用多分类 Logistic 回归模型分析方法，以把握中西部地区外出农民工回流地域意愿的影响因素。最后，对本章的数据分析结果进行总结与讨论。

在理论层面，本章将与新古典经济理论、新迁移经济理论、生命周期理论和结构主义理论进行对话：探讨以上理论在解释回流地域意愿和回流与否意愿上的共性和差异。在问题意识方面，将讨论"家"和"业"对中西部地区外出农民工回流地域意愿的影响。

第六章 问君归处：回流地域意愿分析

第一节 回流地域意愿的现状特点

回流地域意愿是三分类变量，包括回原居地、没想好、回乡镇或区县政府所在地三个类别。单变量描述性分析结果显示，有高达71.35%的中西部地区外出农民工回原居地，只有19.96%的中西部地区外出农民工回乡镇或区县政府所在地，没想好的中西部地区外出农民工的比例较低，仅为8.69%。对这组数据可以从以下三个方面进行解读：第一，尽管中西部地区外出农民工的回流地域意愿具有多地性特征，但原居地是其最主要的一个回流地域。究其原因，这与中西部地区外出农民工已经在原居地建立了亲朋关系、对原居地的文化和生活环境较为熟悉有关（古恒宇、覃小玲、沈体雁，2019）。笔者的问卷调查数据得出了类似的结论，如当问及您打算回流到什么地方时，有77.69%的外出农民工选择回流到原居地，选择回流到非原居地的比例仅为22.31%。第二，相比于回流与否意愿和回流时间意愿，中西部地区外出农民工在回流地域的选择上存在的不确定性最少，这反映出中西部地区外出农民工在选择回流地域时的选择困境少，这与他们在回流与否意愿和回流时间意愿上的选择困境较多形成鲜明的对比。第三，通过进一步分解回乡镇或区县政府所在地的中西部地区外出农民工发现，回乡镇政府所在地的比例为8.12%，回区县政府所在地的比例为11.83%，后者较前者高3.71个百分点，这表明中西部地区的区县政府所在地比乡镇政府所在地更受中西部地区外出农民工的青睐。

下面将使用交互分类、一元方差分析等双变量分析方法探讨中西部地区外出农民工回流地域意愿的特点。

一 主要自变量与回流地域意愿的相关分析

1. 工人和商业服务业人员回原居地的意愿更强，在回流地域的选择上更为明确

在不考虑其他变量的情况下，不同职业的中西部地区外出农民工的回流地域意愿存在显著差异。就回原居地的农民工而言，工人的比例最高（74.01%），商业服务业人员的比例次之（70.48%），管理技术办事员的比例最低（59.46%）。与此不同，在回乡镇或区县政府所在地的农民工中，工人

的比例最低（17.98%），商业服务业人员的比例次低（20.52%），管理技术办事员的比例最高（29.73%）。没想好的农民工与回乡镇或区县政府所在地的农民工类似，工人的比例最低（8.00%），商业服务业人员的比例次低（9.00%），管理技术办事员的比例最高（10.81%）。可见，职业声望较低的工人和商业服务业人员回原居地的可能性大于管理技术办事员，没想好的可能性则低于管理技术办事员。

2. 月收入较高的农民工回原居地的意愿更弱

从双变量的描述性分析结果中可知，中西部地区外出农民工的月收入与其回流地域意愿显著相关。数据显示，回原居地的农民工月收入最低，只有3342.84元，没想好的农民工月收入稍高，为3716.93元，回乡镇或区县政府所在地的农民工月收入最高，为3858.15元（见表6-1）。这表明中西部地区外出农民工随着月收入的增加，回原居地的意愿减弱，在回流地域的选择上存在的不确定性有所增加，回乡镇或区县政府所在地的意愿增强。

3. 在户籍地的村购房的农民工，回原居地的意愿更强

交互分类结果显示，中西部地区外出农民工的购房地点与其回流地域意愿显著相关。从表6-1中可知，就回原居地的农民工而言，在户籍地的村购房的比例高达83.89%，在户籍地的政府所在地购房的比例仅为47.10%，在流入地购房的比例为70.35%。就回乡镇或区县政府所在地的农民工而言，在户籍地的政府所在地购房的比例最高，为45.12%，其次为在流入地购房的农民工，这一比例为14.57%，在户籍地的村购房的比例最低，不到8.00%。在没想好的中西部地区外出农民工中，在流入地购房的比例最高（15.08%），排在第二位和第三位的是在户籍地的村购房和政府所在地购房的农民工，这二者的比例分别为8.24%和7.78%。显然回流到不同地域的中西部地区外出农民工在购房地点方面具有较为明显的差异：在户籍地的村购房的农民工更倾向回原居地，在户籍地的政府所在地购房的农民工更倾向回乡镇或区县政府所在地，在流入地购房的农民工在回流地域的选择上存在更多的不确定性。

4. 教育程度越高的农民工，回原居地的意愿越弱，在回流地域的选择上更为模糊

卡方检验结果显示，中西部地区外出农民工的教育程度与其回流地域意愿的相关性在统计上显著。具体而言，中西部地区外出农民工回原居地的比例随着教育程度的升高而下降，初中及以下教育程度者回原居地的比例高达

表6-1 自变量和回流地域意愿的相关分析（%、均值）

变量		回原居地	没想好	回乡镇或区县政府所在地	变量		回原居地	没想好	回乡镇或区县政府所在地
主要自变量					流动模式	个人流动	69.26	9.39	21.34
职业	管理技术办事员	59.46	10.81	29.73		半家庭式流动	73.57	9.01	17.43
	商业服务业人员	70.48	9.00	20.52		举家流动	71.49	6.83	21.69
	工人	74.01	8.00	17.98	流出区域	中部	71.83	8.53	19.64
月收入		3342.84	3716.93	3858.15		西部	70.82	8.86	20.31
购房地点		70.35	15.08	14.57	**控制变量**				
流入地		47.10	7.78	45.12	性别	女性	72.22	9.23	18.56
户籍地的政府所在地		83.89	8.24	7.88		男性	70.75	8.31	20.94
户籍地的村					婚姻	未婚	63.20	12.36	24.44
年龄						已婚	72.85	8.01	19.13
	新生代农民工	67.55	9.73	22.73	民族	少数民族	77.12	9.32	13.56
	老生代农民工	74.87	7.73	17.39		汉族	70.69	8.62	20.69
有无留守配偶					流动时间		4.00	4.10	5.16
	无留守配偶	70.31	8.74	20.95					
	有留守配偶	75.94	8.49	15.57					
有无留守子女									
	无留守子女	68.79	9.28	21.93					

续表

变量	回原居地	没想好	回乡镇或区县政府所在地	变量	回原居地	没想好	回乡镇或区县政府所在地
有留守子女	74.95	7.86	17.19	流动范围			
有无留守父母				省内流动	74.93	7.18	17.89
无留守父母	71.36	8.55	20.09	跨省流动	69.55	9.45	21.00
有留守父母	70.91	14.55	14.55	—	—	—	—

注：表6-1中的斜体数字代表双变量分析结果在统计上不显著。

74.64%，高中教育程度者的这一比例下降至 65.19%，大专及以上教育程度者的这一比例进一步下降至 50.00% 以下。与此形成鲜明对比的是，中西部地区外出农民工回乡镇或区县政府所在地的比例则随着教育程度的升高而上升，初中及以下教育程度者回乡镇或区县政府所在地的比例只有 17.22%，大专及以上教育程度者的这一例上升至 36.70%，后者较前者高 19.48 个百分点（见图 6-1）。此外，中西部地区外出农民工没想好的比例也呈现随着教育程度的升高而上升的特点，这表明教育程度越高的中西部地区外出农民工，回原居地的意愿越弱，在回流地域的选择上存在的不确定性则越多。

5. 老生代农民工回原居地的意愿更强，在回流地域的选择上存在更少的不确定性

回流地域意愿在不同代际的中西部地区外出农民工中存在明显差异。具体而言，老生代农民工回原居地的比例（74.87%）高于新生代农民工（67.55%）。但老生代农民工回乡镇或区县政府所在地的比例（17.39%）低于新生代农民工（22.73%），没想好的比例（7.73%）也低于新生代农民工（9.73%）。显然，老生代农民工更倾向回原居地，新生代农民工则更倾向回乡镇或区县政府所在地；此外，老生代农民工在回流地域的选择上比新生代农民工存在更少的不确定性。

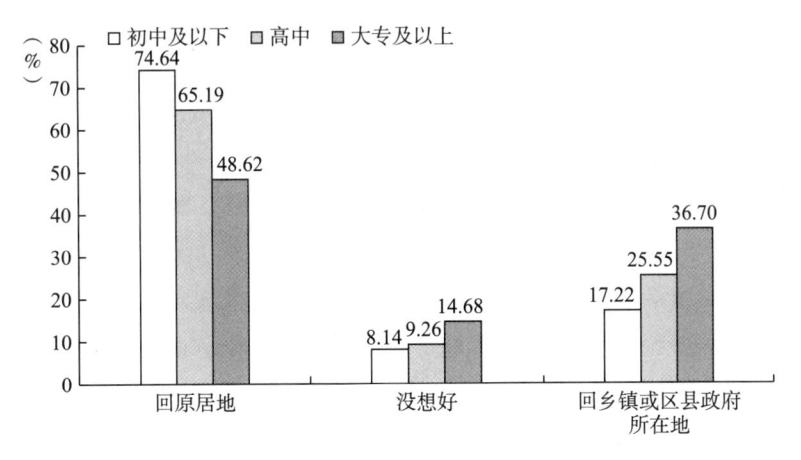

图 6-1　教育程度和回流地域意愿的双变量分析（%）

6. 有留守配偶和有留守子女者回原居地的意愿更强，在回流地域的选择上更为明确

有无留守配偶和有无留守子女这两个自变量与中西部地区外出农民工的

回流地域意愿显著相关。就有无留守配偶而言，有留守配偶者回原居地的比例为75.94%，无留守配偶者的这一比例为70.31%，前者比后者高5.63个百分点。但有留守配偶者没想好、回乡镇或区县政府所在地的比例均低于无留守配偶者，前者比后者分别低0.25个百分点和5.38个百分点。从有无留守子女来看，有留守子女者回原居地的比例（74.95%）高于无留守子女者（68.79%），没想好的比例是有留守子女者比无留守子女者低1.42个百分点，回乡镇或区县政府所在地的比例是有留守子女者比无留守子女者低4.74个百分点。以上数据透视出，与无留守配偶和无留守子女者相比，有留守配偶和有留守子女者回原居地的意愿更强，在回流地域的选择上存在的不确定性更少。此外，有无留守父母与中西部地区外出农民工回流地域意愿的相关性在统计上不显著。

7. 回流地域意愿在家庭式流动农民工与个人流动农民工之间的差异小

在不控制其他变量的情况下，半家庭式流动和举家流动的农民工回原居地的比例分别为73.57%和71.49%，个人流动农民工的这一比例只有69.26%，较前二者分别低4.31个百分点和2.23个百分点。半家庭式流动和举家流动的农民工没想好的比例（分别为9.01%和6.83%）则低于个人流动农民工（9.39%）。中西部地区外出农民工回乡镇或区县政府所在地的比例在不同流动模式的农民工中存在的差异较小，其中举家流动农民工的比例最高，为21.69%，个人流动农民工的比例次之，为21.34%，半家庭式流动农民工的比例最低，为17.43%。卡方检验结果显示，回流地域意愿在不同流动模式的中西部地区外出农民工之间没有显著差异。

8. 回流地域意愿在中部地区外出农民工与西部地区外出农民工之间的差异小

交互分类结果显示，流出区域与农民工回流地域意愿的相关关系在统计上不显著。从图6-2可知，中部地区外出农民工回原居地的比例（71.83%）略高于西部地区外出农民工的这一比例（70.82%）。但没想好和回乡镇或区县政府所在地的比例是中部地区外出农民工略低于西部地区外出农民工。

就三大区域的比较而言，东部地区外出农民工没想好的比例最低（7.95%），分别比中部和西部地区低0.58个百分点和0.91个百分点。东部地区外出农民工回乡镇或区县政府所在地的比例最高，分别比中部和西部地区高1.14个百分点和0.47个百分点。东部地区有71.27%的外出农民工回原

第六章　问君归处：回流地域意愿分析

居地，这一比例略低于中部地区，但略高于西部地区。总体而言，中西部地区和东部地区外出农民工回流地域意愿的差异小。

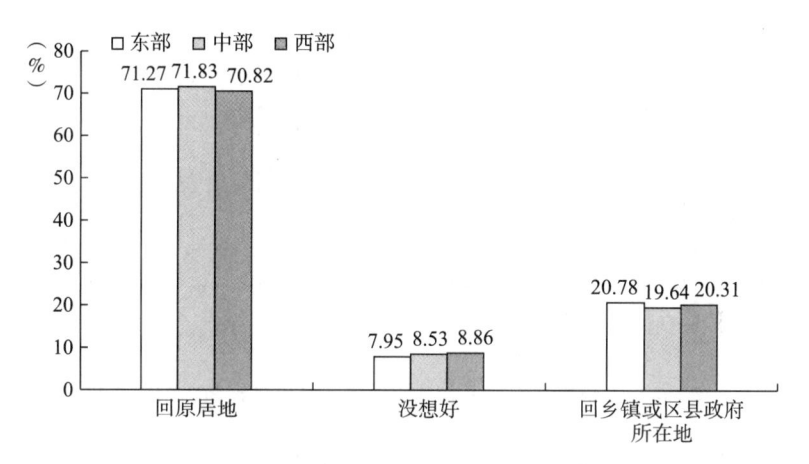

图 6-2　流出区域和回流与否意愿的双变量分析（%）

和东部、中部、西部三大区域的差异相比，外出农民工回流地域意愿的省际差异更大，在没想好的比例和回乡镇或区县政府所在地的比例上体现得更为明显。中国人具有生于斯、死于斯的乡土情结，这使得各省外出农民工回流地域意愿的首选是回原居地。结合第四章、第五章和本章的图 6-3a 可知，新疆、山西和云南作为外出农民工回流的比例最高的三个省，其外出农民工回原居地的比例也位居前三位；河南外出农民工回流的比例位居第六位，其外出农民工回原居地的比例位居第四位；新疆、山西两省外出农民工近期回流的比例也位居前两位，云南和河南两省外出农民工近期回流的比例位居第七位和第八位（排位也属于比较靠前），由此可以推断这些省份外出农民工的乡土情结较为浓厚。相比之下，江西外出农民工回原居地的比例最低，陕西、重庆、安徽、四川和贵州外出农民工回原居地的比例依次排在倒数第二至第六位，这六省外出农民工回原居地的比例均在 70% 以下。

新疆和山西外出农民工没想好的比例分别为最低（2.60%）和次低（3.20%）。结合第四章、第五章和本章的图 6-3b 可知，新疆和山西外出农民工不但在回流与否和回流时间的选择上较为明确，而且在回流地域的选择上也很明确。相比之下，西藏外出农民工在回流地域的选择上没想好的比例最高（16.70%），这表明他们在回流地域的选择上存在的不确定性相对较多。云南、广西、陕西、湖南和宁夏五省的外出农民工没想好的比例也超过

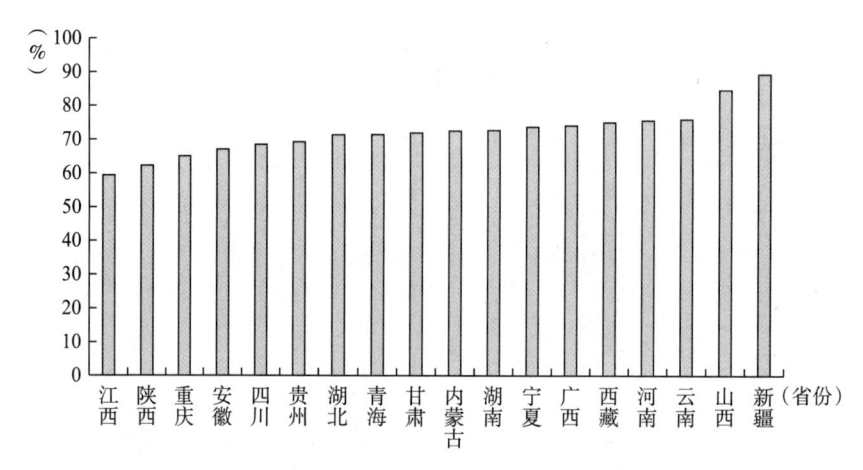

图 6-3a 中西部地区各省外出农民工回原居地的比例（%）

10.00%，这透视出他们在回流地域的选择上存在的不确定性也相对较多。

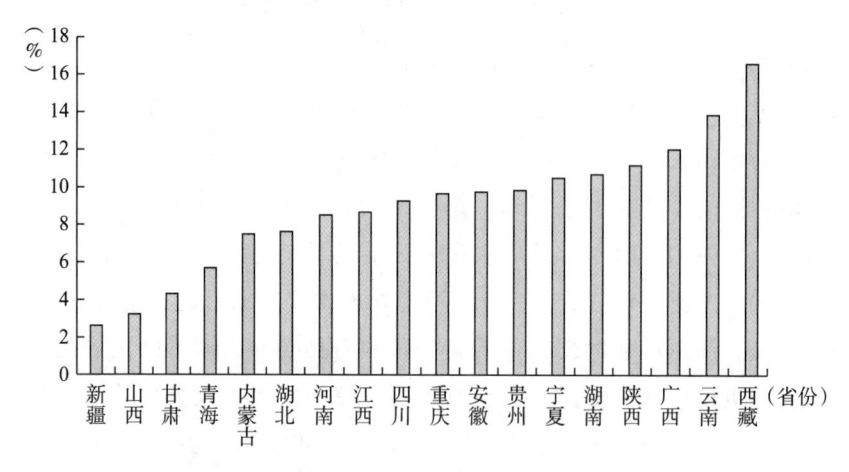

图 6-3b 中西部地区各省外出农民工没想好的比例（%）

江西外出农民工在回流地域的选择上独树一帜，选择回乡镇或区县政府所在地的比例最高（31.90%），比位居最后一位的新疆高24个百分点。外出农民工选择回乡镇或区县政府所在地的比例达到或超过20.00%的还有陕西、重庆、甘肃、安徽、青海、四川、湖北、贵州、内蒙古（见图6-3c）。外出农民工回流到乡镇或区县政府所在地后，可以为回流地的新型城镇化建设提供新的动力，为当地的经济社会发展带来劳动力、资金、技术、经验等，有助于推进当地的新型城镇化进程。

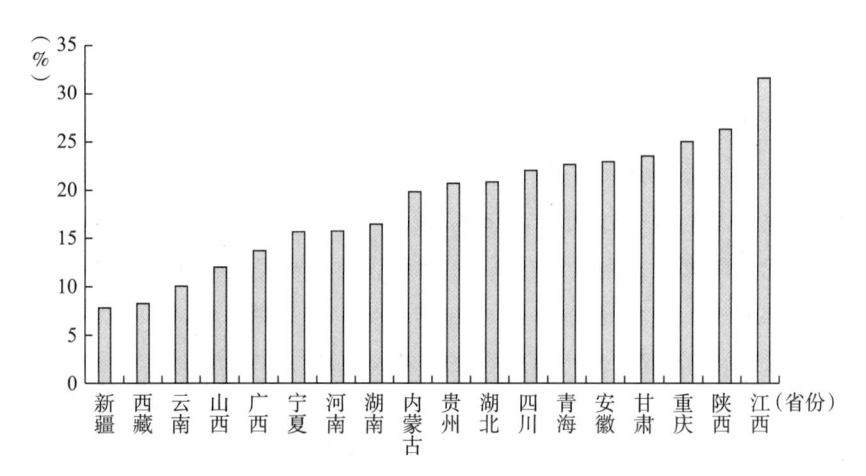

图 6-3c 中西部地区各省外出农民工回乡镇或区县政府所在地的比例（%）

二 控制变量与回流地域意愿的相关分析

1. 男性农民工的回流地域意愿与女性农民工的回流地域意愿差异小

就回原居地的中西部地区外出农民工而言，男性占 70.75%，女性占 72.22%，两者仅相差 1.47 个百分点。男性和女性农民工回乡镇或区县政府所在地的比例也无较大差异，前者为 20.94%，后者为 18.56%，两者相差 2.38 个百分点。男性农民工没想好的比例（8.31%）略低于女性农民工的这一比例（9.23%），两者仅相差 0.92 个百分点。卡方检验结果显示，回流地域意愿在不同性别的中西部地区外出农民工之间没有显著差异。

2. 已婚农民工回原居地的意愿更强，在回流地域的选择上存在更少的不确定性

已婚农民工和未婚农民工在回流地域的选择上存在较为明显的差异。已婚农民工有 72.85% 回原居地，未婚农民工的这一比例为 63.20%，前者较后者高 9.65 个百分点。与此不同的是，已婚农民工没想好和回乡镇或区县政府所在地的比例均低于未婚农民工，前二者分别为 8.01% 和 19.13%，后二者分别为 12.36% 和 24.44%。可见，已婚农民工更倾向回原居地，未婚农民工则更倾向回乡镇或区县政府所在地；此外，已婚农民工在回流地域的选择上比未婚农民工存在更少的不确定性。

3. 汉族农民工回原居地的意愿更弱，在回流地域的选择上存在更少的不确定性

卡方检验结果显示，民族与中西部地区外出农民工的回流地域意愿显著相关。从描述性分析结果可知，汉族农民工回原居地的比例（70.69%）低于少数民族农民工的这一比例（77.12%），没想好的比例（8.62%）也低于少数民族农民工的这一比例（9.32%）。然而，与少数民族农民工相比，汉族农民工有更高的比例回乡镇或区县政府所在地，二者之间相差7.13个百分点（见表6-1）。由此可推断，与少数民族农民工相比，汉族农民工更倾向回乡镇或区县政府所在地，在回流地域的选择上存在的不确定性更少。

4. 流动时间较长的农民工回原居地的意愿更弱

一元方差分析显示，流动时间与中西部地区外出农民工的回流地域意愿显著相关。比较而言，回原居地的农民工的流动时间最短，只有4.00年；没想好的农民工的流动时间次短，为4.10年；回乡镇或区县政府所在地的农民工的流动时间最长，为5.16年，比回原居地的农民工的流动时间长1.16年。由此可推断，流动时间越长的中西部地区外出农民工，越倾向回乡镇或区县政府所在地，回原居地的意愿越弱。

5. 跨省流动农民工回原居地的意愿更弱，在回流地域的选择上存在更多的不确定性

双变量分析结果显示，中西部地区外出农民工的回流地域意愿因其不同的流动范围而异。具体而言，跨省流动农民工回原居地的比例（69.55%）低于省内流动农民工（74.93%）；但其没想好和回乡镇或区县政府所在地的比例均高于省内流动农民工，前二者分别为9.45%和21.00%，后二者分别为7.18%和17.89%。以上数据表明，相比于省内流动农民工，跨省流动农民工回原居地的意愿更弱，但在回流地域的选择上存在的不确定性更多（见表6-1）。

第二节　回流地域意愿的多分类 Logistic 模型分析

从本章第一节的双变量分析可知，在不考虑其他变量的情况下，中西部地区外出农民工的职业、月收入、购房地点、教育程度、代际、有无留守配偶、有无留守子女等大多数自变量与其回流地域意愿显著相关。为控制其他变量的干扰和调节，本节内容使用模型分析方法探讨各自变量对回流地域意

愿的独立影响。从前文可知，回流地域意愿的变量性质是三分类变量（1代表回原居地，2代表没想好，3代表回乡镇或区县政府所在地），故使用多分类Logistic回归模型。考虑到本书主要关注回原居地的影响因素，也想了解没想好的影响因素，故把回乡镇或区县政府所在地作为参照组。

表6-2中展示了模型1和模型2的分析结果，这两个模型的因变量均为中西部地区外出农民工的回流地域意愿，自变量也大部分相同，差异在于模型1分析了有无留守配偶、有无留守子女、有无留守父母三个留守变量对中西部地区外出农民工回流地域意愿的影响，模型2分析了流动模式对中西部地区外出农民工回流地域意愿的影响。如前文所述，在模型分析中，未同时把三个留守变量和流动模式纳入同一模型进行分析的原因在于三个留守变量和流动模式之间存在多重共线性。模型1和模型2的样本量均为2290人，其伪平方（Pseudo R^2）均为0.1400。由于模型1和模型2的自变量大部分相同，其影响性质和影响程度也基本相同，故在阐释各自变量对因变量的影响时，主要分析模型1的数据结果（仅对流动模式变量的分析源自模型2）。

一 回原居地的影响因素分析

（一）主要自变量

模型1的数据显示，以回乡镇或区县政府所在地为参照组，不同职业的中西部地区外出农民工回原居地的概率没有显著差异，这与新古典经济理论的假设存在一定的差异，研究假设1c未被证实。究其原因，一方面，对于回流就业/创业的中西部地区外出农民工而言，他们希望顾"家"的同时，也能兼顾"业"，因此就业机会是影响他们是否回原居地的重要因素；另一方面，对于退休型回流的中西部地区外出农民工而言，不管他们从事什么职业，回原居地都是其理想的归宿。在以上两方面原因的共同作用下，工人和商业服务业人员回原居地的概率与管理技术办事员没有显著差异。新古典经济理论认为，迁移劳动力在做流动选择时把职业声望计算在成本-效益之内，因此职业声望较低是他们回流的原因之一。本书第四章也证实"职业声望较低的工人和商业服务业人员，回流的概率大于职业声望较高的管理技术办事员"。结合本章和第四章的数据分析结果可知，新古典经济理论适合用来解释中西部地区外出农民工的职业对其回流与否意愿的影响，但不适合用来解释职业对其回流地域意愿的影响。中西部地区外出农民工的月收入负向显著影响其

表 6-2 回流地域意愿的多分类 Logistic 模型分析结果

变量	模型1（回流样本）				模型2（回流样本）			
	回原居地		没想好		回原居地		没想好	
	发生比	标准误	发生比	标准误	发生比	标准误	发生比	标准误
主要自变量								
职业（对照组：管理技术办事员）								
商业服务业人员	1.28	0.34	1.25	0.49	1.17	0.31	1.09	0.43
工人	1.42	0.39	1.09	0.44	1.35	0.36	1.01*	0.40
月收入	0.73**	0.09	0.94	0.16	0.74**	0.09	0.95	0.95
购房地点（对照组：流入地）								
户籍地的政府所在地	0.20***	0.04	0.14***	0.04	0.20***	0.04	0.14***	0.04
户籍地的村	1.90**	0.45	0.85	0.26	1.91**	0.45	0.83	0.25
教育程度（对照组：初中及以下）								
高中	0.68**	0.10	0.82	0.18	0.68**	0.10	0.80	0.18
大专及以上	0.57*	0.15	1.04	0.38	0.54*	0.14	0.99	0.36
老生代农民工	1.51**	0.21	1.28	0.27	1.52**	0.21	1.31	0.28
有留守配偶	1.13	0.20	1.28	0.34	-	-	-	-
有留守子女	1.49**	0.21	1.30	0.27	-	-	-	-
有留守父母	1.45	0.63	1.86	1.00	-	-	-	-
流动模式（对照组：个人流动）								
半家庭式流动	-	-	-	-	1.04	0.16	1.12	0.25
举家流动	-	-	-	-	0.62**	0.11	0.56*	0.15

续表

变量	模型1（回流样本）				模型2（回流样本）			
	回原居地		没想好		回原居地		没想好	
	发生比	标准误	发生比	标准误	发生比	标准误	发生比	标准误
西部	0.75*	0.10	0.86	0.16	0.72**	0.09	0.83	0.16
控制变量								
男性	0.90	0.12	0.79	0.15	0.90	0.12	0.81	0.15
已婚	1.05	0.20	0.68	0.19	1.46*	0.28	0.89	0.24
汉族	0.82	0.19	0.67	0.22	0.79	0.18	0.62	0.20
流动时间	0.97**	0.01	0.97	0.02	0.96***	0.01	0.96*	0.02
跨省流动	1.01	0.14	1.53*	0.33	0.99	0.14	1.48	0.32
常数	65.50***	66.00	2.81	4.13	73.34***	73.72	3.34	4.91
样本量	2290				2290			
Log likelihood	−1525.847				1525.7097			
LR chi²	496.66				496.94			
Prob > chi²	0.0000				0.0000			
Pseudo R²	0.1400				0.1400			

回原居地的意愿，即收入越高，中西部地区外出农民工回原居地的概率越小，研究假设3c得到证实。这是因为收入较高的中西部地区外出农民工，他们更有条件在家乡的区县政府所在地或乡镇政府所在地购房，而购房地点又直接影响其回流地域的选择（后文有详细分析）。本书还分析了收入与代际的交互项对农民工回流地域意愿的影响，数据结果显示，收入对中西部地区外出农民工回流地域意愿的影响在新生代农民工和老生代农民工之间没有显著差异（未以图表形式呈现此结果）。在控制其他变量后，在不同地点购房的中西部地区外出农民工，回原居地的概率仍然存在显著差异。具体而言，在户籍地的政府所在地购房的农民工，回原居地的概率较小，只有在流入地购房农民工的20.00%；在户籍地的村购房的农民工，回原居地的概率很大，是在流入地购房农民工的1.90倍。为了更好地预测购房地点的影响，本书根据购房地点计算了回流地域意愿三个类别的预测概率。从图6-4中可知，在户籍地的村购房的中西部地区外出农民工中高达84.00%回原居地，但在户籍地的政府所在地购房的中西部地区外出农民工的这一比例只有49.00%；与此形成鲜明对比的是，在户籍地的政府所在地购房的中西部地区外出农民工中有43.00%回乡镇或区县政府所在地，但在户籍地的村购房的中西部地区外出农民工中这一比例只有8.00%。这再次表明，购房地点会影响中西部地区外出农民工的回流地域意愿，即在户籍地的村购房的农民工更倾向回原居地，在户籍地的政府所在地购房的农民工则更倾向回乡镇或区县政府所在地，研究假设4b得到证实。需要说明的是，这一关系可能是双向的，因为回原居地的农民工也可能更倾向在户籍地的村购房，而回乡镇或区县政府所在地的农民工则可能更倾向在户籍地的政府所在地购房。

教育程度显著影响中西部地区外出农民工回原居地的概率。在其他变量相同的情况下，高中教育程度的农民工回原居地的概率比初中及以下教育程度的农民工下降32.00%，大专及以上教育程度的农民工回原居地的概率最低，比初中及以下教育程度的农民工下降43.00%。这表明教育程度越高的农民工回原居地的概率越低，研究假设5c由此得到证实。新古典经济理论认为，人力资本较高者会流向人力资本回报高的地区（Constant and Massey, 2002）。由此可以推断，中西部地区外出农民工原居地的人力资本回报率不及流入地。从代际来看，老生代农民工回原居地的概率显著高于新生代农民工，这与生命周期理论的观点一致，研究假设7c得到证实。究其原因，这与老生

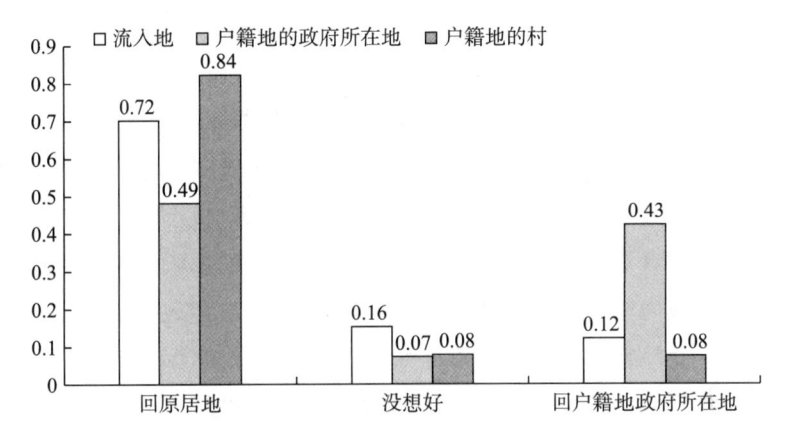

图 6-4 根据购房地点预测的回流地域意愿

代农民工比新生代农民工具有更为浓厚的乡土情结有关,生于斯、死于斯的乡土观念比新生代农民工更加根深蒂固。概括而言,回原居地的中西部地区外出农民工在个体特征方面具有一定的选择性,月收入较低、在户籍地的村购房、教育程度较低和老生代的农民工回原居地的概率大于月收入较高、在流入地购房、教育程度较高和新生代的农民工。综上所述,在回流地域的问题上,虽然回原居地是一个主要的选择,但仍然有两成多的中西部地区外出农民工会选择回流到乡镇或区县政府所在地,做出这种选择的原因之一是考虑到乡镇或区县政府所在地可能有更多的就业机会、更高的月收入和人力资本回报。换言之,"业"是中西部地区外出农民工做回流地域选择时考虑的影响因素之一。

在家庭因素方面,家庭成员在流出地和流入地的分布在一定程度上影响中西部地区外出农民工的回流地域意愿。有留守子女的农民工回原居地的概率显著大于没有留守子女的农民工,前者是后者的1.49倍,这与新迁移经济理论的观点一致,研究假设9c得到定量数据的证实。这是因为有留守子女的中西部地区外出农民工考虑到留守子女在原居地接受教育更为方便(如不需要转学、也不需要面对孩子转学后的社会适应等问题),所以回原居地的概率显著大于没有留守子女的农民工。有留守配偶的农民工回原居地的概率是没有留守配偶的农民工的1.13倍,有留守父母的农民工回原居地的概率是没有留守父母的农民工的1.45倍,但这些差异在统计上不显著,这与新迁移经济理论的观点不一致,研究假设8c和10c被证伪。其原因可能有两个:一方面,留守配偶和留守父母不存在像留守子女那样需要在原居地接受教育的问题，因此他们可以通过在县域内流动的形式实现与回流到非原居地的农民工团聚；另一方面，对于不通过流动方式来实现与农民工团聚的留守配偶和留守父母，由于县域内的空间范围不大、交通也比较便利，回流到非原居地的农民工可以选择在周末或其他休息时间回到原居地，实现与留守配偶或留守父母团聚。比较三个留守变量对回流与否意愿和回流地域意愿的影响可知，新迁移经济理论对解释县域内流动的有效性不及跨县流动，这与县域内的流动能够比较容易地解决子女养育、老人照料等客观问题和满足家庭团聚等情感需求有关。显然，回流到家乡后的中西部地区外出农民工，在"家"方面面临的问题较少，这对推动农民工和谐家庭建设具有积极的意义。本书还分析了三个留守变量与代际的交互项对农民工回流地域意愿的影响；数据结果显示，三个留守变量对中西部地区外出农民工回流地域意愿的影响在新生代农民工和老生代农民工之间均没有显著差异（未以图表形式呈现此结果）。

如前面两章所言，由于自变量所取单位不同，非标准化的 Logistic 回归系数不能用于比较各自变量的相对作用，只有经过标准化后的 Logistic 回归系数才能用来进行自变量之间的比较（洪岩璧，2015）。为了比较"家"和"业"对中西部地区外出农民工回流地域意愿的影响大小，本研究根据公式 $\beta_i = \dfrac{b_i \times s_i}{\pi/\sqrt{3}}$，计算了月收入和三个留守变量的标准化回归系数。[①] 月收入的标准化回归系数为 -0.10，有无留守配偶、有无留守子女和有无留守父母的标准化回归系数分别为 0.03、0.11 和 0.03。通过比较各自变量标准化回归系数绝对值的大小可知，在外出农民工中，影响最大的是有无留守子女、其次是月收入、再次是有无留守配偶和有无留守父母。总体而言，"家"对中西部地区外出农民工回原居地意愿的影响大于"业"，但"家"的影响主要体现在留守子女上，如前文所言，留守配偶和留守父母的影响在统计上不显著。具体而言，"家"吸引其回原居地，而"业"则吸引其到乡镇或区县政府所在地寻找更多的就业机会和更高的收入。这表明，即使中西部地区外出农民工回流到家乡后，依然在努力实现"家"和"业"的兼顾。

[①] β_i 为第 i 个自变量的标准化回归系数，b_i 为第 i 个自变量的非标准化回归系数，s_i 为第 i 个自变量的标准差，$\pi/\sqrt{3}$ 是标准 Logistic 分布的标准差（郭志刚，2015：176）。

就流动模式而言，半家庭式流动农民工回原居地的概率与个人流动农民工的差异在统计上不显著；举家流动农民工回原居地的概率比个人流动农民工显著下降38.00%，研究假设11c得到部分证实。根据新古典经济理论，回原居地的概率在半家庭式流动农民工与个人流动农民工之间没有显著差异，这与他们在原居地都有留守家人，而这可以降低他们回流到原居地的心理成本和经济成本有关。结合第四章和本章的数据分析结果可知，与个人流动者相比，举家流动者不仅回流的意愿更弱，而且回原居地的意愿也更弱。前者的原因有两个：一是如新古典经济理论所言，举家流动者回流的心理成本和经济成本更高；二是举家流动者定居流入地的能力更强。后者的原因也有两个：一是其核心家庭成员均不在原居地，所以原居地对其不存在家庭团聚的拉力；二是举家流动农民工定居户籍地的乡镇或区县政府所在地的能力强于非举家流动农民工。换言之，流动模式作用于回流与否意愿的机制与其作用于回流地域意愿的机制有所差异。

流出区域显著影响中西部地区外出农民工回原居地的概率。具体而言，西部地区外出农民工回原居地的概率比中部地区外出农民工下降25.00%，研究假设13c得到定量数据的证实。这透视出原居地的社会经济发展水平和就业机会是中西部地区外出农民工选择是否回流到该地时考虑的一个重要因素。基于结构主义理论可以这样解释：因为西部地区外出农民工的流出地（原居地）的经济社会发展水平相对落后于中部地区，就业机会也比中部地区更少，所以西部地区外出农民工回原居地的概率小于中部地区外出农民工。

(二) 控制变量

和相关分析结果一致，在其他变量相同的情况下，中西部地区外出的男性农民工和女性农民工回原居地的概率没有显著差异。已婚农民工回原居地的概率是未婚农民工的1.05倍，但这一差异在统计上不显著。控制其他变量后，汉族农民工和少数民族农民工回原居地的概率在统计上也没有显著差异。流动时间负向影响中西部地区外出农民工回原居地的概率，即流动时间每延长一年，中西部地区外出农民工回原居地的概率显著下降3.00%。为了更好的预测流动时间的影响，本书根据流动时间计算了回流地域意愿三个类别的预测概率。从图6-5可知，中西部地区外出农民工回原居地的可能性随着流动时间延长而下降。究其原因，流动时间通常是中西部地区外出农民工在流入地人力资本、社会资本和经济资本积累的函数，也是中西部地区外出农民工在流入地社会文化适应的函数。换言之，与流动时间短的中西部地区外出农民工相比，流动时间更长的中西部地区外出农民工在流入地积累了更多的资本、社会文化融合也更好，这使得他们在流入地定居的能力更强，因此回原居地的概率更低。在控制其他变量后，以回乡镇或区县政府所在地为参照组，跨省流动农民工回原居地的概率是省内流动农民工的 1.01 倍，但这一结果在统计上不显著。

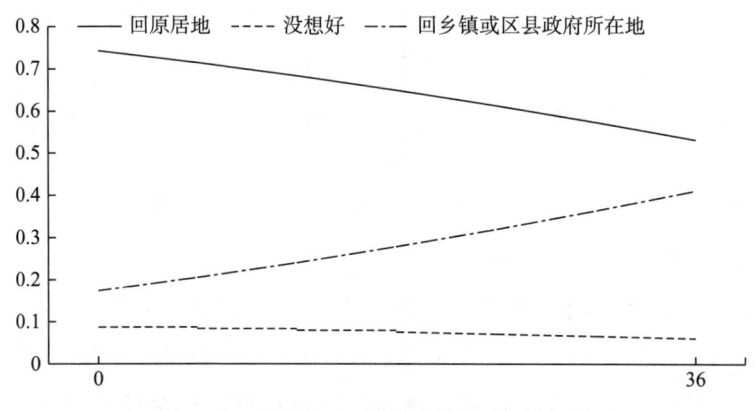

图 6-5　根据流动时间预测的回流地域意愿

二　没想好的影响因素分析

（一）主要自变量

与回原居地相比，没想好的中西部地区外出农民工较少受其个体、家庭和流出区域等变量的影响。就职业而言，以回乡镇或区县政府所在地为参照组，商业服务业人员和工人没想好的概率高于管理技术办事员，但这一差异在统计上不显著。在控制其他变量后，没想好的概率在不同收入的中西部地区外出农民工之间也没有显著差异。从购房地点来看，在户籍地的政府所在地购房的农民工没想好的概率比在流入地购房的农民工显著下降 86.00%，这表明流入地购房的农民工在回流地域的选择上比在户籍地的政府所在地购房的农民工存在更多的不确定性，这与前者通常在原居地也有自建房有关，所以在选择回流地域时因两地都有房产而引起不确定性的增加。王卓、夏琪（2019）的研究发现，在城镇化浪潮下，越来越多的农民工存在"两头房"现象，即不仅保留农村住房，还选择在城镇购置住房。从教育程度来看，没想好的概率在初中及以下、高中、大专及以上不同教育程度的农民工之间不存在显著差异。老生代农民工和新生代农民工没想好的概率也不存在显著差异。

在其他变量相同的情况下,三个留守变量对没想好的影响不显著。从流动模式来看,半家庭式流动农民工没想好的概率高于个人流动农民工,但这一差异在统计上不显著。举家流动农民工没想好的概率比个人流动农民工显著下降44.00%,这表明举家流动农民工在回流地域的选择上存在的不确定性少于个人流动农民工。不仅如此,从前文可知,举家流动农民工比个人流动农民工回原居地的概率也更低。换言之,举家流动农民工回户籍地的乡镇或区县政府所在地的概率更大。西部地区外出农民工和中部地区外出农民工没想好的概率没有显著差异。

(二) 控制变量

以回乡镇或区县政府所在地为参照组,在控制其他变量后,没想好的概率在不同性别、不同婚姻状况和不同民族的农民工之间均不存在显著差异。中西部地区外出农民工没想好的概率随着流动时间的延长而下降,但这一影响在统计上不具有显著性。此外,在其他变量相同的情况下,跨省流动农民工没想好的概率显著高于省内流动农民工,前者是后者的1.53倍。也就是说,跨省流动农民工在回流地域的选择上比省内流动农民工存在更多的不确定性(见模型1)。

从第四章可知,在分析中西部地区外出农民工的回流与否意愿时,有部分人群表示没想好,这一人群在个体特征方面具有较强的选择性。从本章的数据分析结果可知,中西部地区外出农民工在选择回流地域时,也有一部分人群表示没想好,但这一人群在个体特征方面的选择性不明显。

第三节 总结与讨论

与农民工的回流与否意愿相比,国内外对农民工回流地域意愿的研究相对较少。随着农民工的回流地域由传统的单维模式转变为现代的多地模式,农民工的回流地域意愿开始受到学界越来越多的关注。本章内容首先使用描述性分析方法探讨了中西部地区外出农民工回流地域意愿的现状特点,然后使用多分类 Logistic 回归模型分析方法探讨了个体特征、家庭特征和流出区域等变量对回流地域意愿的影响。下面将对本章的主要研究发现进行总结与讨论。

（一）实证研究结果

第一，中西部地区外出农民工的回流地域意愿具有多地性特征。数据显示，有超过七成的中西部地区外出农民工回原居地，还有接近两成的中西部地区外出农民工回乡镇或区县政府所在地（其中 8.12% 回乡镇政府所在地，11.83% 回区县政府所在地）。这表明，农民工的回流地域在空间上具有多地性特征，不再是过去的"流入地——原居地"的两地互动模式，而是呈现"流入地——原居地为主——乡镇、区县政府所在地为辅"的多地互动模式。在回乡镇或区县政府所在地的中西部地区外出农民工中，回区县政府所在地的比例高于回乡镇政府所在地的比例，这一研究发现对回流地区推进就近城镇化、就地城镇化具有重要的参考价值，即中西部地区的区县政府所在地比乡镇政府所在地更受中西部地区外出农民工的青睐。

第二，回原居地的中西部地区外出农民工在个体特征方面存在一定的选择性。具体而言，回原居地的中西部地区外出农民工是月收入较低、在户籍地的村购房、教育程度较低和老生代的农民工。若与新古典经济理论的失败者回流和新迁移经济理论的成功者回流相联系，当前我国回原居地的人群主要是被动的失败型回流和退休型回流，主动的成功型回流相对较少。从第四章的回流与否意愿可知，回流意愿较强的主要是职业声望较低、月收入较低、人力资本较低和老生代的中西部地区外出农民工；从本章的回流地域意愿可知，回原居地的也主要是月收入较低、教育程度较低和老生代的农民工。由此可推断，相比于倾向在流入地长期居住的中西部地区外出农民工，回原居地的中西部地区外出农民工主要是在劳动力市场竞争中处于劣势的人群。可见，为推进中西部地区新型城镇化的发展，非常有必要促进在劳动力市场中比较有竞争力的中西部地区外出农民工回流。

第三，分离的家庭成员在一定程度上影响中西部地区外出农民工的回流地域意愿。与没有留守子女的中西部地区外出农民工相比，有留守子女的农民工回原居地的概率更大，这与父母想给孩子提供一个相对稳定的教育环境有关。从流动模式来看，举家流动农民工回原居地和没想好的概率低于个人流动农民工。这表明，中西部地区外出农民工在流入地的家庭团聚不仅会降低其回原居地的概率，也会减少其在回流地域选择上的不确定性。究其原因：首先，举家流动农民工因为核心家庭成员均不在原居地，所以原居地对其不存在家庭团聚的拉力；其次，举家流动农民工定居流入地的能力更强，所以，相比于个人流动农民工，举家流动农民工更倾向在流入地居住。

第四，西部地区外出农民工回原居地的概率小于中部地区。我国经济社会发展的一个基本特征是区域的不均衡发展。虽然国家实施了中部崛起、西部大开发等战略以实现区域经济的均衡发展，但东部地区领先于中西部地区、中部地区又领先于西部地区的格局依旧未变。具体到西部地区外出农民工的原居地而言，由于其经济社会发展水平和就业机会不及中部地区，因此西部地区外出农民工的原居地吸引其回流的拉力不及中部地区。结合回原居地的中西部地区外出农民工在个体特征方面的选择性可知，当前回原居地的农民工主要是受流入地的推力和留守家人的影响，受原居地经济拉力的影响较小。若要推进中西部地区新型城镇化的发展，迫切需要提升中西部地区的拉力和减少中西部地区的推力，以吸引更多的中西部地区外出农民工（特别是经济资本和人力资本积累较多的新生代农民工）回流到原居地和乡镇或区县政府所在地就业创业，为中西部地区的新型城镇化发展提供新动力。中部和西部地区外出农民工虽然超七成都选择回原居地，但仍然存在一些省际差异：新疆有近九成的外出农民工选择回原居地，山西的这一比例为八成半，云南、河南和西藏的这一比例达到或超过七成半；相比之下，江西省的这一比例最低，不到六成。其他省份的这一比例差异较小，在六成多到七成半之间。

第五，中西部地区外出农民工在回流地域的选择上存在的不确定性较少。从第四章和第五章可知，中西部地区外出农民工在回流与否和回流时间的选择上没想好的比例分别为30.14%和32.84%。而本章数据显示，中西部地区外出农民工在回流地域的选择上没想好的比例仅为8.69%。这充分表明，相比于回流与否意愿和回流时间意愿，中西部地区外出农民工在回流地域的选择上存在的不确定性最少。相比于回流与否意愿选择没想好的农民工，回流地域意愿选择没想好的农民工在个体特征方面的选择性不明显，仅在户籍地的政府所在地购房的农民工没想好的概率小于在流入地购房的农民工，跨省流动农民工没想好的概率则高于省内流动农民工。

(二) 理论回应

在理论层面，本章比较了新古典经济理论、新迁移经济理论、生命周期理论、结构主义理论在解释回流与否意愿和回流地域意愿上的共性和差异。

共性表现在以下两个方面：（1）生命周期理论适合用来解释代际对中西部地区外出农民工回流与否意愿的影响，也适合用来解释代际对中西部地区外出农民工回流地域意愿的影响；（2）结构主义理论适合用来解释流出区域对中西部地区外出农民工回流与否意愿的影响，也适合用来解释流出区域对中西部地区外出农民工回流地域意愿的影响。

差异表现在以下三个方面：（1）新迁移经济理论适合用来解释三个留守变量对中西部地区外出农民工回流与否意愿的影响；但仅适合用来解释有无留守子女对中西部地区外出农民工回流地域意愿的影响。本书认为，在留守家人的影响方面，新迁移经济理论对解释县域内流动的有效性不及用来解释跨县流动。（2）新古典经济理论虽然都适合用来解释流动模式对中西部地区外出农民工回流与否意愿和回流地域意愿的影响，但二者的影响机制存在一些差异。（3）新古典经济理论适合用来解释职业对中西部地区外出农民工回流与否意愿的影响，但不适合用来解释职业对中西部地区外出农民工回流地域意愿的影响，这是因为回流的中西部地区外出农民工比较重视就业机会。

(三) "家"和"业"对回流地域意愿的影响

在问题意识层面，农民工在回流地域的选择上没想好的比例不到9.0%，大大低于农民工在回流与否和回流时间选择上没想好的比例，这表明农民工在回流地域的选择上，"家"和"业"之间的选择困境大大少于回流与否和回流时间上的选择困境。

总体而言，"家"对中西部地区外出农民工回流地域意愿的影响大于"业"。"家"（主要是留守子女）吸引其回原居地，而"业"则吸引其到乡镇或区县政府所在地寻找更多的就业机会和更高的收入。虽然"家"和"业"的影响方向不同，但因为"家"和"业"都在县域范围内，因此农民工可以比较容易地实现"家"和"业"的兼顾。① 回流到家乡就业的农民工，哪怕

---

① 对于一些牺牲了"业"而顾"家"回流的中西部地区外出农民工而言，他们的选择困境主要体现在回流与否的选择上，而非回流地域的选择上。

因工作原因与家人在工作日不能居住在一起，由于县域内的地理空间范围不大、交通也比较便利，农民工及其留守家人可以选择在周末或其他休息时间实现家庭团聚，完成养育子女和照料老人的任务，家庭功能的正常发挥可以大大地解决因家庭成员长时间和长距离分离而产生的留守家庭问题。当然，在当前中西部地区的经济发展水平与东部地区还存在较大差距的情况下，其回流地和流入地在就业机会、收入水平等方面还存在一些差距。为了能够不断实现中西部地区外出农民工对美好生活的向往，中西部地区还需要大力发展经济、增加就业机会、提升收入水平、解决城乡和区域发展不平衡和不充分的问题，真正实现农民工"家"和"业"兼顾的梦想，使他们的获得感、幸福感、安全感更加充实，更有保障，更可持续。

第七章　问君归志：回流创业意愿分析

2014年李克强总理在夏季达沃斯论坛上提出"大众创业、万众创新"，在全国掀起了"大众创业""草根创业"的浪潮。农民工作为我国城镇化和工业化进程中的一个规模庞大的群体，中共中央、国务院自2015年以来，高度重视农民工返乡创业问题。如国务院相继出台并印发了《国务院办公厅关于支持农民工等人员返乡创业的意见》（2015年）、《国务院办公厅关于支持返乡下乡人员创业创新促进农村一二三产业融合发展的意见》（2016年）、《关于进一步支持农民工等人员返乡下乡创业的意见》（2018年）等纲领性文件。此外，党的十九大和中央经济工作会议、中央农村工作会议等都对农民工返乡创业问题做了进一步强调和部署。如2019年中央一号文件指出"鼓励外出农民工等返乡创新创业，支持建立多种形式的创业支撑服务平台，完善乡村创新创业支持服务体系。落实好减税降费政策，鼓励地方设立乡村就业创业引导基金，加快解决用地、信贷等困难。加强创新创业孵化平台建设，支持创建一批返乡创业园，支持发展小微企业。"[①] 2020年中央一号文件指出"深入实施农村创新创业带头人培育行动，将符合条件的返乡创业农民工纳入一次性创业补贴范围"。此外，省级、市级和县级政府也陆续出台和实施了一些鼓励农民工回流创业的政策。显然，中央和地方政府都在积极推动、鼓励和支持农民工回流创业，农民工回流创业问题也由此成为我国政府和学界近些年关注的热点问题之一。

在我国"大众创业、万众创新"的背景下，各级政府出台和实施的鼓励农民工回流创业的政策激发了农民工的创业热情，大大提升了农民工的创业积极性。对在回流与否意愿上选择回流的中西部地区外出农民工而言，除了

[①] 中央一号文件除鼓励农民工返乡创业，还鼓励高校毕业生、退伍军人、城市各类人才返乡下乡创业。

年龄较大者会退出劳动力市场外，其他大多数人员需要考虑创业选择的问题。诸如：回流后是否要创业？如果创业，准备从事哪方面的创业？创业过程中估计会遇到哪些困难？也就是说，回流后的创业选择是中西部地区外出农民工需要考虑的一个非常重要的问题。为此，本章内容将对其进行深入分析。第一节阐述中西部地区外出农民工回流创业意愿的现状特点，第二节分析中西部地区外出农民工回流创业意愿的影响因素，第三节描述中西部地区外出农民工回流创业领域的选择和可能面临的困难。第四节对前三节的分析结果进行总结与讨论。在理论层面，将主要与社会网络理论进行对话，探讨该理论用于解释我国中西部地区外出农民工回流创业意愿的合适性。因为回流创业意愿的主要影响因素是经济资本、人力资本和社会资本，而且没有相关理论和实证研究认为留守家庭成员会对流动劳动力的回流创业意愿产生影响，所以在问题意识方面，本章不再讨论"家"和"业"对中西部地区外出农民工回流创业意愿的影响。

对中西部地区外出农民工的回流创业意愿进行研究，有助于准确把握当前我国中西部地区外出农民工回流创业意愿的现状特点及其影响因素、创业的领域和面临的困难，为中西部地区的各级政府制定农民工回流创业政策和改善创业环境提供决策参考。通过创业带动就业的形式，促进农村劳动力向非农产业转移，加速中西部回流地区工业、商业、服务业的发展，优化和调整中西部回流地区的经济结构，进而推进中西部地区新型城镇化的发展进程。

第一节 回流创业意愿的现状特点

由于 2016 年全国流动人口卫生计生动态监测调查数据未调查回流创业的问题，故本章使用笔者收集的问卷调查数据对中西部地区外出农民工的回流创业意愿进行分析。2016 年全国流动人口卫生计生动态监测调查数据包括跨省流动农民工和省内流动农民工，而笔者的调查数据则只有跨省流动农民工，因此，在本章的数据分析中不再考虑"流动范围"这一自变量。笔者开展的问卷调查因为采用的是非概率抽样方法，故相关数据结果不能推断为我国中西部地区外出农民工总体的回流创业意愿，只适合用来描述该调查样本的情况。为了弥补笔者问卷调查数据代表性不足的问题，尽可能获得较为丰富的数据，笔者（个案）访谈了 156 位中西部地区外出农民工和回流农民工、政府工作人员,① 对访谈资料的分析详见第八章、第九章。

笔者的问卷调查数据显示,有接近一半(45.82%)的中西部地区外出农民工创业。这一结果与王利伟、冯长春、许顺才(2014)的研究结果较为接近,该文通过分析在河南省的调查数据发现,农民工选择回流后创业(包括做小生意)的比例为45.60%。但这与其他研究结果存在一些差异。如刘新争、任太增(2017)对在东部地区务工的河南农民工调查后,认为其打算回流创业的比例高达65.01%;张丽琼、朱宇、林李月(2016)在宁波的调研发现,农民工打算回流创业的比例为37.01%。农民工打算回流创业的比例在不同研究中存在差异的原因是这些调查均采用的是非概率抽样方法,调查对象和样本量也不相同。虽然这些研究结果存在一些差异,但结合以上多个数据,可以推断在我国"大众创业、万众创新"的背景下以及在各级政府鼓励农民工回流创业的环境下,农民工回流创业的热情得到一定的激发,回流创业的积极性得到一定的调动。需要说明的是,本书第四章通过分析2016年全国卫生计生动态监测调查数据发现,中西部地区外出农民工回流的比例较低,仅为6.71%,这一数据与本章使用笔者问卷调查数据得出的回流创业比例(45.82%)存在一些差距;但由于其所指不同,因此不能将这二者进行对比。首先,这两个数据分别来自两个不同的回流意愿指标,前者来自回流与否意愿,后者来自回流创业意愿。其次,因为测量指标不同,所以数据的分析样本存在差异,前者包括打算回流和不打算回流的全部中西部地区外出农民工(本书称为"全部样本"),后者仅包括打算回流的中西部地区外出农民工(本书称为"回流样本"),即回流创业意愿是针对打算回流的农民工而言的,不打算回流的农民工不适合回答回流创业意愿的问题,故在本章的数据分析中没有包括不打算回流的农民工。

下面将使用交互分类、两个独立样本的T检验等双变量分析方法进一步探讨中西部地区外出农民工回流创业意愿的特点。

一 主要自变量与回流创业意愿的相关分析

1. 商业服务业人员回流创业的意愿强于管理技术办事员和工人

创业是中西部地区外出农民工的一种职业选择,其回流创业意愿受他们

---

① 156位受访者的基本信息及访谈内容见本书"第三章 数据与方法"。

在流入地从事的职业的影响。交互分类结果显示，商业服务业人员回流创业的比例最高，这一比例高达58.52%；管理技术办事员回流创业的比例位居第二位，为42.53%；工人回流创业的比例最低，为37.66%（见图7-1）。卡方检验显示，不同职业的中西部地区外出农民工的回流创业意愿在统计上具有显著差异。比较而言，在不控制其他变量的情况下，商业服务业人员的回流创业意愿强于管理技术办事员，管理技术办事员的回流创业意愿又强于工人。

2. 自雇农民工回流创业的意愿强于受雇农民工

自雇农民工和受雇农民工的回流创业意愿存在显著差异。在自雇农民工中，有59.38%创业，剩余的40.62%不创业。与自雇农民工不同，受雇农民工回流创业的比例低于不创业的比例，前者为43.84%，后者为56.16%（见图7-1）。这表明，自雇农民工的回流创业意愿强于受雇农民工。

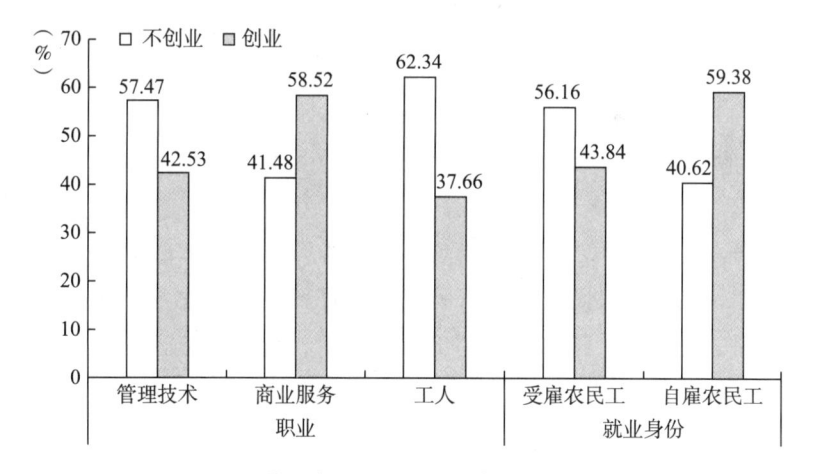

图7-1 职业、就业身份和回流创业意愿的双变量分析（%）

注：图7-1中的"管理技术"指管理技术办事员，"商业服务"指商业服务业人员。

3. 月收入较高的农民工回流创业的意愿强于月收入较低的农民工

月收入与中西部地区外出农民工的回流创业意愿显著相关。两个独立样本的T检验结果显示，回流创业的中西部地区外出农民工的平均月收入为5726.17元，不创业的中西部地区外出农民工的平均月收入为4427.32元，比前者低1298.85元。这表明，收入较高的中西部地区外出农民工的回流创业意愿强于收入较低的中西部地区外出农民工（见表7-1）。

表7-1 自变量和回流创业意愿的相关分析（%、均值）

自变量	不创业	创业	自变量	不创业	创业
主要自变量			流出区域		
月收入	4427.32	5726.17	中部	52.72	47.28
教育程度			西部	57.52	42.48
初中及以下	64.29	35.71	**控制变量**		
高中	30.34	69.66	性别		
大专及以上	48.87	51.13	女性	63.84	36.16
有无参加技能培训			男性	46.40	53.60
没有参加	59.94	40.06	婚姻		
参加了	39.29	60.71	未婚	45.33	54.67
年龄			已婚	57.95	42.05
新生代农民工	40.66	59.34	民族		
老生代农民工	75.13	24.87	少数民族	50.00	50.00
有无家人回流户籍地			汉族	54.55	45.45
没有家人回流	60.66	39.34	流动时间	9.98	8.77
有家人回流	49.48	50.52	-	-	-

注：表7-1中的斜体数字代表双变量分析结果在统计上不显著。

4. 高中教育程度的农民工回流创业的意愿强于其他教育程度的农民工

中西部地区外出农民工的教育程度与其回流创业意愿显著相关。但与预期稍有不同的是，在中西部地区外出农民工中，高中教育程度的农民工其回流创业比例最高，为69.66%；大专及以上教育程度的农民工其回流创业比例稍低，为51.13%；初中及以下教育程度的农民工其回流创业比例最低，为35.71%。高中教育程度的农民工其回流创业比例最高，与他们有较高比例从事商业服务业的人员有关。数据显示，高中教育程度的中西部地区外出农民工从事商业服务业的比例高达50.56%，而初中及以下和大专及以上教育程度的农民工从事商业服务业的比例分别只有28.93%和37.59%。从职业与中西部地区外出农民工回流创业意愿的相关关系中可知，商业服务业人员回流创业的意愿强于管理技术办事员和工人。

5. 参加了职业技能培训的农民工回流创业的意愿强于没有参加职业技能培训的农民工

中西部地区外出农民工的回流创业意愿在参加了职业技能培训和没有参

加职业技能培训的农民工之间存在显著差异。参加了职业技能培训的农民工回流创业的比例超过六成，没参加职业技能培训的农民工回流创业的比例仅有四成，较前者低20.65个百分点。显然，职业技能培训不仅可以增强中西部地区外出农民工的创业能力，还可以提升中西部地区外出农民工的回流创业意愿。

6. 老生代农民工回流创业的意愿弱于新生代农民工

人力资源和社会保障部与宜信公司于2016年联合发布的《中国青年创业现状报告》显示，我国青年首次创业的年龄平均为24.67岁。这表明青年时期是劳动者创业比较活跃的时期。对中西部地区外出农民工而言，其回流创业意愿在不同代际的农民工之间存在显著差异。交互分类结果显示，老生代农民工回流创业的比例仅为24.87%，新生代农民工的这一比例则高达59.34%，较前者高34.47个百分点。这透视出老生代农民工的回流创业意愿不及新生代农民工。

7. 有家人回流户籍地的农民工回流创业的意愿强于没有家人回流户籍地的农民工

在家庭因素方面，本书主要考察有无家人回流户籍地与中西部地区外出农民工回流创业意愿的关系。在没有控制其他变量的情况下，有家人回流户籍地的农民工回流创业的比例为50.52%，没有家人回流户籍地的农民工的这一比例为39.34%，前者比后者高11.18个百分点。由此可以推断，有家人回流户籍地的农民工的回流创业意愿强于没有家人回流户籍地的农民工。

8. 西部地区外出农民工回流创业的意愿与中部地区没有显著差异

交互分类结果显示，西部地区外出的农民工回流创业的比例为42.48%，中部地区外出农民工的这一比例为47.28%，两者之间相差4.80个百分点，但这一差异在统计上不显著。这说明，中部和西部地区外出农民工的回流创业意愿在统计上不存在显著差异。

二 控制变量与回流创业意愿的相关分析

1. 男性农民工回流创业的意愿强于女性农民工

卡方检验结果显示，性别与中西部地区外出农民工的回流创业意愿显著相关。男性农民工回流创业的比例为53.60%，女性农民工回流创业的比例只有36.16%，前者比后者高17.44个百分点。也就是说男性农民工的回流创业意愿比女性农民工强。

2. 已婚农民工回流创业的意愿弱于未婚农民工

中西部地区外出农民工的回流创业意愿在不同婚姻状况的人口之间存在明显差异。具体而言，已婚农民工有42.05%回流创业，未婚农民工的这一比例为54.67%，后者较前者高12.62个百分点。通常，已婚农民工的平均年龄高于未婚农民工，这间接证实了前文提及的老生代农民工的回流创业意愿比新生代农民工更弱的观点。

3. 汉族农民工回流创业的意愿和少数民族农民工没有显著差异

从表7-1可知，汉族农民工有45.45%回流创业，有54.55%不创业，两者之间相差9.10个百分点。在少数民族农民工中，创业和不创业的比例各为50.00%。少数民族农民工回流创业的比例虽然高于汉族农民工，但卡方检验结果显示这一差异在统计上不显著。

4. 流动时间较长的农民工回流创业的意愿弱于流动时间较短的农民工

在不考虑其他变量的情况下，流动时间与中西部地区外出农民的回流创业意愿显著相关。两个独立样本的T检验结果显示，回流创业的中西部地区外出农民工的平均流动时间（8.77年）比不创业的中西部地区外出农民工的平均流动时间（9.98年）短。这是因为流动时间长的农民工，其年龄相对较大；而相关分析结果显示，老生代农民工的回流创业意愿比新生代农民工弱。由此可知，流动时间较长的中西部地区外出农民工的回流创业意愿比流动时间较短的农民工弱。

第二节 回流创业意愿的二分类 Logistic 模型分析

从本章第一节可知，职业、就业身份、月收入、代际、教育程度、有无参加职业技能培训、有无家人回流户籍地、性别、婚姻状况、流动时间等变量与中西部地区外出农民工的回流创业意愿显著相关。但以上分析结果是在未控制其他变量的情况下得出的，为进一步探讨各自变量对回流创业意愿的净影响，本节内容使用模型分析方法进行研究。与回流与否意愿、回流时间意愿、回流地域意愿的变量属性不同，回流创业意愿是二分类变量，故使用二分类 Logistic 回归模型方法。模型的样本量为502人，伪平方（Pseudo R^2）

为 0.1925（见表 7-2）。

表 7-2 回流创业意愿的二分类 Logistic 模型分析结果

变量	发生比	标准误
主要自变量		
职业（对照组：管理技术办事员）		
商业服务业人员	2.04*	0.67
工人	1.47	0.53
自雇农民工	2.01*	0.68
月收入	1.82**	0.37
教育程度（对照组：初中及以下）		
高中	2.25**	0.72
大专及以上	0.82	0.29
参加了职业技能培训	1.95**	0.47
老生代农民工	0.22***	0.06
有家人回流户籍地	2.11***	0.47
西部	0.85	0.21
控制变量		
男性	1.73**	0.37
已婚	0.94	0.28
汉族	0.75	0.30
流动时间	1.01	0.02
常数	0.00**	0.01
样本量	502	
Log likelihood	-279.56989	
LR chi^2	133.26	
Prob > chi^2	0.0000	
Pseudo R^2	0.1925	

一　主要自变量

和相关分析结果一致，在控制其他变量后，中西部地区外出农民工的职业显著影响其回流创业的概率。具体而言，商业服务业人员回流创业的概率显著高于管理技术办事员，是对照组的 2.04 倍；工人回流创业的概率是管理技术办事员的 1.47 倍,但这一差异在统计上不显著。究其原因,这与商业服务业人员中有较高比例从事个体和公司经营有关,商业人员多为雇主或自营劳动者,他们通常积累了一些技能、销售和管理经验,这为其回流创业提供了重要的经验支持。戚迪明 (2013) 在东北地区的研究发现,农民工回流后有一定比例的人从事的职业与其在流入地从事的职业相同,即回流农民工在就业选择中存在一定程度的"走廊痕迹"。控制其他变量后,自雇农民工回流创业的概率显著高于受雇农民工,前者回流创业的概率是后者的 2.01 倍,这表明就业身份是影响中西部地区外出农民工回流创业意愿的因素之一,这与自雇农民工有一定的技能、销售和管理经验有关。中西部地区外出农民工的月收入越高,其回流创业的概率越大,这表明中西部地区外出农民工除了技能、销售和管理经验的积累外,其经济资本的积累也会正向影响其回流创业的概率。研究假设 1d,2b,3d 得到笔者调查数据的证实。

在其他变量相同的情况下,高中教育程度的中西部地区外出农民工回流创业的概率很高,是初中及以下教育程度者的 2.25 倍;大专及以上教育程度的农民工回流创业的概率与初中及以下教育程度的农民工没有显著差异。这表明,中西部地区外出农民工的教育程度与其回流创业意愿呈现倒 U 型关系,研究假设 5d 被部分证实。这可以结合新古典经济理论从以下方面进行解释:其一,教育程度的提升有助于中西部地区外出农民工获得更多的知识、技能和经验,积累更多的创业资本,掌握更多的创业信息,进而提升其回流创业意愿;其二,教育程度提高到大专及以上时,相对优厚待遇的就业岗位增多,人力资本回报高,这将在一定程度上减弱中西部地区外出农民工的回流创业意愿。Le (1999)、De Wit (1993) 和谭华清、赵廷辰、谭之博 (2015) 也都认为教育程度的进一步提升会在一定程度上降低个体创业的概率。和相关分析结果一致,参加了职业技能培训的中西部地区外出农民工,回流创业的概率高于没有参加职业技能培训的农民工。以上结论证实了本书第二章提出的研究假设 6。这一方面表明职业技能培训在回流创业过程中占据重要的位置,通过职业技能培训有助于增强中西部地区外出农民工的回流创业意愿;另一方面,也间接说明当前我国中西部地区外出农民工参加的职业技能培训具有一定的效果。

中西部地区外出农民工的回流创业意愿在不同代际的农民工之间存在显著差异。模型结果显示,在其他变量相同的情况下,老生代农民工回流创业的概率比新生代农民工下降了 78.00%，本书第二章提出的研究假设 7d 得到笔者问卷调查数据的证实。这说明中西部地区外出的新生代农民工的回流创业意愿比老生代农民工强，这与新生代农民工的回流创业热情更高、对风险有更强烈的偏好有关。

从家庭因素来看，模型结果显示，有家人回流户籍地的中西部地区外出农民工回流创业的概率显著更高，是没有家人回流户籍地的农民工的 2.11 倍。这一研究发现与社会网络理论的观点一致，本书第二章提出的研究假设 12 得到笔者问卷调查数据的证实。究其原因，一是可能与回流家人在资金、技术、信息等方面可以给予中西部地区外出农民工回流创业支持有关；二是部分已回流家人的成功创业事例，能在一定程度上激发中西部地区外出农民工的回流创业热情。正如第二章所言，中西部地区由于经济发展水平相对较低，其相对不成熟的资本市场和信贷市场、相对不完善的创业扶持政策等使得中西部地区外出农民工回流创业比较依赖于由血缘和亲缘关系组成的社会关系网络。

和相关分析结果类似，在控制其他变量后，中部地区外出农民工回流创业的概率与西部地区外出农民工没有显著差异，这与结构主义理论的观点存在一些差异，本书第二章提出的研究假设 13d 未得到笔者调查数据的证实。这可以从两方面进行解释：一方面，与我国在"大众创业、万众创新"背景下，无论是中部还是西部地区都出台了一些政策鼓励外出农民工回流创业，努力营造较好的创业环境有关。换言之，中部和西部地区虽然还存在一定的经济和社会发展差距，但他们出台的鼓励回流创业的政策均在一定程度上激发了其外出农民工的回流创业激情，提升了他们回流创业的积极性，增强了他们的回流创业意愿。另一方面，与中西部地区各省份合并到一起后，在一定程度上相互抵消了一些回流创业意愿的省际差异有关。

二 控制变量

在其他变量相同的情况下，性别显著影响中西部地区外出农民工的回流创业的意愿。从表 7-2 可知，男性农民工回流创业的概率比女性农民工高 73.00%，这与男性比女性具有更高的创业热情、对风险有更强烈的偏好有关。在控制其他变量后，中西部地区外出农民工的婚姻状况、民族和流动时间对其回流创业意愿没有显著影响。

第三节　回流创业领域的选择和面临的困难

一　回流创业领域的选择

笔者的问卷调查数据显示，45.82%的中西部地区外出农民工有回流创业的意愿。为进一步了解其打算在哪些领域创业，本书对中西部地区外出农民工进行了问卷调查：若打算自己创业，您准备从事哪方面的创业？该题目共有6个选项，分别为食品加工、加盟连锁店、农产品种植或养殖、批发零售、小型代工（如制衣等）、其他（请注明）。每个选项类似于一道单选题，所以在填答问卷时，受访者必须对每个选项做出"是"或者"否"的回答。从图7-2可知，在中西部地区外出农民工中，有12.50%从事食品加工业，有24.57%加盟连锁店，有24.57%从事农产品种植或养殖，有24.03%从事批发零售，有10.78%从事小型代工（如制衣等）。此外，有21.55%从事其他领域的创业，诸如装修、印刷、餐饮、建筑等领域。从以上数据可知，中西部地区外出农民工回流创业领域的选择呈现出以下特点：其一，总体而言，中西部地区外出农民工回流创业的领域较为广泛和分散；其二，比较而言，中西部地区外出农民工从事连锁店加盟、农产品种植或养殖和批发零售的比例较高；第三，中西部地区外出农民工回流创业的层次整体不高，属于技术含量较低、门槛较低、资金投入较低的行业。

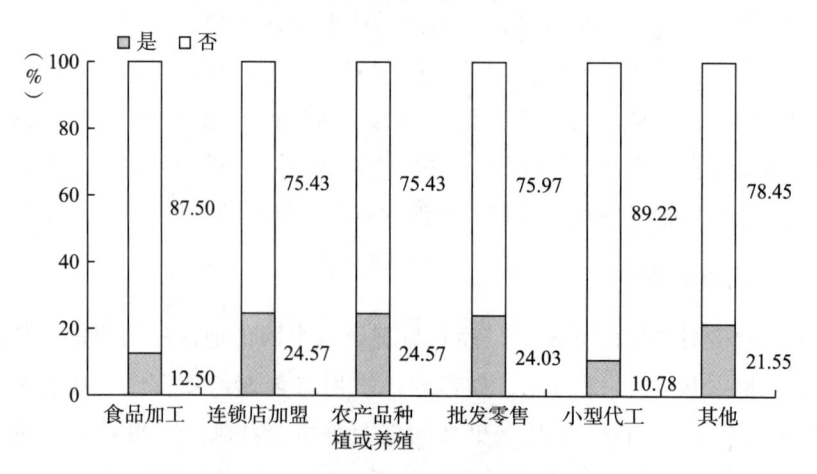

图7-2　回流创业领域的选择（%）

二 回流创业面临的困难

本书除调查了中西部地区外出农民工的回流创业领域外，还调查了中西部地区外出农民工在回流创业过程中可能面临的困难。调查题目的题干为"若打算自己创业，估计会遇到哪些困难"，该题目共有9个选项，分别为资金不足、创业知识缺乏、创业技能不足、难享受国家政策扶持、管理经验不足、难以准确判断市场需求、缺乏政府积极有效的产业引导和项目指导、缺乏技术人才、其他（请注明）。这道题目的回答方法与创业领域的选择类似，即每个选项类似于一道单选题，所以在填答问卷时，受访者对每个选项做出"是"或者"否"的回答。单变量的描述性分析结果显示，中西部地区外出农民工中有高达78.97%认为资金不足，有65.67%认为创业知识缺乏，有56.65%认为创业技能不足，有51.50%认为难享受国家政策扶持，54.94%认为存在管理经验不足，有53.65%认为难以准确判断市场需求，有48.07%认为缺乏政府积极有效的产业引导和项目指导，有42.06%认为技术人员缺乏。此外，还有3.86%的中西部地区外出农民工认为存在人脉不足、合作者难找、当地经济发展状况不好、物流不好等其他困难（见图7-3）。这些数据透视出中西部地区外出农民工回流创业面临的困难存在以下特征：一是中西部地区外出农民工面临的创业困难较多，不仅面临创业知识、创业技能和管理经验等个体创业素质和能力急需要提升的问题，还面临技术人才难求、政府指导和政策扶持难享受等外部创业环境有待改善的问题；二是中西部地区外出农民工回流创业面临的困难存在主次之分，最主要困难是资金不足，其次为创业知识缺乏。

第四节 总结与讨论

在"大众创业、万众创新"的背景下，中西部地区的政府积极响应中央号召，出台鼓励外出农民工回流创业的政策，努力营造良好的创业氛围，激发外出农民工回流创业的热情、推动外出农民工回流创业。受此影响，中西部地区外出农民工的回流创业成为学界和社会关注的热点之一。本章前面三节内容依次分析了中西部地区外出农民工回流创业意愿的现状特点，影响因素，以及回流创业领域的选择和可能面临的困难。下面将对本章的主要研究

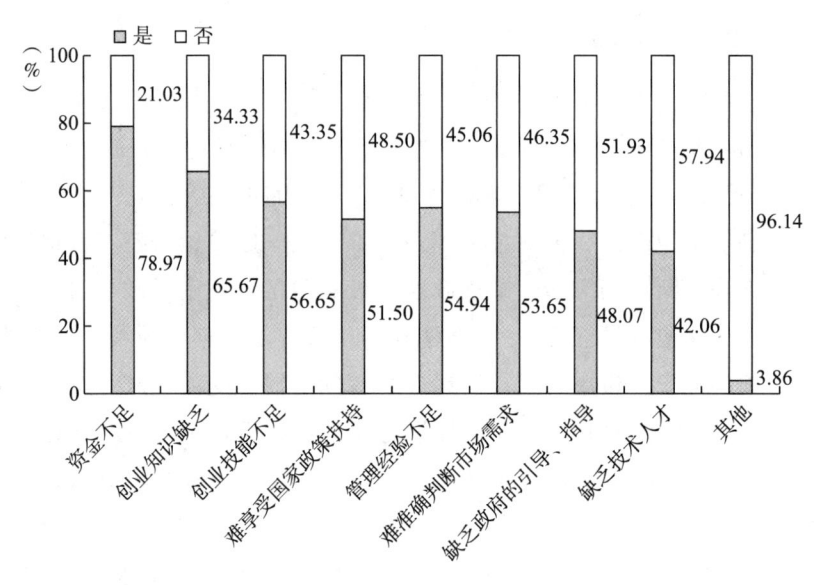

图 7-3 回流创业面临的困难 (%)

发现进行总结与讨论。

(一) 实证研究结果

第一，中西部地区外出农民工有一定的回流创业意愿，但创业的层次整体偏低。从第四章可知，在全部样本中，中西部地区外出农民工回流的比例不到7.00%。尽管如此，在回流样本中，中西部地区外出农民工有回流创业意愿的比例接近50.00%，这表明在"大众创业、万众创新"的背景下，中西部地区外出农民工有一定的回流创业意愿。这一方面与我国各级政府鼓励农民工回流创业的政策有关，即在政府的大力宣传和各项鼓励政策的落实和执行下，外出农民工回流创业的观念深入人心，中西部地区创业的环境也不断优化。另一方面，东部地区向中西部地区的产业梯度转移为中西部地区外出农民工回流创业提供了更广阔的空间，使其创业不仅限于农业（如农产品种植或养殖），而是覆盖了第一、第二和第三产业（如食品加工、小型代工、批发零售、加盟连锁店等）。尽管如此，中西部地区外出农民工回流创业的层次整体偏低，多为技术含量比较低、门槛比较低、资金投入较低的行业，如从事连锁店加盟、批发零售、农产品种植和养殖行业的比例相对较高。对中西部地区的政府而言，可以结合当地特色，为回流农民工提供一些创业知识和创业技能的培训，引导不同层次、不同类型的中西部地区外出农民工在第

一、第二、第三产业创业，从而扩大和丰富回流农民工的创业领域，提升回流农民工的创业层次和创业质量，真正实现创业带动就业、创业带动发展、发展促进创业的良性循环发展。回流农民工是介于农民和市民之间的一个群体，由于他们具有城镇工作和生活的经历，因此是最容易实现市民化的群体。中西部地区政府可以通过引导回流农民工就地城镇化或就近城镇化的方式来提升中西部地区的城镇化水平，促进中西部地区的新型城镇化发展。

第二，有回流创业意愿的中西部地区外出农民工面临较多的创业困难。中西部地区外出农民工虽然有一定的创业热情，但其在创业过程中仍然面临诸多困难。他们既面临创业知识、创业技能和管理经验等个体创业素质和能力急需要提升的问题，又面临技术人才难求、政府指导和政策扶持难享受等外部创业环境需要改善的问题。而创业资金不足、创业知识缺乏又是中西部地区外出农民工面临的最主要困难。创业意愿虽然是预测创业行为的代理变量，但中西部地区外出农民工的回流创业意愿要转化为创业行为还受到其他诸多变量的影响。政府相关部门协助中西部地区外出农民工解决其回流创业过程中可能遇到的困难将有助于促进有创业意愿的农民工回流后创业。故中西部地区的政府在制定吸引外出农民工回流创业的相关政策时，需要有针对性地解决以上困难，为农民工扫清回流创业的障碍。否则，中西部地区外出农民工虽然接近一半的人有回流创业意愿，但其创业意愿不一定会转化为创业行为。政府帮助中西部地区外出农民工解决其回流创业过程中面临的困难，对促进中西部地区的新型城镇化发展具有重要的积极作用。具体而言，中西部地区外出农民工通过创业促进就业的方式，可以使更多农民就地就近转变为产业工人，提升中西部地区的就地就近城镇化水平。

第三，人力资本显著提升中西部地区外出农民工的回流创业意愿。本研究使用有无参加职业技能培训和教育程度测量中西部地区外出农民工的人力资本。在其他变量相同的情况下，参加了职业技能培训的中西地区外出农民工回流创业的概率显著高于没有参加职业技能培训的中西部地区外出农民工，这表明职业技能培训有助于提升中西部地区外出农民工回流创业的意愿。教育程度与中西部地区外出农民工的回流创业意愿是倒U型关系。这一方面透视出教育程度可以在一定程度上提升中西部地区外出农民工的回流创业意愿，但提升作用有限，当教育程度上升到大专及以上时，因为中西部地区外出农民工可选择的待遇优厚的就业岗位增多，人力资本回报高，所以其回流创业意愿减弱。另一方面也映射出中西部地区外出农民工回流创业的层次不是很高,创业的主体主要是高中教育程度的农民工,大专及以上教育程度的农民工的创业热情和主观愿望并未激发出来。显然,政府还需要进一步完善和落实相关政策,营造有利于大专及以上教育程度农民工创业的环境,引导接受过高等教育的农民工回流创业,以提升中西部地区外出农民工回流创业的层次和质量,推动中西部地区传统产业的转型升级。

第四,有回流创业意愿的中西部地区外出农民工在经济特征方面具有明显的选择性。控制其他变量后,商业服务业人员的回流创业意愿强于管理技术办事员,自雇农民工的回流创业意愿强于受雇农民工,收入越高的农民工其回流创业意愿越强。这表明,有回流创业意愿的中西部地区外出农民工在经济特征方面具有较强的正向选择性。即回流创业意愿较强的中西部地区外出农民工通常是商业服务业人员、自雇农民工和收入较高的农民工。然而,从第四章的研究结果可知,自雇农民工回流的意愿弱于受雇农民工,收入越高的农民工回流的意愿越弱。这启示中西部地区的政府相关部门,若要促进自雇农民工和收入较高农民工回流创业,首先需要提升中西部地区外出的自雇农民工和收入较高农民工回流的意愿,然后协助有创业意愿的自雇农民工和收入较高的农民工解决其创业过程中可能遇到的困难,促进其创业意愿向创业行为转变。

第五,有回流创业意愿的中西部地区外出农民工在代际方面具有明显的选择性。在其他变量相同的情况下,新生代农民工的回流创业意愿强于老生代农民工。这说明新生代的中西部地区外出农民工比老生代农民工的创业积极性更高,新生代农民工也比老生代农民工更愿意去承担创业途中存在的未知与风险。可见,从代际来看,新生代农民工是中西部地区的政府部门鼓励农民工回流创业的一个重要主体。

第六,有家人回流户籍地的中西部地区外出农民工的回流创业意愿强于无家人回流户籍地的中西部地区外出农民工。中西部地区的外出农民工大多数来自农村,受社会经济发展水平较低的影响,中西部地区的资本市场和信贷市场较不成熟,创业扶持政策也较不完善,这使得他们回流创业很难得到回流地资本市场、信贷市场和创业扶持政策的支持,而比较依赖于由血缘和亲缘关系组成的社会关系网络。与回流就业相比,中西部地区外出农民工回流创业不仅需要投入更多的精力,也需要投入更多的资源。中西部地区外出农民工回流的家人因为在外出期间积累了一定的资本、技能、经验和信息等,可以为其在资金、社会网络、技术、信息等方面给予创业支持。

(二) 理论回应

在理论层面,社会网络理论可以对中西部地区外出农民工的回流创业意愿进行很好的解释。社会网络理论把回流者看成是迁出地有形和无形资源的搬运者,流动劳动力回流后,仍然与原来迁入的居住地保持密切联系(Cassarino,2004)。据此,已经返乡的中西部地区农民工回流后仍会与正在外出务工经商的家人保持联系,如分享当地政府鼓励农民工回流创业的政策、分享回流农民工成功创业的案例;已经返乡的家人还可以为其将来的回流创业提供经济、技术、信息等方面的帮助和支持,而这都将有助于提升中西部地区外出农民工的回流创业意愿。此外,社会网络理论还认为,除了社会网络外,金融资本、在迁入地获得的技能形式的人力资本、知识、经验等都有助于移民的成功回流(Farrell et al.,2012)。本书结合该观点以及职业、就业身份、收入、教育程度和有无参加职业技能培训对回流创业意愿的影响认为,除了社会网络外,经济资本、人力资本、知识和经验等都会提升中西部地区外出农民工的回流创业意愿。换言之,经济资本、人力资本和社会资本都对中西部地区外出农民工的回流创业意愿具有重要的正向促进作用。

第八章　概君归因：回流意愿影响因素的定性分析

前面四章内容在新古典经济理论、新迁移经济理论、生命周期理论、社会网络理论和结构主义理论的指导下，利用2016年全国流动人口卫生计生动态监测调查数据和笔者的问卷调查数据，分别从回流与否意愿、回流时间意愿、回流地域意愿和回流创业意愿四个方面对中西部地区外出农民工的回流意愿进行了定量分析。定量研究不仅描述了当前我国中西部地区外出农民工回流意愿的现状况特点，而且还展示了个体、家庭、流出区域和流入地因素对中西部地区外出农民工回流意愿的影响性质和影响程度。

本章内容将结合本书在第一章提出的"研究目的和研究内容"以及第二章构建的"理论框架"，采用定性研究方法对个案访谈资料做深入挖掘与分析，了解数字背后一个个鲜活生动的故事，从而更深层次地把握中西部地区外出农民工回流意愿的影响因素。本章内容具体安排如下：第一节分析"家"和"业"对中西部地区外出农民工回流意愿的影响；第二节剖析流出地因素和流入地因素对中西部地区外出农民工回流意愿的影响；第三节对定性分析结果进行总结与讨论。从回流意愿的四个测量指标来看，本章聚焦在回流与否意愿上。在理论层面，本章将与新古典经济理论、新迁移经济理论和结构主义理论进行对话。在问题意识方面，讨论"家"和"业"对中西部地区外出农民工回流与否意愿的影响。

本章的个案访谈资料来自笔者于2018—2020年对中西部地区外出农民工和回流农民工，以及对政府工作人员开展的半结构式深度访谈。访谈个案共156人。定性数据的详细信息请参见本书"第三章 数据与方法"。

第八章　概君归因：回流意愿影响因素的定性分析

第一节　"家"和"业"对回流意愿的影响

中国人讲究成家、立业。在个案访谈时，笔者发现，中西部地区外出农民工在回流与否选择的背后是在"家"和"业"之间做选择。对于非举家流动的中西部地区外出农民工而言，"家"吸引其回流到家乡，"业"则推动其在流入地长期居住。"家"和"业"的影响方向相反，使得他们在"家"和"业"之间存在较多的选择困境，这两者犹如鱼和熊掌，不可兼得。本节内容将探讨"家"和"业"对中西部地区外出农民工回流与否意愿的影响。

一　守护我的家

作家汪曾祺在《冬天》中有一句话：家人闲坐，灯火可亲。一家人，一盏灯，寥寥几字就写出了家的场景和对家的珍视。父母、伴侣和子女，是每个人生命中最重要的几个人物，对中西部地区外出农民工来说也是如此。他们背井离乡外出务工是为了寻找更多的就业机会、获得更高的收入来提高自己的家庭生活水平，促进家庭发展。但是因为户籍制度以及附着其上的相关制度的制约、流入地的生活成本等问题，有许多中西部地区外出农民工选择非举家流动，这使得他们与自己的配偶或子女或父母分居两地。在第四章的定量研究中发现：中西部地区外出农民工的回流与否意愿受到有无留守配偶、有无留守子女和有无留守父母的影响，即留守配偶、留守子女和留守父母会增强其回流的意愿。而在定性访谈中，留守家人对中西部地区外出农民工回流与否意愿的影响则显得更为现实和复杂。

（一）孩子是最大的牵挂

通过对中西部地区外出农民工和已回流农民工（这里指的是有留守子女的农民工）的访谈发现，留守子女对农民工回流与否意愿的影响可以分为两类：已得到照顾不需回流、需要照顾必须回流。

1. 父母为儿孙撑起一片天

对于部分仍在流动的中西部地区外出农民工来说，照顾留守子女的任务可以通过留守父母的帮助来完成。

让留守父母照顾留守子女在中西部地区外出农民工中是一个比较普遍的现象，这样既能减轻农民工外出的经济和情感压力，也能节约农民工家庭的生活成本。一位从河南周口市淮阳县①到广东深圳市南山区务工的吊车司机（高中、男、28岁，编号：DWC19）将子女交给了父母照顾：

> （两个孩子）在老家。大的上大班，小的上小班。（爱人）也在深圳打工。（父母）在老家，照顾孩子。我父亲平时干个建筑什么的，母亲在家专门照顾孩子。目前没有（回流的打算）。

从访谈中获悉，受访者的父母之前也是农民工，但是为了帮助子女照顾两个小孩的成长和就学，他们已从广东东莞市回流到河南的老家，他们的回流使得受访者及其配偶暂时不需要考虑因照顾留守子女而回流，免去了一些年轻一辈农民工的后顾之忧。当然也有一些中西部地区的外出农民工认为照顾小孩是父母的责任，为了孩子的成长和教育他们需要舍弃一定的"业"而回流。

2. 他们是我们的责任

父母出门在外最牵挂的是留守在老家的孩子，这在已回流的农民工身上体现得淋漓尽致。一位从江西九江市柴桑区到广东务工但现在已回流到江西九江市柴桑区的工人（高中、男、47岁，编号：CHL4）这样说：

> 农民工回流的原因主要是对小孩的牵挂。说实在的，我那个时候回来的原因也是因为对小孩的牵挂，所以才回来的。以前，我们的孩子放在老家，我们在外面工作，说实在的，是一直挂在心上的，像你们可能没有我们这种经历不理解，是一种揪心的（感觉），总是挂念着家里的小孩。

笔者的问卷调查问及"需要照看孩子是否是您打算回流到户籍所在省的原因"时，有49.30%选择了"是"。可见，定性和定量数据都显示，孩子的成长、孩子的教育是农民工选择回流的重要原因。对于少数非常重视子女成

---

① 为了保护受访者的隐私，本书在介绍被访谈的中西部地区外出农民工和回流农民工的户籍地时，只介绍到其户籍所在的区县名称（不介绍其所在乡镇和村的名称）。在介绍被访谈的政府工作人员所在单位的名称时，省、市、区县和乡镇的名称全部用字母表示。

长和子女教育的农民工而言,他们对家的挂念集中到了孩子身上,其他的再重要也得为之让路。"你自己的孩子总不能不管啊",一句话表达了一个态度,他们就不会再顾忌"条件好""挣得多",回家才是最好的选择。

与前面情况不同的是,在面对子女照顾和家庭经济发展时,也有不少的农民工让配偶回流而自己继续务工。一位从湖北黄冈市罗田县到上海务工的维修工(中专、男、33岁,编号:EWC74)说:

> 我老婆在生小孩之前在跟我在一起。在这边小孩太小照顾不太方便,我一个人忙不过来。那时候在一个家具厂上班,做那个售后。然后她就把小孩带回去带,回去后基本上没工作。

从以上多个案例来看,不论最终农民工选择回流与否,子女都是他们回流与否意愿的重要影响因素。一种情况是:当留守父母能够帮助其养育孩子时,他们回流的意愿不强;反之则回流的意愿强。另一种情况是,对于比较重视子女的成长和教育的农民工而言,不管留守父母能否帮助他们解决子女的照料问题,留守子女都会显著增强其回流的意愿。这在一定程度上补充了前文的定量分析结果,也对新迁移经济理论做了补充。

(二)父母需要我回流吗?

在定量分析中我们发现,有无留守父母对中西部地区外出农民工回流与否意愿的影响小于有无留守子女。定性访谈也在一定程度上印证了这一点,但是在这里,农民工是否为了留守父母回流的答案就不仅仅是"是"或"否"这么简单,他们表达出一种信号:父母现在需要我在身边吗?

1. 没有我不行

留守父母对中西部地区外出农民工回流与否意愿影响最大的是高龄父母和身体状况特殊的父母,因为他们的日常生活需要子女照顾,外出务工的农民工就不得不更改计划提前回流。

一位从新疆喀什市疏勒县到江苏南京市建邺区务工但现在已回流到新疆喀什市疏勒县的司机(初中、男、25岁,编号:RHL12)就为照顾父母放弃了在外发展的机会:

我是 2017 年返回到老家，再也没外出过。当时返回老家是因为弟弟上了大学，父亲得了重病，母亲一个人忙不过来家里家外的事情，因此回来老家，一边照顾父母，一边在老家这边发展。也打算过再次外出，外出的话去南京，上海。因为上次外出也是这些地方，有很多有利于自己发展的空间。但是以目前的情况来看，以后也没法再次外出。

虽然这类情况不是特别普遍，但是有许多农民工在访谈中都考虑到父母年迈后怎么照顾的问题。一位从江西赣州市宁都县到广东佛山市顺德区务工的银行职员（本科、男、22 岁，编号：CWC9）的话说出了大多数中国人"养儿防老"的思想：

现在（父母的影响）不是很大，等他们年纪大了可能会受影响吧。我们中国人家庭还是很重要的，就离爸妈还是不要太远，或者说还是要和爸妈住的近一点，要么把爸妈接到我上班的地方来，要么我可能往家里那边靠，以后家庭这样走动会比较方便一点。

如果留守子女对农民工回流与否选择的影响体现在他们的成长和教育上，那么留守父母对农民工回流与否选择的影响则体现在他们的身体状况上。即使农民工在听到"您父母对您的回流选择影响大吗？"这一问题时很多人都回答了"不大"，但是几乎所有的受访者表示"父母年纪大了"肯定会回去照顾老人。

2. 没有我也还行

与高龄留守父母提升中西部地区外出农民工回流的意愿不同，低龄留守父母对中西部地区外出农民工的回流与否选择影响小，甚至降低了其回流的意愿。

一位从四川宜宾市屏山县到山东济南市开公司的农民工（初中、男、24 岁，编号：JWC51）如是说：

父母对我的回流选择没有影响。父母现在还年轻，才四五十岁。对于这个家庭分离的现象，说实在的，没有任何感觉。

对于外出务工的农民工来说，低龄留守父母反而是一种优势。一方面，低龄留守父母短时间内既不需要农民工在家照顾他们；另一方面，还能帮助照顾农民工的留守子女，在很大程度上减轻了农民工的家庭压力。正因如此，低龄留守父母反而降低了农民工回流的意愿，如前面提及的编号为DWC19的受访者。这一定性研究发现与第五章第二节"有无留守父母对中西部地区外出农民工近期回流的意愿没有显著影响"的观点一致。

从留守父母的角度来看，他们也比较支持子女外出务工挣钱，改善家庭生活，并不在意子女与自己分居两地的生活。中部地区C省E市N区T镇镇政府的妇联主席（女，编号：CZF2）提及留守父母是这样看待子女外出这件事情：

> 现在的老人家主要看重的是经济条件，他们也很理解，认为小孩在外面务工主要是赚钱让这个家的生活改善，他们就那个朴素的本性。所以发什么怨言，牢骚话的还是很少。要是小孩寄生活费给他们，他们就很高兴。他们的意思就是赚钱，赚到钱，其他的事他们可能不会考虑。

综上，留守父母对农民工回流与否意愿的影响受到其父母需求的影响。当留守父母需要子女的照料时，他们选择回流到父母身边。当父母可以独自生活时，他们选择继续在外发展；父母也非常支持他们在外务工，增加家庭收入。这对定量研究得出"留守父母会显著提升农民工回流的意愿"的观点作了补充，也对新迁移经济理论作了补充。

（三）有家人的地方才是家

"外出务工""流动"等字眼都戳中了农民工与家庭、家人分离的痛点，尤其是在流入地经过社会的磨砺后，对家庭、家人的渴望会促使他们做出回流选择。

一位从贵州铜仁市思南县到广东深圳市龙华区富士康务工但现在已回流到贵州铜仁市思南县的餐饮店老板（高中、男、29岁，编号：KHL25）经过在外头的闯荡后这样说：

> （我）2018年回来的，回来的原因是想家了，在外头闯荡了6年，

还是觉得家乡好，熟悉，也没得外头社会（那么）复杂。我 2011 年出去打工的时候我爹妈已经回来了，我后来选择回来的主要原因就是想家了。人长大了，有些开始放心不下爹妈了，他们回老家对我选择回来的影响还是比较大。有时候一家人离得太远了，特别是一个人在外头闯荡的时候，一遇到些不开心的事就会特别想家，想爹妈。我总是觉得一家人离得太远了，分开的时间久了还是不行。

可见，家和家人是农民工寻求慰藉的温暖港湾。在农民工遇到挫折时，他们的心理防线更容易被击破，从而做出回流的选择。同时，一家团圆也是中西部地区外出农民工心中深切的期盼，一位从云南昆明市石林县到浙江金华市金东区务工的工人（小学、男、42 岁，编号：LWC85）希望打算回流陪伴在家人身边：

他们（子女）对我（打算）回流影响很大。因为是自己的骨肉，本来离开他们外出打工没有好好陪伴他们成长就已经很愧疚了……，但是（以前）迫于生活的压力我们也不得不分开。现在有积蓄，打算回家创业，刚好可以跟亲人团聚。娃他妈没跟我一起出来这边打工……，全靠她一个人在家里照顾孩子和老人，自己（在）外面辛苦，她在家里也不比我轻松，所以必须要回去把家的担子从她身上接过来。....我妈走后，他（父亲）一个人也是看起来老了很多，这些年在外面打工，有愧于自己没有做好一个儿子，所以要回老家去照顾父亲，做一个儿子该做的事情。

总而言之，从以上材料可以看出，"家"对中部和西部两个地区外出农民工的影响差异并不太明显，反而是家庭中留守子女和留守父母的不同年龄阶段和身体状况对农民工回流与否意愿的影响有明显差异。这对第四章中有关三个留守家人对农民工回流与否意愿影响的定量分析结果做了很好的补充，使得本书在分析"家"和"业"对农民工回流与否意愿的影响方面更深刻、更全面、更丰富、更生动。

二 蠢蠢欲动的事业心

无法否认的是，目前我国各地区之间发展仍不平衡，中西部地区与东部沿海地区存在明显的收入差距,农民工外出的目的就是为了在流入地获得比流出地更高的收入和更好的事业。尽管前文大篇幅地提到了家对农民工的重要性,但是有很多农民工为了挣钱外出寻找创业或就业机会而暂时"舍弃"了家。

(一) 外面的天地更广阔

受区域经济发展不平衡的影响,中西部地区的农村在就业机会和发展空间方面的确比发达城市逊色一些,成千上万的农民工对去发达的城市和地区发展事业有着美好的憧憬。

一位从江西上饶市玉山县到福建厦门市翔安区务工的物资工程师(本科、男、24岁,编号:CWC22)认为年轻就要多闯荡:

> 我这个年纪的话,肯定更愿意在外面啊。在外面的话,机会会更多一点,外面的世界更大一点,老家想回去随时都可以回去,但是你想出来就没有那么容易了。

年轻一代的农民工事业心更强,加之没有照顾父母和子女的压力,他们认为自己基本上不需要考虑"家""业"平衡的问题,趁年纪正好,想多尝试不同的可能性。相似的是,一位从江西赣州市南康区到广东广州市天河区务工的测绘仪器培训师(本科、男、26岁,编号:CWC13)也表示在大城市发展是目前最好的选择:

> 暂时还没有这个(回流的)打算。首先,你想,在大城市我有更好的收入、然后能接触到更好的工作、更好的岗位。

在这种对比之下,流出地就处于相对弱势的境地。一位从江西九江市都昌县到北京密云区务工的自营劳动者(本科、女、30岁,编号:CWC25)发现流出地的职业不太适合自己:

> 他们(父母)是希望我回去的,但是目前他们所在的那个地方是没有我这个工作职业可以选择的工作的,比如自然教育、芳香疗法或者心

理咨询类的,他们那边大多都是工厂,如果回去就是去工厂工作,那这并不是我的工作志向。

可见,选择"业"的中西部地区外出农民工更看重的是流入地作为更发达城市的优势条件,因为在户籍所在地得不到较好的就业和发展机会,这时"业"对农民工回流的意愿主要是负向影响。

(二)勤劳的打工人

农民工事业(就业和创业)成功与否的重要衡量指标是其收入的高低。不论是主观目的还是客观原因,也不论是定量数据还是访谈资料,都反映了收入对中西部地区外出农民工的重要性。农民工外出选择"业",最终目的也是一个"钱"字,他们在访谈中经常感叹自己并不愿意四处漂泊,也想一家团圆,但是不"出门",生活怎么继续呢?

因为在落后地区所得收入并不能支撑家庭支出,一位从甘肃甘南州舟曲县到河北保定市徐水县务工但现在已回流到甘肃甘南州舟曲县的农民(初中、男、50岁,编号:OHL18)提到这个时有些难过:

> 我第一次打工是在2008年,那时候是37岁了。以前的话种庄稼,但庄稼收成不行,全看老天爷,再加上孩子在外地读书,也需要一笔钱来作为生活费。父母也渐渐变老了,生病时也需要钱去治疗;家里买油盐酱醋也需要一笔钱,所以才会去外地打工挣钱……等年后,如果老大病情(恶性肿瘤)能稍微好转点儿,我就打算去外地打工或者就近打工,挣点儿钱,一是为了还债,二是继续给老大挣钱看病。最好能就近找个地方打工,万一老大的病情有变化,我也能及时回到家,能及时照顾到家。现在最主要的就是挣到钱,打什么工都行,只要能挣到钱。

外出务工所得收入可以实现农民工的双重目的:一方面支持家庭生活,另一方面为回流养老做准备。一位从重庆石柱县到福建泉州市务工的建筑工人(初中、男、48岁,编号:IWC111)这样说:

> 到目前为止,还没有回老家的打算。因为现在还是48岁的年纪,女

儿上学需要学费，儿子成家需要一定的经济支持。另外，我们自己也打算再工作几年攒更多的积蓄给自己养老，所以我们目前没有回老家的打算。打算回老家养老，因为我们出来打工就是为了攒更多的钱，在老家买一套房子养老。

中西部地区外出农民工暂时不回流，是因为在流入地的月收入和生活条件都好很多。一位从安徽阜阳市太和县到江苏苏州市昆山市务工的电子厂工人（高中、男、21岁，编号：BWC4）觉得外面的收入肯定是比老家高：

> 目前我也没有这个（回流）打算。那肯定外面的条件没法说，外面的城里发展这么快，工资一个月六千多块钱，刨去吃喝，一个月剩个四五千块钱，这工资也有这么高。反正年轻人嘛，还是喜欢在外面跑，所以还没有想要回家的意愿。

定量分析结果显示：月收入对中西部地区外出农民工的回流与否意愿有显著的负向影响，这与定性分析所得结果一致。无论是正常外出就业，还是家庭条件所迫，流入地高于流出地的经济收入，明显减弱了农民工回流的意愿。

（三）少年不识愁滋味

对于非举家流动者而言，农民工既然选择外出就业或创业，那么与家庭和家人的分离就不可避免。距离能产生美，但是当时间和空间距离过大时，这种"美"还能延续吗？

一位从江西宜春市丰城市到广东深圳市龙华区务工的置业顾问（本科、男、23岁，编号：CWC5）表示这完全不是问题：

> 因为目前的一个规划是明年还是会在深圳，我之前说过房地产这个行业的话可能要一两年积累，前2年如果是熬过去了，未来三四年或五六年的薪资会达到一个比较理想的水平……我觉得（和父母分离）这是正常的。因为作为一个年轻人，更多的是想去接触这个社会或者说扩大自己的眼界，获取更多的东西，想要挣脱父母的束缚，肯定会想在外面

发展，这是一种正常的情况，正常的现象。

由此可见，对于新生代农民工来说，"业"是一种发展自身的必然选择，与家庭分离也是正常现象。现代社会网络的发展，与家人之间的联系也方便起来，外出务工对家庭影响不大，更遑论会引起家庭矛盾。

但是家庭分离对老生代的农民工可不是一件值得开心的事。一位从西藏日客则市萨迦县到西藏阿里地区札达县务工但现在已回流到西藏日客则市萨迦县的个体工商户（高中、男、42岁，编号：MHL16）就因为繁忙的工作与女儿聚少离多，成为"陌生人"：

> 小女儿就不一样，她是我事业刚起步有点成就的时候生的，当时由于事业繁忙，她的成长过程我都几乎没参与过，虽然她早已习惯我不在她身边没有陪伴她的日子。但是她对我很生疏，每次见到我时就跟见陌生人似的，都不愿意怎么搭理我……因为我常年在外搞事业，我们家的那几亩地都是由我妻子的嫡亲哥哥帮忙耕耘收割，因为两家隔得近，天天都能见到，他们家孩子也比较多。我小女儿喜欢每天跑去他们家，所以她就跟她舅舅比较亲，纯粹把她舅舅当她爸爸，这也是这些年来我觉得最失败的一件事儿。

每个人都有自己的梦想，也有自己的无奈，当处于不一样的境地时，每个人又都有各自的苦与甜。可能23岁的小伙子斗志昂扬准备大干一场，42岁事业有成的父亲却后悔当初没能多陪伴孩子，所以他们一个近期不打算回流，一个已经回流离家人更近。概而言之，"业"对两代农民工的影响存在一些差异，"业"对新生代农民工的影响更大，即新生代农民工比老生代农民工更恋"业"，这与定量分析的研究结果一致。

三 "家"和"业"，孰轻孰重

结合以上"家"和"业"对农民工回流的不同影响，我们发现了一个有趣的现象："家"和"业"对不同年龄段的农民工影响大不一样，且总体来看，"业"的影响大于"家"。西部地区 J 省 C 市 M 区 W 街道的街道办主任（男，编号：JZF1）总结到：

第八章　概君归因：回流意愿影响因素的定性分析

准确地说，考虑事业的人更多。所以说，在我们农村，很多家里面的都是爷爷奶奶，外公外婆在带孙子孙女，这种情况比较多。或者有的家庭，他就是有回流的，比如说，夫妇两口子出去打工，老婆回了，老公还没回来。有这样一种现象。

不仅政府部门的工作人员认为外出农民工更注重"业"，中西部地区外出农民工自己也认为"业"更重要。笔者在问及"您如何平衡家庭和事业之间的关系"时，一位从山西阳泉市郊区到江苏南京市鼓楼区务工的培训机构老师（本科、男、28岁，编号：AWC27）谈到：

我觉得现在首先要解决的问题就是要努力赚钱，提高家里人的生活条件，改善他们的生活质量，让家里（人）过的好一点。然后就现在家里（老家）的话就是妻子照顾小孩会辛苦一些。这段时间也没多想，就是想着努力多赚点钱，改善生活。家里（老家）老人平时也会帮忙照顾一下孩子。

同样，一位从青海海东市循化县到青海海东市化隆县务工的文员（大专、女、24岁，编号：PWC79）也表示在流出地的配偶和父母对自己影响不大，现在主要是考虑事业：

（我）还没有孩子。（丈夫）在（流出地），没有太在意，主要是以工作为重，没有考虑过回流。（父母）没有太大影响，以我的工作为主。

年轻尤其是未婚的农民工对"业"比较看重，回流的意愿比较弱。他们对未来充满想法，希望到外面的世界看看，愿意去更广阔的天地发掘就业或创业的机会，他们为致富的梦想奋斗着，"家"的束缚力、回流的吸引力就相应减弱了。

年纪大一些特别是已婚有孩子的农民工，在注重"业"的同时，也重视家庭。但在"家""业"不能兼顾的情况下，只有较少人会优先顾"家"，大部分人更注重"业"，因为他们认为只有这样，家庭才能得到更好的发展。这部分农民工要么是已回流，要么是明确表达了回流的意愿。

随着时代的发展，老生代农民工离家的无奈渐渐演变为一种成熟的心态，而这种心态也传递给了新生代农民工，他们基本上都认可在现代社会背井离乡外出务工是正常的选择。对于非举家流动的农民工而言，虽然"家""业"兼顾是最理想的类型，但是"家"和"业"之间的选择往往是矛盾的，容易顾了这头丢了那头。只有促进农民工"家"和"业"兼顾，才能满足农民工日益增长的美好生活需要，使农民工能安居乐业，促进社会的和谐稳定。

第二节 流出地和流入地因素对回流意愿的影响

从前文可知，中西部地区外出农民工的回流意愿除受"家"和"业"的影响外，还受流出地因素和流入地因素的影响。本节内容主要分析流出地的拉力和流入地的推力对中西部地区外出农民工回流与否意愿的影响。

一 流出地的拉力

在国家实施的推动城乡和区域协调发展的一系列政策下，中西部地区的经济稳步发展。流出地对农民工回流的拉力主要体现在就业机会增加、相对收入满意、居住环境改善、乡土情结浓厚和回流政策鼓励五个方面。

（一）就业机会增加

相对于经济发达的城市，中西部的农村地区受经济发展水平的限制，就业岗位相对较少，这是许多中西部地区农民工背井离乡外出务工的主要原因。由于就业机会有限，以前回流的农民工主要是务农或者打一些零工，他们就业选择的空间比较狭窄。在新型城镇化和乡村振兴背景下，中西部地区一方面承接了东部地区的一些劳动密集型产业，另一方通过招商引资和鼓励创业等方式发展了许多具有地域特色的产业，为当地带来了大量的就业岗位。

中部地区 D 省 H 市人社局的一位工作人员（男、43 岁，编号：DZF5）谈到了当地的产业转移：

> 东部转移过来的（产业）有，其他地区转移过来的（产业）也有不少。（产业转移带来）好的方面多吧，怎么说呢，带动产业链发展。那肯定会（提供很多就业岗位）。

第八章 概君归因：回流意愿影响因素的定性分析

笔者在访谈政府工作人员的过程中发现，不管是中部还是西部地区，其就业/创业环境都比以前有较大的改善，每个区县级以上城市都发展起了自己的工业园区。中部地区 C 省 F 市 M 县 R 镇镇政府的书记（女，编号：CZF17）提供了当地工业园区的相关数据：

> 我们这里有工业园区。这里有几个支柱产业，第一个是塑料，塑料制品。第二大支柱产业是汽摩配。第三个是纺织。我们这个工业园区能容纳的员工为两万。我们整个县是 24 万人，有五到六万人外出务工，我们的外出务工人员比较多。在外出的五六万人中，回流到这个园区务工的可能就 6000 吧，五六千的样子，在我们总外出务工人员中占 10%，最多 10%－20%。

从访谈资料中可以看出，虽然产业转移和工业园区的发展目前并没有大规模地吸引外出农民工回流，但是它们为流出地增加了砝码，可以部分减少农民工回流后的就业顾虑。笔者的问卷调查问及"家乡就业机会多是否是您打算回流到户籍所在省的原因"时，有 15.37% 选择了"是"；此外，还有 18.13% 的受访者对流出地的就业机会表示比较满意。从定性和定量分析结果可以推断，和过去相比，流出地的就业机会确实有所增加。

除了就业以外，中西部地区的政府还大力鼓励创业，通过创业促进就业的方式，扩大就业容量。一位从河南济源市到河南焦作市务工的教师（本科、女、23 岁，编号：DWC39）就有回流创业的打算：

> 可能（回老家）去开个补习班，要不就是朋友们集资开个店也挺好的。政府的网站，一些亲人朋友的公众号分享他们了解的（创业政策）。比如说对于刚毕业的大学生就有人才引进这个项目，创业的话会有一部分创业补助、银行贷款好像都有优惠。毕竟创业对于年轻人来说最困难的就是没有钱，但是它给钱了，之后就解决了一个很大的难题，接下来都好说。

概而言之，中西部地区通过积极发展当地的产业、承接东部地区的产业转移、鼓励创业等多种方式创造了比过去更多的就业机会，这可能提升中西部地区外出农民工回流的意愿。

（二）相对收入满意

即便是流出地的就业机会增加了，中西部地区外出农民工最关注的问题还是收入有多少。在既有就业机会，又能获取满意收入的情况下，农民工回流的意愿显著增强。

一位从云南红河州元阳县到江苏无锡市务工但现在已回流到云南红河州元阳县的包工头（初中、男、44岁，编号：LHL33）说到自己回流创业后的收入时非常满意：

> 我2001年回到了老家创业。现在生活变好了，不准备出去了。我现在自主创业，有了自己的工作，收入更稳定，也离家更近，在不同领域也有了一定的人脉交情。大致满足，工作家庭两不误。

可见，满意的收入可以有效的吸引农民工回流到家乡发展。农民工做回流选择时关注的不是绝对收入、也不是预期收入，而是相对收入。即他们比较的是在流出地扣除衣食住行用后所剩的收入与在流入地扣除衣食住行用后所剩的收入。如果流出地的相对收入与流入地相当甚至高于流入地，农民工回流的意愿就比较强；如果流出地的相对收入略低于流入地，农民工考虑到回流后可以照顾家庭，也可能会有回流的打算。一位从河南信阳市潢川县到浙江杭州市滨江区务工的人力资源招聘专员（本科、男、23岁，编号：DWC17）这样说：

> 我打算回老家。（流入地）薪资是虚高，生活成本很高，租房吃饭很贵，其实减去以后也和家里的工资水平差不多；大城市的机会虽然多，但是并不是所有人（都能）抓住机会成功。

这位受访者认为老家的绝对收入虽然还低于流入地，但因为前者生活成本更低，所以相对收入差不多，这增强了他回流的意愿。除了这位受访者提到相对收入会提升其回流的意愿外，还有一些其他的受访者和政府工作人员也提到：虽然流出地的绝对收入比流入地低一些，但中西部地区外出农民工做回流选择时并不在意绝对收入,只要他们对相对收入满意,他们回流的意愿就会增强。换言之,就我国而言,相对收入对农民工的回流与否意愿具有重要影响。

(三) 居住环境改善

上文谈到流出地的就业机会和相对收入都是影响中西部地区外出农民工回流与否意愿的重要因素,事实上居住环境问题也是中西部地区外出农民工做回流选择时考虑的因素之一。中西部地区在推进新型城镇化建设和乡村振兴的进程中,基础设施和人居环境得到较大改善。

一位从贵州毕节市黔西县到贵州贵阳市观山湖区务工的私企员工(初中、男、36 岁,编号:KWC60)大力表扬了环境改善的原居地:

我们老家现在发展不错,发展挺好,我们那个地方现在说规划来搞旅游。现在发展也不错,不比镇上差。那里以前是个比较穷的地方,现在什么路灯啊,路面啊都搞好了,还有人打扫卫生,感觉发展的还挺好。等老了打算回去养老。

人居环境的改善不仅体现在搞旅游开发的地区,中西部地区的政府普遍在带领村民大力改善居住环境。中部地区 C 省 E 市 N 区 T 镇镇政府的妇联主席(女,编号:CZF2)如是说:

早几年每个镇都要搞一个点,那叫新农村(建设)。就是把那个农村的破烂的房子全部拆除、修路、门房装饰、建文体广场、污水沟处理。我们这几年除了做脱贫攻坚外,就是做人居环境改善。比方说那个室内室外,从室外来讲就是那个环保和污水沟、乱堆乱放。建筑涂料反正就是要放规范。在菜园里面犁耙也要放规范。在室内,那个门前实行三包政策。垃圾处理要分类。还有室内的清洁,厅堂、卧室、厨房、卫生间。厕所也要改进,要改成现在的水冲式的厕所。我们现在划分了责任人。我们每个人负责一块,你就负责这一片。哪里有问题话,你就得赶快去解决。

从以上访谈的外出农民工和政府工作人员的言语中可知,和过去相比,中西部地区在政府主导的新农村建设、新型城镇化建设和乡村振兴下，流出地的居住环境得到较大改善，这无疑会提升中西部地区外出农民工回流的意愿。

（四）乡土情结浓厚

乡土情结是影响农民工回流选择的情感因素，当农民工没有足够的经济实力支撑其在流入地定居时，对流出地的情感依恋会趁虚而入，鼓励农民工做出回流选择。

上文提到的那位已回流到云南省红河州元阳县的个体户（初中、男、44岁，编号：LHL33）坚定地说：

> 从小在这长大的，适应了，环境空气什么都好，对这边也有情怀；我会一直住在这里，落叶归根。

与他殊途同归的是，一位从江西南昌市南昌县到浙江杭州市江干区务工的物流公司职员（本科、男、23岁，编号：CWC10）如是说：

> 吸引我的是工资，杭州的工资水平比南昌要高一点。如果单看工资水平一样的话，我会（居住）在南昌。原因就是，我对南昌还有感情，毕竟是我的家乡，我对杭州没什么感情，至少现在没有。

显而易见，老生代农民工普遍有一种落叶归根的思想，新生代农民工则是因为外出务工时间不长，现在对流入地还未建立特殊的感情，但老生代农民工的乡土情结比新生代农民工浓厚。正是因为这样，老生代农民工回流的概率也明显高于新生代农民工。

（五）回流政策鼓励

习近平总书记强调人才资源是第一资源。对于经济发展较落后的中西部地区来说，如何留住本地的人才和劳动力是亟待解决的问题。结构主义理论认为，对回流研究需要分析流出地的制度因素（Cassarino，2004）。为此，下面对流出地的鼓励回流政策进行探讨。

第八章　概君归因：回流意愿影响因素的定性分析

1. 各显神通，招揽人才

在个案访谈中了解到，各地政府都已经认识到人才资源对经济发展的重要性，因此都在积极响应国家号召，制定和出台了一些鼓励人才和外出农民工回流的政策。从给予就业创业补贴、贴息贷款、就业培训、发放现金等多方面入手，鼓励外出农民工回流到家乡就业创业。

中部地区 C 省 E 市 X 县县委组织部的工作人员（男性，编号：CZF24）介绍说：

> 我们这个县是一个国家级贫困县（2020 年 4 月脱贫摘帽），以前经济发展不行，所以好多农村人口都去广东、上海、浙江、福建等地打工和做生意。考虑到要促进我们县的经济和城镇化发展，我们县这几年出台了一些政策鼓励他们返乡创业就业。比如说，根据国家和省级层面的文件精神，县政府办公室结合我们县的实际，制定了关于支持农民工等人员返乡创业的实施意见。这个意见对政策扶持、就业服务、金融创新、创业支撑、保障措施等方面做了具体的细化。我们县希望通过这些政策的落实，对农民工返乡创业提供多方面的支持。

笔者在调研中发现，不仅中西部地区的政府工作人员提到他们出台了一些政策鼓励农民工回流创业，有些中西部地区外出农民工自己也知道其流出地有一些鼓励农民工回流就业和创业的政策。一位从江西赣州市兴国县到上海奉贤区某公司做管理的人员（中专、男、36 岁，编号：CWC119）说：

> 我老家有这个（鼓励）政策。像我老家好多人都出来广东、上海这些地方做事了。我们在外地做事的，如果回去办厂或办公司，可以减免税收，提供补贴，在创业担保贷款、创业用地、创业指导和培训方面也会提供一些支持。

在贷款方面，中西部地区通过担保贷款、贴息政策对创业的农民工给予切实的利益。中部地区 C 省 E 市就业局创贷中心主任（男，编号：CZF12）提到当地的贴息贷款已惠及八千多名回流创业的农民工：

> 比如我们这个（2020年）一至十一月份，审批给返乡农民工的贷款有8.6个亿，扶持了八千多人。然后再次就业也有三万多人。政策是这样子，如果是特别困难户，他可以申请20万元。如果它是有限公司，一个股东最多可以贷200万。……就只要承担一半利息。返乡农民工创办的小微企业，这都可以贷600万，600万反正也就缴纳300万的利息，政府贴一半利息。政策基本上是这样子，返乡农民工申请的人还比较多。

在就业和创业培训方面，中西部地区针对在岗职工、社会人员、创业人员提供不同的培训内容。中部地区C省E市就业局培训科科长（男，编号：CZF11）介绍了他们提供的相关培训：

> 我们对于企业职工，就是那个在岗职工，提供的是岗前培训和在岗培训，在岗培训主要是技能提升。对于社会人员主要提供的是就业技能培训，比如说提供家政服务、养老服务、美容美发、烹调烹饪等方面的培训。对于创业人员，提供的是创业技能培训，比如说线下实体店、电子商务（电商、淘宝）、抖音（怎样注册抖音开店、拍摄产品和引流）。最近也有无人机驾驶、手机维修等方面的培训，但参加的人不多。

还有一些地方是通过发放现金奖励的方式来留住本地的外出务工人员。中部地区C省F市M县R镇镇政府书记（女，编号：CZF17）提到：

> 在招工方面，我们县政府采取了两种奖励措施：第一个是只要你是这个园区新入园务工的员工，务工半年以上的，奖励1000块钱；第二个奖励是你在这个企业做了一年以上的，不仅有那1000块钱，另外还有1500块钱的奖金，做了一年以上总共有2500块钱一个人。

笔者从对政府工作人员的访谈中发现，虽然各地都在出台政策招揽人才，但在对是否要引导中低端外出农民工回流的问题上，中部和西部地区具有较为明显的差异。相比于中部地区，西部地区的劳动力比较充足，就业机会也更少，因此西部地区较少地方政府出台鼓励中低端外出农民工回流的政策。他们结合当地的情况，要么顺其自然（既不鼓励回流也不鼓励外出），要么鼓励外出（如给他们报销外出务工车费）。与此不同，中部地区因为最近几年的就业机会增多，但因收入与东部发达城市还有差距，所以其跨省外出务工的农民工仍比较多，这使得一些地方存在"招工难"的问题。在"招工难"的地方，当地市级或区县级政府基本都会出台相关政策吸引不同层次人才和农民工（包括中低端外出农民工）回流，甚至还会采取对政府工作人员奖励的方式来招工。

2. 鼓励回流政策初显成效

中西部地区出台鼓励外出农民工回流的政策是为了解决当地劳动力不足的问题。这些鼓励回流政策的实施效果如何？笔者的问卷调查数据显示，有28.47%的中西部地区外出农民工认为流出地的回流政策对其回流与否意愿有较大影响。中西部地区鼓励回流政策的实施效果到底如何，政府工作人员更具有发言权。中部地区 C 省 G 市农业农村局的一位工作人员（男，编号：CZF7）提到当地的政策实施是硕果累累：

> 这几年的话，我们市回流的农民工相对来说应该还是算比较多的。……比如说我们市的果业，在全国在全省都是排得上位的。我们市的蜜桔、葡萄，还有这几年发展的这个特色的新型果业，比如说果冻橙，一些大棚里面种的高档水果。在这个产业（果业）的推动下，我们市里面出台了柑橘产业发展的三十条政策，牛羊产业发展三十条政策。像这些政策的出台都吸引了一部分农民工回流。像我们市这几年新发展的果冻橙，非常高端。这个老板是我们本地人，他以前在浙江一个红美人基地打工，它在那打了五年工之后，把这整套的技术、品种都学会了。就回到我们市，承包了两百多亩地，他就开始种这个果冻橙。

流出地因地制宜，依靠特色果业的发展顺势推出一些鼓励回流政策，从流入地手中"抢回了"一些农民工，之后 C 省 G 市更是因时制宜，直接拦下了疫情期间无法外出务工的农民工：

> 疫情之后我们市的复工复产做得还蛮好的，所以好多农民工在今年没有出去的情况下还是选择留在本市。另外，我们市政府搞了一个 YL 回

乡政策，① 就是鼓励我们市以前外出的农民工回乡创业、回乡工作。所以说相对来说这几年回来的人还是慢慢有所增加。

一位从新疆喀什地区英吉沙县到新疆乌鲁木齐市沙依巴克区务工但现在已回流到新疆喀什地区英吉沙县的自由职业者（初中、男、51岁，编号：RHL19）在切身体会了流出地的回流优惠政策后说出了这些话：

我是2019年12月底回到老家探亲，又因为疫情一直在这边。后来就跟我老婆商量了一下，就想在这边发展，安度晚年，因为我两个大孩子都已成家，而且随着年龄的增长，还是想在老家生活比较安心一些。没有再打算出去了，现在国家和政府在加大力度的去做扶贫工作，看到家乡翻天覆地的变化，就更不想出去了……现在新疆这边的各项扶持政策很好，我受益很大。

为了缓解工业园区"招工难"的问题，有些地区的政府还采取了对回流就业人口、劳动力介绍人口发放奖励的方式来招工。这些措施也取得了一定的效果。中部地区C省E市K区P镇的一位驻村扶贫书记（男，编号：CZF10）说：

那个（招工）我们下了很大力气，但是只能慢慢地拉回（外出农民工），你一下子要大面积转移回来是不太可能。……我们鼓励老工人带新工人，签了合同做了三个月以上，他都会有一定的奖励。（效果）还是挺不错的。在疫情期间招工更加艰难的时候，包括我们（政府工作人员）介绍一些（人）到厂里面（务工），也有奖励。奖励还是有一定的效果。有奖励的话，他就会去对农民工做宣传工作：不要出去外面（务工），外面（务工）五千块钱一个月，你们这里在家里都能做四千一个月，还能照顾家里。

---

① 为了不泄露被访谈的政府工作人员的所在单位，本处使用字母代替该市出台的鼓励农民工回流政策的具体名称。

第八章 概君归因：回流意愿影响因素的定性分析

从上述不同类型的政策可知，中西部地区（主要是中部地区）为鼓励农民工回流做出了较大的努力。这些鼓励政策已经初显成效，吸引了一些外出农民工回流就业和创业。这表明流出地的制度因素是影响中西部地区外出农民工回流与否的因素之一，与结构主义理论的观点一致。

二 流入地的推力

笔者在个案访谈中发现，流入地对农民工回流的影响体现在流入地就业机会减少、户籍制度藩篱、生活成本昂贵、发展空间有限和文化习俗差异上，这些因素增强了中西部地区外出农民工回流的意愿。

（一）就业机会减少

务工收入是农民工及其家人的生活来源。因此，找到一份好的工作，拿到更高的收入是农民工外出的重要驱动力。流入地对农民工最大的吸引力就是比流出地拥有更多的就业机会和更高的经济收入，但是现在因为疫情对经济带来的负面影响、机器替代人等原因，农民工在流入地的就业机会比之前减少了许多。

生产自动化的推广就是农民工无法抵抗的新趋势。随着科技的发展，工厂开始逐渐向自动化生产转型，这既能节约人工成本，又能提高生产效率，机器渐渐抵消了农民工的部分优势。

一位从江西省宜春市万载县到广东省佛山市务工的电子厂工人（初中、男、38岁，编号：CWC2）体会就特别深：

> 现在我们80后的那些打工的文化程度就只有这种样子。现在外面打工一般很难做，因为工厂使用了机器。以前一台注塑机，它至少要有一个人操作，现在都差不多都是数字化了。现在一个车间只要一个人操作了。它全部实现了自动化……（影响）有点大，对于我们这些80后的。

这位受访者提到因为自动化的推广，工厂车间需要的工人数量急剧减少。而他的另一段话则反映出一位普通农民工就业的无力感：

> 一般那种自动化机器，一般都是那些读书读得比较多的人，像我们那些80后都是只读了初中，我读初中都还没有毕业。

由此可见，自动化给部分教育程度较低的农民工带来的是就业机会减少和就业竞争力减弱的双重影响。东部地区 T 省 B 市 S 区区政府的一位工作人员（男，编号：TZF21）也提到这种双重影响：

> 目前我们区处在技术产业转型升级时期，人工智能应用还不普遍。但随着科技的发展，城市对于劳动力的要求将会提升。一方面，农民工在教育程度、技能等方面处于劣势，容易在激烈的市场竞争中被淘汰。另一方面，自动化和人工智能会使很多低附加值的岗位被替代，压缩农民工就业空间，而这将加剧"农民工回流"。

需要说明的是，自动化和人工智能在减少就业岗位的同时，也会增加就业岗位。世界经济论坛发布的《2018 未来就业》预测，到 2022 年，自动化技术和智能科技的发展将取代 7500 万个工作岗位，但有 1.33 亿个工作岗位将伴随着人工智能而产生，即净增 5800 万个工作岗位。① 机器替代人的岗位主要是那些重复性的劳动、附加值较低的岗位。对于一些学习能力较强、教育程度较高的农民工而言，他们通过接受技能培训，可以适应时代的变化，在就业时不会被淘汰。但对于那些教育程度较低、年龄较大的农民工而言，由于学习能力相对较弱，面临就业市场淘汰的风险就比较大。

（二）户籍制度藩篱

户口本来是一个符号，但它与劳动就业、社会保障、文化教育等社会福利和公共服务联系起来后，就更多地成为一种身份的代名词。虽然我国一直在推进户籍制度改革，但是本地人与外地人之间的户籍制度藩篱还没有完全被打破。中西部地区外出农民工由于没有流入地户口，难以和流入地户籍人口一样均等享受附加在流入地户籍上的社会保障、社会福利及各项公共服务。

一位从广西柳州市鹿寨县到广东深圳市平山区务工的社会工作者（本科、男、22 岁，编号：HWC59）介绍他了解到的情况时说：

> 像我们这边做残疾人社会工作的，那个有户籍的人口有 5000（元）

---

① 新华网：世界经济论坛发展报告：2022 年人工智能将增加 5800 万个新岗位，http://www.xinhuanet.com/fortune/2018-09/18/c_1123448181.htm，2018-9-18

补贴的,但是你说非本地户籍就是没有补贴的,钱这一块很吃亏。农民工可以去参加这些活动,但是一些政策补贴什么的肯定没法享受,其实还是有一个户籍的限制在这里。

除了政府的补贴无法领取之外,这位社会工作者也观察到了公共服务方面的问题:

另一个就是子女教育了。子女教育一般都是说是要积分。就是因为没有本地户籍,然后是要积分来去那个公立学校,要排学位啊等这些的。

对中西部地区外出农民工而言,子女教育确实是他们广受关注的问题。一位从江西赣州市宁都县到浙江温州市鹿城区务工的鞋厂工人(初中、女、39岁,编号:CWC14)说到了她家小孩在流入地上学的麻烦:

主要是小孩子上学的问题。那个最小的(小孩)上学挺不方便的,老是转来转去,转得挺麻烦的。主要还是(我们)自己给他找,在这边上公立(学校)挺困难的,就给他上私立(学校)。

从以上访谈材料可知,没有流入地的户籍,农民工很难享受户籍所带来的附加福利。如不能和流入地户籍人口那样获得政府的补贴。又如,虽然我国早在2001年就提出了"以流入地区政府管理为主,以全日制公办中小学为主"的"两为主"政策。党的十八大报告中亦提出,要积极推动农民工子女平等接受教育(不限于义务教育),这在党的十七大报告明确提出的"保障进城务工人员子女平等接受义务教育"的基础上又推进了一步。但在教育资源(尤其是优质教育资源)有限的地区,农民工随迁子女入读公立学校时仍然比户籍人口子女面临更多的障碍。

在新型城镇化背景下,我国实行的是大中小城市有差别的落户政策。虽然农民工在中小城市和小城镇落户比较容易,但在北京、上海、广州、深圳等超大城市和大城市落户还是比较困难。因为没有流入地户口,农民工及其子女不能与流入地户籍人口一样均等享有各项公共服务和社会福利,这既会减轻农民工对流入地的感情，也会增强农民工对流出地的依赖感，最终提升中西部地区外出农民工回流的意愿。笔者的问卷调查数据也证实了这一定性发现。在问及"户口不在流入地是否是您打算回流到户籍所在省的原因"时，有36.73%的农民工选择了"是"。显然，户籍制度的藩篱是中西部地区外出农民工选择回流的原因之一。

（三）生活成本昂贵

生活成本是新古典经济理论中"成本—效益"的重要内容。在收入相同的情况下，农民工在流入地的生活成本越高，相当于其效益越少，回流的意愿就会增强。笔者在个案访谈中发现，有许多农民工都认为流入地的生活成本昂贵，特别是住房方面，有些农民工认为自己比较难以承担。

一位从河南新乡市长垣县到广东深圳市罗湖区务工的软件实施顾问（本科、女、23岁，编号：DWC43）谈到令人头疼的房价：

> 现在想在一个城市好好地发展，但觉得这个城市确实留不下来，因为现在所在地的房价等，太高了，天价，简直是天价……主要是住房方面。众所周知，最近蛋壳公寓搞的沸沸扬扬，导致了北上广深一些大城市，以及一些著名的稍微强一些的二线城市，年轻人都受到了较大的影响，遇到了一些房东赶租客的（现象）。我就是其中一个，比较倒霉。然后就确实产生了较大的影响，就觉得大城市千万个霓虹灯那么亮，但是没有一个是属于你的地方。所以你就是随时随刻会有被别人赶出来的风险，这个确实是生活上很大的一个困难点。

不仅是房价昂贵，一位从湖南湘西州永顺县到广东广州市花都区务工的公路养护站工人（初中、女、44岁，编号：FWC81）觉得什么都不便宜：

> 那肯定回去啊……现在都是住的单位的屋，以后退休了没得自己的屋，还要租屋，再讲了大城市物价也高的很，还是转去老家养老吧。

相比之下，农民工对流出地的生活成本比较满意。一位从安徽马鞍山市和县到上海松江区务工的场地调查工程师（本科、男、22岁，编号：

BWC12）说：

> 我（每个月）大概的收入6000（元）。虽然父母也在外打工，但我打算以后（回老家），因为老家的消费水平较低。

无独有偶，一位从江西赣州市上犹县到上海杨浦区务工的某私立学校老师（本科、女、23岁，编号：CWC34）也提到流入地的生活成本高，对流出地的生活成本满意：

> 有考虑（回流）的，老家那边肯定生活消费没有上海这边高，所以说（老家的）生活成本不会很高。然后再加上自己不用在老家那边租房子，也省了很大一笔开销。

中西部地区农民工外出务工是为了在流入地赚取个人和家庭生活收入，流入地昂贵的生活成本，让农民工难以实现经济储蓄，这在一定程度上提升了他们回流的意愿。笔者的问卷调查数据从反面证实了这一定性发现。在问及"流出地的生活成本低是否是您打算回流到户籍所在省的原因"时，有22.36%的农民工选择了"是"。由此可见，流入地昂贵的生活成本确实会在一定程度上促使农民工回流。

（四）发展空间有限

从前文可知，"业"对农民工的回流与否意愿具有重要的影响。追求事业发展是中西部地区农民工外出的重要动力，但当他们看到自己的发展空间有限时，回流的意愿就会增强。

一位从山西晋中市平遥古城到北京务工但现在已回流到山西平遥古城的公司员工（初中、男、29岁，编号：AHL1）这样说：

> 当时就是考虑了很多因素才决定回来的，第一个（原因）当时就是觉得自己一年到头都在外头打工。第二个原因是再发展下去，也还是个打工人。要在北京一直打工，还不如早点回来自己干点啥。

在个案访谈中了解到，有少部分农民工在流入地发展得比较好，已经有在流入地定居的打算；新生代农民工还处于发展蓄力中，未来还有可能提升自己的发展空间。然而也有一些农民工的职业声望和社会阶层都不高，晋升空间有限，他们回流的意愿与前两者相比会更强烈。

(五) 文化习俗差异

俗话说：十里不同风，百里不同俗。这是对我国疆域辽阔，各地风俗习惯不同的形象说法。随着科技的发展，不同省份、不同民族的人口文化交流与融合越来越频繁，不同人群之间的文化习俗差异虽然变小了，但并没有消失。笔者的问卷调查数据显示，中西部地区外出农民工中有58.37%的人认为自己在饮食习惯方面与流入地市民有较大差别；有43.63%认为自己在节庆习俗方面与流入地市民有较大差别。笔者在个案访谈中也了解到，中西部地区外出农民工在饮食、语言、风俗习惯等方面与流入地存在一些差异。

一位从宁夏吴忠市同心县到海南海口市务工但现在已回流到宁夏吴忠市同心县的工人（初中、男、40岁，编号：QHL14）受流入地和流出地的文化差异所困扰：

> 在那边（海南）确实是有很大的困难。就拿吃的方面来说，因为我是回族人，所以说在那边可以吃的东西是很少的，在吃的方面是比较差的。最重要的是在交流的方面，我们北方人这边的方言在他那里是完全行不通的。如果要是用普通话的话，存在着很大的困难，因为我们本来在老家这边说普通话的机会很少。因为大家都乡里乡亲的，所以说用的语言还是方言，这就造成了我的普通话不太标准，我在那边（海南）交流的时候是困难的。

我国是个地域辽阔的大国，从南到北，从西到东，生活着56个民族。在人口大流动的背景下，我国已经形成了少数民族人口向非传统聚居区、汉族人口向少数民族地区的"双向流动"格局（吕红平、李英，2009）。不同的地域、不同的民族都有着不同的文化特征，这也给一些流动的农民工提出了较大的社会适应挑战。根据社会融合理论，社会适应会对其回流与否意愿产生影响。农民工若社会适应不好，其回流的意愿就会增强。

第八章 概君归因：回流意愿影响因素的定性分析

第三节 总结与讨论

以上内容使用定性研究方法探讨了"家"和"业"，以及流出地和流入地因素对农民工回流与否意愿的影响。下面将对本章的主要研究发现进行总结与讨论。

（一）"家"和"业"对回流与否意愿的影响

第一，"家"会增强中西部地区外出农民工回流的意愿。定量分析结果显示：非举家流动会提升中西部地区外出农民回流的意愿，"家"对农民工回流与否意愿的影响因不同的留守家庭成员而异，即有无留守子女对农民工回流与否意愿的影响大于有无留守父母。在定性研究中，这一结论得到证实和补充。首先，留守子女的成长和教育是影响中西部地区外出农民工回流与否意愿的关键因素，但是当他们的留守父母能够帮助其照顾留守子女时，农民工回流的意愿明显减弱。其次，除特殊情况外，低龄留守父母对农民工回流与否意愿的影响小于高龄留守父母，因为留守父母的身体状况决定了是否需要农民工回流以照顾他们。最后，如果农民工配偶为了照顾家庭而选择回流，农民工回流的意愿就会暂时相对减弱。以上内容一方面反映了家庭留守成员会对中西部地区外出农民工的回流与否意愿产生影响；另一方面反映出农民工的回流行为是综合考虑家庭各种资源后做出的最优选择。因此，"家"对中西部地区外出农民工回流与否意愿的影响是明显的，实际的回流行为是多变的。

第二，"业"会减弱中西部地区外出农民工回流的意愿。"业"是吸引中西部地区外出农民工继续留在流入地务工的主要原因。由于流入地比流出地有更为优越的发展条件和经济收入，农民工为实现对"业"的追求，回流的意愿会相对减弱。从代际差异角度来看，新生代农民工比老生代农民工更恋"业"。一是因为新生代农民工的家庭压力更小，他们在流入地继续务工能积累更多的经验和资金，而老生代农民工经过长时间的外出务工后，会更渴望回归家庭。二是因为部分老生代农民工在回流后可以找到合适的职业，从而实现"家""业"兼顾；但由于流出地缺少部分高技术的就业岗位，这使得新生代农民工很难找到满意的发展平台。总体而言，因为流出地和流入地的不平衡发展,"业"对中西部地区外出农民工回流的意愿呈现明显的负向影响。

第三,在"家""业"无法兼顾时,多数中西部地区外出农民工会选择"业",仅少数中西部地区外出农民工会选择"家"。在城乡和区域发展不平衡的情况下,真正可以实现"家""业"兼顾的中西部地区外出农民工占比较小。当"家"和"业"无法兼顾时,农民工无奈的选择往往会对自身及其家庭造成一定的不良影响。以中西部地区当前的经济发展水平来看,顾"家"则极容易舍"业",经济收入上不去,不利于农民工个人和家庭的发展。顾"业"则会少顾"家",家庭的收入水平虽然提高了,但是他们的留守老人缺乏照顾、留守儿童缺少关怀,以及长时间的两地分离会造成家庭价值观念差异明显,这将加深中西部地区外出农民工的家庭矛盾,不利于他们建设和谐幸福的家庭。因此,中西部地区需要大力发展经济,只有在经济发展状况良好的基础上形成的农民工回流,才是帮助农民工实现"家"和"业"兼顾的最好选择。

(二)流出地和流入地因素对回流与否意愿的影响

第一,流出地因素影响中西部地区外出农民工的回流与否意愿。从定性分析中可知,中西部地区外出农民工的回流与否意愿受流出地就业机会、相对收入、居住环境、乡土情结和回流政策等诸多因素的影响。首先,在国家产业扶持和相关政策支持下,中西部地区的经济得到了较快发展,就业岗位增加,农民工的相对收入提升,增强了中西部地区外出农民工回流的意愿。其次,落叶归根的乡土情结是农民工与流出地之间难以斩断的情感联系,给经济条件相对弱势的流出地增加了吸引农民工回流的感情筹码。最后,流出地的居住环境得到改善,农民工的生活水平得到提高,以及各种鼓励农民工回流的优惠政策,均有利于农民工回流就业和创业。但不可否认的是,流出地因素对中西部地区外出农民工回流与否意愿的影响不是一蹴而就的,目前也只是在小范围内取得成效,想要实现通过流出地的拉力吸引大规模农民工回流的目标还需更长时间的积累。

第二,流入地因素影响中西部地区外出农民工的回流与否意愿。流入地的经济发展受到冲击,加上生产自动化的推进,导致农民工在流入地的就业机会和收入水平都明显下降,加之居高不下的生活成本,增强了中西部地区外出农民工回流的意愿。户籍制度、发展空间和文化习俗虽然也负向影响中西部地区外出农民工回流的意愿，但其影响的强度更弱，农民工在这些条件的限制下，虽然内心趋向于做出回流的选择，但是只会将其作为最终的长远考虑；只要流入地有就业机会，且收入水平仍高于流出地，农民工回流的可能性就较低。这也从侧面印证了就业机会、经济收入对中西部地区外出农民工回流与否意愿的关键性影响。

（三）理论回应

在理论方面，定性研究对新古典经济理论、新迁移经济理论和结构主义理论做了证实、补充和发展。

首先，从相对收入的角度对新古典经济理论作了补充。定量分析和定性分析都表明，月收入越高，中西部地区外出农民工回流的意愿越弱，这证实了新古典经济理论的观点。因为流出地和流入地较大的经济发展差异，农民工会将两地的生活成本纳入考虑范围，因此农民工做回流选择时关注的不是绝对收入、也不是预期收入，而是相对收入，即他们比较的是在流出地扣除衣食住行用后所剩的收入与在流入地扣除衣食住行用后所剩的收入。如果流出地的相对收入与流入地相当甚至高于流入地，农民工回流的意愿就比较强；如果流出地的相对收入略低于流入地，农民工考虑到回流后可以照顾家庭，也可能会有回流的打算。总之，相对收入是中西部地区外出农民工做回流与否选择时的关键因素。

其次，对新迁移经济理论作了补充和发展。新迁移经济理论认为留守配偶和留守子女会增强移民回流的意愿。本章定性研究发现，留守子女、留守父母均会增强中西部地区外出农民工回流的意愿；不仅如此，留守子女、留守父母对中西部地区外出农民工回流与否意愿的影响受到留守家人需求的调节。

最后，结构主义理论适合用来解释流出地的政策和社会因素对中西部地区外出农民工回流与否意愿的影响。流出地的鼓励回流政策、改善的人居环境等政策因素和社会因素提升了中西部地区外出农民工回流的意愿，这与结构主义理论的观点一致。

第九章　新型城镇化、乡村振兴与农民工回流关系的定性分析

新型城镇化和乡村振兴是我国实施的两大国家战略，是推动我国区域和城乡均衡发展、城乡融合的两个巨轮。党的十八大之后，为推进新型城镇化，国家先后出台了一系列政策措施；党的十九大以来，为推进乡村振兴，党中央、国务院相继推行了一系列重要的部署、规划和政策，这标志着新型城镇化、乡村振兴从理论走向实践。这两大战略与农民工回流之间是相互影响、相互促进的关系。为准确地认识新型城镇化、乡村振兴与农民工回流的关系，本章使用个案访谈资料对这一问题进行定性分析。内容具体安排如下：第一节分析新型城镇化与农民工回流的关系；第二节剖析乡村振兴与农民工回流的关系；第三节探讨农民工回流规模的变化；第四节对相关内容进行总结与讨论。在理论层面，本章将与新古典经济理论、新迁移经济理论、结构主义理论进行对话。

本章的个案访谈资料来自笔者于2018—2020年对中西部地区外出农民工和回流农民工，以及对政府工作人员开展的半结构式深度访谈。受访者的详细信息请参见本书的"第三章　数据与方法"。

第一节　新型城镇化与农民工回流的关系

新型城镇化的核心是人的城镇化，是大中小城市、小城镇、新型农村社区协调发展、互促共进的城镇化。与新型城镇化相关的各项政策的有效实施，有助于推动我国中西部地区的经济发展、公共服务均等化、基础设施和生态环境的改善。这对中西部地区外出农民工的回流意愿和回流行为产生了积极影响，而中西部地区外出农民工的回流也影响着我国新型城镇化的持续健康发展。

一　新型城镇化对农民工回流的拉力

个案访谈资料显示，新型城镇化对中西部地区外出农民工回流的积极影响主要分为三个方面：机会增多；福利可得；条件更好。

（一）机会增多

新型城镇化战略提出的"引导劳动密集型产业优先向中西部转移""培育发展中西部地区城市群"等政策在一定程度上促进了中西部地区经济实力的提升。第一财经对比梳理了31个省份在2020年和2015年GDP排名的情况，发现有诸多中西部地区省份的GDP排名上升了。如贵州和云南领跑，排名均提升了5名，江西、安徽、重庆和山西的排名提升了3名，新疆的排名提升了2名，湖南和陕西的排名提升了1名，排名下降的只有广西和内蒙古。[①] 中西部地区的经济发展带来了就业和创业环境的改善，这为中西部地区外出农民工回流就业创业提供了条件。

本书在第八章第二节介绍的编号为DZF5、CZF17的访谈个案都提及到中西部地区的就业岗位增加了，而编号为LHL33、DWC17的访谈个案则提到流出地的相对收入和流入地的相对收入差不多。就业机会的增加和相对收入的提高无疑会提升中西部地区外出农民工回流的意愿。

产业是中西部地区经济发展的关键所在。中西部地区为了促进当地的经济发展，除了承接东部地区的产业外，还积极结合当地的特色和地理位置打造当地的特色产业。中部地区C省F市L县Q乡乡政府的乡长（男，编号：CZF18）表示新型城镇化就是要为农民工回流创造好的产业条件：

> 不要说我们乡镇（在鼓励人才回流），中央也是在鼓励那个人才回流……所以我们领导也在考虑，在规划有没有实质性的能适合我们本地的产业，去调研呐，考察，都是针对我们本地的特色、区域、地理位置之类的，去制定计划、在做这种前期工作。

结合当地的产品市场优势、自然资源禀赋、历史文化内涵和地理区位而

[①] 第一财经：31省份5年来GDP排名变化：贵州云南上升最快，https://baijiahao.baidu.com/s?id=1690502165230610437，2021-2-1。

因地制宜地发展特色产业，这能够有效地推动当地经济特色化和可持续发展，引领当地经济的发展。基于特色产业成立的合作社在生产、采购、计划、销售等方面增加了大量的就业岗位，为农民工回流就业和创业带来了良好的机会。当地政府对创业的政策扶持更是激发起农民工的创业热情。中部地区 E 省 D 市农业农村局的一位处长（男，编号：EZF4）如是说：

> 合作社目前我们这里都有七八百家，家庭农场有 300 多家，这里加起来算一下就是 1000 多家。合作社是一种合作经营的模式……去年我们这个部门一次性就给他补助了 50 万，搞基础设施建设。你想，像这种创业的，他肯定越干越有劲。还有技术（的支持）。我们每年开这种技术培训，是这个职业农民培训。

可见，新型城镇化在一定程度上改变了传统农民工外出就业、回乡养老的流动循环。在相关政策的推动下，创造了有利于农民工就业和创业的环境，解决了农民工最关心的工作和收入问题，引导了部分中西部地区外出农民工回流。

（二）福利可得

与传统城镇化相比，新型城镇化更加注重提高户籍人口城镇化率、城乡基本公共服务均等化以及大中小城市和小城镇的统筹协调发展，实施大中小城市有差别的落户政策。随着户籍制度改革的推进，中西部地区的许多中小城市、小城镇都已经取消了各种落户的限制。城镇零门槛或低门槛的落户政策，满足了中西部地区外出农民工回流后对更高生活条件的需求，吸引其回流到当地的城镇。

一方面，子女的教育问题能得到解决。韩嘉玲、余家庆（2020）认为，新型城镇化下中小城市落户政策与面向农民工子女的教育产业，为流动家庭的子女教育提供了新选择，产生了回流儿童"回流不返乡"的现象。即为让子女享有城市更优质的教育资源，有些农民工回流后在乡镇或县县政府所在地落户或定居。中部地区 C 省 E 市就业局培训科科长（男，编号：CZF11）表示户口是农民工回流的一块"吸铁石"：

第九章 新型城镇化、乡村振兴与农民工回流关系的定性分析

> 现在是新型城镇化,这个户口各方面它都已经取消相关的限制。大家都会愿意回来,而且像现在解决了小孩的这个就学问题的话,大家都愿意往回走。现在来说(小孩上学)相对更好办。

另一方面,在中西部地区中小城市或小城镇落户的回流农民工可以和户籍人口一样均等地享有当地的基本公共服务。东部地区 T 省 B 市 S 区区政府的一位工作人员(男,编号:TZF21)这样说:

> 我国推行新型城镇化战略,对农民工主动回流有积极地促进作用。新型城镇化战略下的户籍改革制度,使回流农民工更易享受到在大城市难以享受的各种城市居民福利待遇。

笔者在问卷调查和个案访谈中发现,有部分农民工的回流地域意愿并非是选择回原居地,而是选择在劳动就业、教育培训、医疗和住房等资源更为丰富的区县政府所在地或乡镇政府所在地。新型城镇化背景下,实施的大中小城市有差别的落户政策,使得打算回流到区县政府所在地或乡镇政府所在地的中西部地区外出农民工可以容易地落户城镇,充分地满足了这部分农民工的回流需求,使他们能够获得当地城镇居民可以享有的各种社会福利。毫无疑问,这将在一定程度上提升中西部地区外出农民工回流的意愿,并促使其回流。

(三)条件更好

与传统城镇化相比,新型城镇化更注重环境宜居。新型城镇化战略实施以来,中西部地区中小城市的生活环境和基础设施都得到明显改善,这有效地缩小了与特大城市和大城市之间的差距。

中部地区 E 省 D 市农业农村局的一位处长(男,编号:EZF4)发现有部分农民工因为老家的条件大大改善而选择回流:

> 原来的农民工,你像他原来过个春节以后可能他又会出去。但现在搞了个城市化建设以后,道路交通等,每年越来越发达。他有可能觉得好像出去和留在本地没有很大的区别。我觉得在当地,他有可能觉得我

们没必要再出去了。因为他感觉到这个生活质量、生活的条件等都已经发生很大变化,跟原来是一种很明显的差别。他觉得我没有必要再出去了。

中部地区 C 省 G 市农业农村局的一位工作人员(男,编号:CZF7)强调了新型城镇化对农民工回流的重要影响:

> 我们市的城镇化,是全省新型城镇化的试点……所以他们(农民工)的生活各方面是很便利的。你像那个 WSHXL 小镇①它周边的商场什么的都起来了……所以说他那些大型的生活设施和综合体都发展得很好,这个肯定对农民工回流有很大的影响。如果他回来得不好的话他就还会走。那他在这里生活得比较好了,各方面都还比较便利,然后还能赚点钱还离家又近,他也就回来了。

由此可见,新型城镇化不仅能够吸引更多的外出农民工回流,更重要的是能够留住农民工,这对引导农民工回流和巩固农民工回流的成果有积极影响。

以上内容表明,在新型城镇化背景下,中西部地区通过就业和创业环境的改善、户籍制度的改革、生活环境和基础设施水平的提升等方式,提升了中西部地区外出农民工回流的意愿、促进了他们的回流。从第六章的定量研究可知,目前中西部地区外出农民工回流到乡镇或区县政府所在地的比例还不到两成,这表明中西部地区和过去相比,虽然对外出农民工回流的拉力有所增加,但总体而言,这种拉力还不大。随着中西部地区新型城镇化建设地深入推进,其经济和社会发展的质量将提高,这将使流出地对中西部地区外出农民工回流的拉力增大,更能吸引有意愿在城镇定居的外出农民工回流,让他们不出远门也能有足够的幸福感和获得感。

二 新型城镇化背景下农民工回流与传统城镇化背景下农民工回流的差异

从前文可知,党的十八大以来,我国中西部地区积极响应国家的号召,

---

① 为了不泄露被访谈的政府工作人员的所在单位,本处使用字母代替该小镇的具体名称。

第九章　新型城镇化、乡村振兴与农民工回流关系的定性分析

实施以促进人的城镇化为核心、提高质量为导向的新型城镇化战略。经过几年的努力，如今中西部地区的经济和社会得到了一定程度的发展，具体表现为产业发展更加多元化、就业创业机会增加、收入水平提高、公共服务水平提升、基础设施和人居环境改善，由此提升了中西部地区对外出农民工回流的拉力，进而使得新型城镇化背景下的农民工回流与传统城镇化背景下的农民工回流表现出一些不同的特征。

（一）回流类型差异

回流类型是诸多理论关注的一个重要内容。新古典经济理论和新迁移经济理论围绕着失败和成功来划分，前者认为回流是被动的、是失败的迁移，后者则认为回流是主动的、是成功的迁移。结构主义理论突破了成功与失败的二元划分方法，把回流移民分为失败型回流、保守型回流、革新型回流和退休型回流四种类型（Cerase，1974）。但不管是哪个理论的划分，都难以准确囊括新型城镇化背景下中西部地区外出农民工的回流类型。

概括而言，在传统城镇化背景下，我国形成了三次回流高峰：第一次回流高峰发生在1989—1991年，受当时全国经济增长速度放缓和城市治理整顿的影响，大量农民工被当作"盲流"从城市清理出去；第二次回流高峰发生在1998—2000年，受国有企业改革造成大量城市居民下岗的影响，政府出台了一系列限制政策对农民工进行清理，以缓解城镇下岗职工的就业压力；第三次回流高峰发生在2008年，受国际金融危机的影响，全球经济陷入60年以来的第一次负增长（曾少聪、闫萌萌，2019），中国的经济发展也放缓，大量农民工就业较为集中的劳动密集型制造业受到沉重打击，东部地区大量企业倒闭，就业危机使得农民工因失业而被迫回流就业（束鹏，2005；袁方、史清华、卓建伟，2015；刘新争、任太增，2017）。可见，这种回流主要是被动的失败型回流，这与新古典经济理论和结构主义理论中提到的被动型回流类似。此外，在我国传统城镇化背景下，还有一些中西部地区外出农民工是因为个人因素（年龄大了）而选择的回流，本书和结构主义理论一样，将其称为退休型回流。

相比之下，在新型城镇化背景下，受流入地和流出地的推力和拉力变化的影响，中西部地区外出农民工的回流类型更加多元，本书将其概括为退休型回流、被动型回流、发展型回流、"家""业"兼顾型回流。

1. 退休型回流

退休型回流主要在老生代农民工群体中比较常见。对于新生代农民工而言，大多数选择年轻时在外务工挣钱，等年纪大了才回去。不管是新生代农民工还是老生代农民工，对于他们而言的"退休"只是说不再务工，受我国传统家庭文化的影响，他们回流后依然会帮助子女照看小孩。一位从宁夏固原市隆德县到广东深圳市龙岗区教育培训机构务工的英语老师（本科、女、23岁，编号：QWC54）就说自己的父母曾是农民工，上了年纪才回去：

> 父母年轻的时候在外面务工，现在回到老家了，因为现在父母上了年纪就回来了。首先父母那一辈的话，可能到了一定年纪他们就有一种想回到家乡的那种意愿吧。而且到了父母的那个年纪，孩子都差不多长大了，到了我们这个年龄，家里哥哥姐姐也生孩子了，也要回家帮忙照料下一代。

对于老生代农民工而言，回流退休问题迫在眉睫，因此他们对于回流时间、回流地域等想法都比较清晰。一位从湖南怀化市洪江市到广东深圳市务工的工人（小学、男、57岁，编号：FWC86）说出了他的回流计划：

> 3年后，还能工作几年，就多工作几年，（回）乡镇政府所在地，因为子女在那里购置了房屋，交通比较方便，（去）医院也比较方便。希望在子女家居住，原因是：可以互相照顾，可以帮子女带孩子，减轻家务；同时子女也可以赡养自己。

不仅父母一辈中存在退休型回流，等新生代农民工年纪大后也存在这一类型的回流。一位从安徽铜陵市枞阳县到上海浦东新区的外卖小哥（高中、男、35岁，编号：BWC26）谈到：

> 目前没有这个打算（回老家）。年纪大了会考虑。因为考虑到家庭团聚以及需要照顾父母和孩子。

当新生代农民工在社会上崭露头角时，老生代农民工就渐渐退出了流动

第九章 新型城镇化、乡村振兴与农民工回流关系的定性分析

的舞台,一是因为长时间的外出务工经历,他们挣钱的目的基本实现了;二是退休年龄和身体状况的限制,农民工无法继续从事原本的职业。三是对家乡的眷恋,落叶归根的乡土情怀。因此,不论是传统城镇化时期还是新型城镇化时期,老生代农民工和新生代农民工的交替从未停止过,退休型回流也一直都存在。借用生命周期理论解释,即中西部地区农民工年轻时外出务工挣钱,年龄大时回流到家乡。

2. 被动型回流

被动型回流包括两种情况,一种是因市场竞争失败引起的回流,另一种是受流入地经济发展形势不好、就业机会减少导致的回流。

时代在进步,但并不是每个人都能跟上时代的步伐前行。第三章的2016年全国流动人口卫生计生动态监测调查数据显示,在回流样本中,教育程度为初中及以下、高中的中西部地区外出农民工的比例分别达到73.54%和21.70%,大专及以上的比例仅为4.76%,学历和技术是中西部地区外出农民工最明显的短板。在传统城镇化时期,农民工为我国的社会经济发展提供了大量的人力资源;但是进入新型城镇化时期后,我国的社会结构、经济结构也相应进入转型时代,市场逐渐在淘汰一批缺乏竞争力的劳动者。

中部地区C省E市就业局创贷中心主任(男,编号:CZF12)讲述了农民工在就业过程中的变化:

> 现在应该有些是被迫型的回流。要是外面找不到工作,运气也不是很好,最起码回到家里面有一亩三分地。

同样,西部地区N省B市F县D镇的一位副镇长(编号:NZF22)也提到现在回流的农民工主要是:

> 这个应该相当于没有技术的(回流),你像人家如果已经有一定技术的,比如说瓦工的或者木工的,有一定技术的,肯定不舍得人家的本行。在工厂打工的比较多,工厂打工或者没有啥一技之长,这部分人回流的多。

从访谈资料可知,随着现代社会的发展,部分农民工(以技术含量较低、教育程度较低为主)就业不如以前稳定,在就业市场中的自主选择权也逐渐

减弱，甚至被市场淘汰，这一类回流农民工属于市场竞争失败型回流。

中西部地区外出农民工除了因市场竞争失败而被动回流外，他们受新冠肺炎疫情影响导致就业机会减少的被动回流也较为普遍。详见第八章第二节编号为CZF2、TZF16都提到这种被动型回流，本处不再赘述。

3. 发展型回流

前文提到，新型城镇化战略提升了流出地对农民工回流的拉力，最明显的变化就是发展型回流农民工的数量增多。中西部地区的产业发展使得农民工就近就业和创业的机会增加，农民工在家乡也能获得较为满意的经济收入。

新型城镇化为农民工回流就业和创业提供了较优越的条件，东部地区Z省C市F区医保局的一位工作人员（女，编号：ZZF20）表示农民工已经由以往的单打独斗升级为现在的抱团取暖：

> 这个传统城镇化下的回流农民工，大多是回乡回村各自发展，自谋出路，以前是这种情况。新型城镇化下，现在农民工回流是以城乡一体化和新型农村社区为依托，信息大数据共享互通，能够提供更好的就业服务岗位，充分利用发展空间，带动社区村集体产业发展。

正因为这样，中部地区C省E市H县W镇的副镇长（男，编号：CZF6）说现在有更多优秀的农民工愿意回家乡发展了：

> 回流农民工在教育程度方面，和十年前相比有较大提升，以现代农业、餐饮、服务业为主，如种植大棚蔬菜，开农家乐。

比起更具挑战的创业，农民工回流后选择就业的人也不少。中部地区C省E市K区P镇的一位驻村扶贫第一书记（男，编号：CZF10）这样说：

> 比较的话，回来发展创业的，毕竟还是要求能力要强的，差不多30%左右吧。回来说照顾家庭、当地就业的，可能占70%左右吧。

发展型回流的农民工与失败型回流的农民工形成了鲜明的对比，前者是现代化建设的助推者，而后者则很容易被时代所抛弃，最终回归到传统农业生产。这提醒我们，农民工的职业技能培养和教育程度提升至关重要。

4."家""业"兼顾型回流

在传统城镇化下，受当地就业机会有限、收入水平较低的影响，农民工回流后较难实现对"业"的追求，所以"家"和"业"兼顾的情况较少。在新型城镇化时期，流出地的就业机会增加、收入水平提高，政府更是大力支持创业活动，更多的农民工是出于"家"和"业"兼顾的考虑而回流。

中部地区 C 省 E 市就业局就业科科长（男，编号：CZF13）说，慢慢地有部分人选择在家门口就业：

> 外出的规模和过去相比，要看什么年代。如果和 1990 年代相比，现在外出的人数明显偏小，因为 1990 年代的时候，我们本地的公立民办企业发展的不算好，能提供的就业岗位也不多，迫使当时他们走远一点，才能找到工作岗位。慢慢的，因为也不是一年两年，其实慢慢的我们本地的就业岗位也多了，企业也多了。和以前相比，1990 年代大量的往外走，（现在）会有部分人选择留在家门口发展。

"家""业"兼顾不仅是农民工希望实现的场景，更是流出地政府希望极力促成的和谐画面。中部地区 C 省 F 市 M 县 R 镇镇政府书记（女，编号：CZF17）这样说：

> 我们鼓励那个（农民工）回流，希望他们在本地务工。这有几个好处，第一，现在我们本地务工的话，工资跟外地差不多，所以说我们希望他们在本地，我们这边也招工比较难。第二，他们在本地务工的话，这个朝九晚五，晚上还会回来照顾家庭，我们这个园区和县城很近的，就十几分钟二十分钟就到家了，所以我们希望他在家里务工。

相比于年轻的、没有孩子的农民工，年纪大一些、有一定经济积累、有孩子的中西部地区外出农民工"家""业"兼顾型回流的可能性更大。中部地区 C 省 E 市农业农村局的一位副科长（男，编号：CZF19）就说：

> 我们了解到情况，就是有一些他们在外面务工有一二十年的，他可

能也积累到了一定的资金,也同样考虑到了回归家庭带小孩。他们可能在家里搞一点种植业和养植业,这种年龄可能是四五十岁。

物竞天择,适者生存。用这句话形容当代农民工的生存现状再合适不过。虽然农民工回流与否是个人做出的选择,但是在背后无一不是受到社会大背景的影响,农民工想要实现真正的主动回流,① 提高自身竞争力才是唯一的途径。

在第四章和第六章的定量分析中发现,回流和回原居地的中西部地区外出农民工主要是年纪较大、在市场竞争中处于劣势的人员,属于退休型回流和被动型回流。但本章的定性分析发现,在新型城镇化背景下,中西部地区外出农民工的回流类型呈现多元化特点,虽然多数农民工回流属于由于年纪较大、就业机会减少、市场竞争失败等原因带来的退休型回流和被动型回流,但随着流出地就业和创业环境的改善,发展型回流和"家""业"兼顾型回流的农民工数量在增多。显然,定性研究对定量研究做了很好的补充。

(二) 回流地域差异

在新型城镇化背景下,发生明显变化的还有农民工对回流地域的选择。过去,农民工受经济实力和户籍制度等的限制,回流地域选择基本都是"流入地——原居地"两地互动的模式;而现在,问卷调查数据和个案访谈资料都表明,农民工回流地域的选择已发展成为"流入地——原居地为主——乡镇、区县政府所在地为辅"的多地模式。

1. 原居地,农民工心里的"家"

对中国人来说,落叶归根仍是一种根深蒂固的思想。西部地区 J 省 C 市 M 区 W 街道的街道办主任(男,编号:JZF1)说农民工不会轻易舍弃自己的"根":

> 中国人的一个特点,他有一种落叶归根的想法。特别是很多在外面务工的人员,他如果在外面挣了钱,很多人都在城里买了房,实际上他还是愿意回老家再修一个房子。他总觉得特别是年龄比较大的人,他的"根"在这里。

---

① 本书所指的主动回流包括发展型回流和"家""业"兼顾型回流。

第六章的定量分析结果表明：有超过七成的中西部地区外出农民工回原居地，这与定性访谈结果相印证。无论是哪个时期，出于对家乡深厚的感情，原居地依然是农民工回流地域的第一选择。

2. 多样化的发展选择

从前文可知，与过去不同的是，现在中西部地区外出农民工回流的类型不仅仅是退休型回流和被动型回流，发展型回流和"家""业"兼顾型回流的农民工人数在增加。相应的，农民工回流地域的选择也变得多样化。

中部地区 C 省 G 市农业农村局的一位工作人员（男，编号：CZF7）说农民工的回流地域选择要具体情况具体分析：

> 我们工业企业没有分布在那些很乡的地方或者说很偏的地方。所以我们市的房价还比较便宜。回流农民工大部分还是集中在城区周边。那个在乡镇里边或在村里，如果是搞种植、搞养殖的话肯定是待着那个果园场或养猪场里面。

中部地区 C 省 E 市 X 县发改委项目办的一位工作人员（编号：CZF9）在谈及回流创业人员的去向时，也说到农民工因"业"而选择回流地域：

> 大部分创业选择，农业领域的养殖和种植，都会选择在村级用地，这样用工成本较低。

显然，对于仍然有继续就业、创业需求的农民工来说，回流地域的选择会受到其职业规划的影响。

此外，对于重视子女教育的农民工而言，在做回流地域选择时还会考虑子女的教育问题。一位中部地区 C 省 E 市就业局创贷中心主任（男，编号：CZF12）说：

> 在农村里面的人，一般想到乡镇里面去买房子，（考虑）小孩读书。乡镇里面的人又想到县城去，买房子小孩读书。谁都想过好日子，谁都想望子成龙。

子女的教育始终是父母关心的一件大事。为了让子女能够接受更好的教育，回流农民工结合自己的经济条件，较为理性的选择在教育资源优于其原居地的乡镇或县城购买住房，并在城镇居住。与此同时，乡镇、区县这一类中小城市位置适中，农民工既能享受心仪的生活条件，也能离老家近一点。一位从内蒙古通辽市到上海浦东新区务工的工人（初中、男、34岁，编号：GWC75）这样说：

> 家人都在老家。希望去老家的县城，县城的环境比农村好一点，离家里还近，偶尔还能回一趟老家。

与传统城镇化下回流地域的单维模式相比，新型城镇化背景下农民工的回流地域呈现多地模式，这对流出地的社会建设提出了更高要求。引导农民工回流以及农民工回流后的定居就不仅仅是农民工原居地的任务，也是农民工户籍所地的乡镇、区县乃至市和省政府的重任。新型城镇化建设，为农民工多样化的回流地域选择提供了可能性。与此同时，农民工的回流也将推动中西部地区新型城镇化的发展。具体而言，不仅回流到乡镇或区县政府所在地的农民工对新型城镇化建设有积极的影响，回流到农村的农民工也可以促进新型城镇化发展的发展。以农民工回流创业为例，他们在政府的支持下，通过兴办特色种植业和养殖业、发展农产品加工业、发展休闲农业、乡村旅游、电子商务等方式，不仅能给当地村民提供一些非农就业的机会，而且为现代农业的发展提供了新动力，促进了现代农业的发展以及农村一二三产业的融合。

（三）回流择业差异

传统城镇化背景下，农民工回流后务农或做零工的现象较多。新型城镇化背景下，回流农民工以非农就业为主，也有一部分农民工选择回流创业，传统的务农现象较少。

1. 老本行的新变化

在以前，土地是农民生存的保障，即便农民工外出务工，老家的土地也不会丢弃，回流后农民工会回归老本行继续务农。但现在农民工回流后务农比例明显下降。西部地区N省B市F县D镇的一位副镇长（男，编号：

NZF22）介绍说：

> 务农的就更少了，可能是4%—5%左右。大部分都是兼职的。像农村这一块，一个耕地种地以外，还在建筑业做小工。农忙以后，大部分时间他都无事可干，他肯定要选一个短期工作，增加他的收入。

由此可见，单纯的农业就业已不能满足回流农民工的需求。为了获得更多的经济收入，外出农民工回流后会选择务农和零工相结合的形式。和这种兼业的情况相比，更多的回流农民工选择从事非农就业。中部地区C省G市农业农村局的一位工作人员（男，编号：CZF7）说现在从事非农就业的情况更普遍：

> 我觉得，传统意义上的回流肯定还是从事农业这些多一点。我们现在意义上的农民工回流，肯定还是从事工业的多，哪方面好就往哪方面走。……他毕竟掌握了些东西回来，不管是技术也好、各方面眼见阅历也好。这就是一个普遍的（现象）。他在外面是个泥工，他肯定回来还是个泥工。

不难发现，农民工外出务工后学习和积累了一定的知识和技能，足以支持他们回流后在流出地从事其他非农行业，获利少、费力气的传统农业逐渐无人问津。

而部分农民工回流是因为看上了流出地丰富的土地资源，中部地区C省E市K区P镇的一位驻村扶贫第一书记（男，编号：CZF10）表示现在的农民工和以前相比已经大不一样了：

> 土地流转，就是通过租赁别人的土地。他要回家，回乡发展种植养殖的话，就不像以前的小作坊，那个以前的农民，就是种自己的一亩三分地，现在回乡发展种植养殖的一般都是会大面积成立规模的种植或者养殖。

因为经济收入的限制，农民工回流后务农的比例确实不高，第二、三产业更能吸引农民工就业。但同时，随着农业技术的提高，农民工回流后在传统农业的基础上发展规模化的现代农业，老本行也焕发出新的光彩。

2. 形形色色的就业和创业

中西部地区外出农民工回流的类型已经不单单是退休型回流和被动型回流，他们中的有些人也是为了在流出地发展事业、继续工作。既然回流农民工从事传统农业的比例较低，那么农民工回流后从事的非农职业有哪些？

农民工在外出务工期间所积累的知识技能和经验，有助于农民工回流后就业。中部地区 C 省 E 市就业局创贷中心主任（男，编号：CZF12）说现在回流的农民工都有一技之长：

> 就像我们老家一样，他们做装修的，做泥工的，做衣服的，回来以后就可以用他自己的手艺去做这个东西。我所知道大部分是做这个，他自己原来在外面做什么回来就做什么……主要是从事这个工作多，因为他沿海学到了技术特长。

中西部地区外出农民工也认为外出务工期间学习和积累的知识、技能和经验等可以给他们回流就业和创业助力。一位从陕西安康市岚皋县到陕西安康市汉滨区务工但现在已回流到陕西安康市岚皋县的个体工商户（大专、男、35 岁，编号：NHL22）就表示外出务工的经历对他如今的创业帮助良多：

> 回家后，我开了一家餐馆，目前是和我媳妇一起经营。开餐馆的原因，就是之前有过在餐馆打工的经历，然后又学过厨师，在大酒店也干过活，所以对餐馆的经营和管理模式是非常熟悉的。而且我个人认为目前餐饮企业的发展前景也不错，只要用心经营能赚着大钱，所以就跟朋友借了点钱，开了餐馆。要说外出务工期间学习和积累的知识、技能、经验对我回来之后的帮助，我觉得最有用的就是在酒店当大厨那段时间的经历了，不仅认识了很多厨师朋友，还跟酒店经理学到了很多处理餐饮方面问题的技巧，这也是我决定开餐馆的重要原因之一。

与传统城镇化时期回流的农民工不同的是，新型城镇化时期农民工回流后创业的比例在提高，除了前文提到的现代农业创业以外，农民工在流入地工作后，眼界得到开阔，能发现新的创业商机。中部地区 C 省 E 市 K 区 P 镇的一位驻村扶贫第一书记（男，编号：CZF10）提到农民工回流后与时俱进的创业项目：

> 人家在搞这个电商。可能更多的是，自己在外面积累一定的经验，搞装修的，自己搞个小包工头，这样的可能更多。做电商的包括做那个比较火的社区团购。

时代在发展，回流农民工也在进步。传统城镇化时期，受经济环境和自身能力的限制，农民工回流后的职业基本上只有农业就业和零工两种类型。但在新型城镇化时期，社会提供给农民工的就业机会更多了，缺少职业技能的农民工依然可以选择农业就业，有职业技能和经济实力的农民工则可以选择多样化的就业和创业道路。择业空间的扩大能够有效吸引中西部地区外出农民工回流发展。

（四）回流代际差异

传统城镇化背景下和新型城镇化背景下农民工回流的另一个差异是回流农民工的代际差异。在传统城镇化时期，有退休型回流和被动型回流，其中，老生代农民工是回流的主体。现在除老生代农民工回流外，新生代农民工也有部分回流。

1. 回流的主力军

与新生代农民工追求闯荡和磨砺相比，老生代农民工在就业年龄和劳动能力方面渐渐处于劣势，除了回流养老外，他们也更愿意选择回流，在家乡稳定地发展。中部地区 C 省 G 市农业农村局的一位工作人员（男，编号：CZF7）这样说：

> 第一个就是说，年轻人大部分还是喜欢去北上广深。年轻人待在我们这个小城市的话，他可能还是想出去外面多见识一下。第二个就是，像我们这个原来四五十岁的人。这几年在外面闯荡，家肯定还是在我们这里，肯定还是要回来的。加上现在家乡政策也比较好，在外面漂泊一段时间之后，有一定积蓄之后还是想回来做点什么事，所以说这

个年纪大的人肯定慢慢的回流得更多一点，年轻人肯定还是出去的比较多一点。

因此，老生代农民工一直是回流的主力军，他们不仅回流的意愿强于新生代农民工，回流后不再外出的可能性也高于新生代农民工。

2. 回流的"新"力量

在新型城镇化背景下，新生代农民工逐渐成为时代的主角。在定性访谈中，许多受访者都表示新生代农民工的受教育程度更高，在就业市场更具优势。中西部地区也通过招揽人才的方式吸引新生代农民工回流。中部地区C省F市L县Q乡乡政府的乡长（男，编号：CZF18）说流出地也非常需要新生代农民工的知识和能力：

> 都在鼓励人才回流，我们也是在鼓励人才回流，因为我们这边是中西部地区，发展是比较落后的，还是希望他们这些年轻的，高学历的人才把外面的经验带回来，带动我们当地人致富。高素质回流的话，他（她）是可以解决编制问题，我们这边前几年已经解决了一批科技带头人之类的编制问题。还有高素质人才引进也会解决编制问题。以编制或者以国家津贴或者政府津贴给他们一些奖励，吸引他们回流。

访谈时我们了解到，因为婚姻、创业意愿等原因，新生代农民工也有一定的回流意愿，虽然还未形成较大的新生代农民工回流规模，但在流出地政府的政策刺激下，新生代农民工回流的意愿也在增强。

一位从湖北襄阳市襄州区到广东广州市黄埔区务工但现在已回流到湖北襄阳市襄州区的物流公司业务员（初中、男、23岁，编号：EWC53）对在流出地发展满怀期待：

> 我是2020年回到家乡的，回到家乡的原因是想到家乡发展。（以前）回来过两次，回来的原因都是在外地工作不顺利。回到家乡发展……各有各的好处，如果是外出，就是工作比较稳定，收入比较稳定。（现在）回到家乡，因为刚回来，工作目前还不怎么稳定，因为刚开始。在家里的好处就是可以有更多的机会，更多的事情可以做。

第九章　新型城镇化、乡村振兴与农民工回流关系的定性分析

与上面这位受访者情况相似,一位从宁夏吴忠市同心县到江苏苏州市务工但现在已回流到宁夏银川市金凤区的司机(高中、男、26岁,编号:QHL29)也更愿意回到家乡:

> 工资肯定现在(在老家)跑车高。那时候(在外打工)一个月最好也就六千多,现在我要是好好跑的话,尤其是旺季(节假日)的话,一个月两万多不成问题……早都想回来了,正好赶上我朋友说新百物流缺车缺司机,我了解了具体情况,感觉还行,而且我特别爱车,从小就有个跑大车的梦想,我就自个儿回来了。又找朋友借了点钱,买了个车,进公司开始拉货,到现在差不多快两年了。

综上所述,中西部地区外出农民工回流类型、回流地域、回流择业和回流代际四方面在传统城镇化背景下和新型城镇化背景下的差异,体现出回流农民工在新时代的新特点,是新型城镇化对农民工回流积极影响的最终结果。在新型城镇化的新进程中,中西部地区也不能固步自封,只有根据农民工回流多样化的新特点,设计新的发展路线,才能不断地吸引更多类型的农民工回流建设新型城镇化。

三　农民工回流对新型城镇化的助力

从上一部分可知,新型城镇化对中西部地区外出农民工回流有积极作用。不仅如此,中西部地区外出农民工回流也会促进新型城镇化高质量发展。

(一)增加劳动力供给,刺激消费

在个案访谈中,有多个政府工作人员表示作为农民工流出地,虽然户籍登记的人口数量多,但因为农民工大量流出,导致当地常年处于劳动力供应不足的状态。① 无论何种发展,都离不开人。劳动力是最基本的生产要素,对于新型城镇化来说,只有劳动力充足,才有发展的可能。中部地区C省E市X县政府办的一位工作人员(男,编号:CZF15)认为农民工回流了才能发挥人口多的优势:

---

① 如第八章第二节编号为CZF7、CZF10、CZF17的政府工作人员均提到他们当地存在"招工难"的问题,并出台了一些鼓励农民工回流的政策。

有必要引导外出农民工回流就业或创业。我们是一个人口大县，人力资源丰富，但我们县的经开区的企业常年都处于缺工状态。引导农民工回流就业，能解决企业招工难的问题，又能安置农民工就近就业，在一定程度上助推了经济发展。

劳动密集型企业更倾向转移到劳动力充足且廉价的地区，而回流农民工是当地劳动力的重要补充。西部地区 J 省 C 市 M 区 W 街道的一名街道办主任（男、年龄：50 岁，编号 JZF1）强调农民工回流可以吸引企业的到来：

它（农民工回流对新型城镇化）应该有促进作用。就是他们（农民工）回流的人越多，就能够保证我们的劳动力更加充足，企业就觉得这个地方提供的劳动力充足，企业就更愿意来。

回流农民工不仅通过劳动力供给的方式促进当地新型城镇化的发展，而且还刺激消费，扩大市场。对于流出地而言，回流农民工带来的消费是经济发展的巨大推动力。中部地区 C 省 G 市农业农村局的一位工作人员（男，编号：CZF7）肯定了农民工回流对当地经济发展的影响：

一个地方的发展他要有人，我们市人口基数太小了，人来了（农民工回流）肯定就能带来发展了。现在你这个人在这里，不说别的，在这里生活吃喝拉撒用，你总要消费。有人气的地方你才能带动经济。

从第六章可知，有近两成的中西部地区外出农民工回流到乡镇或区县政府所在地，这部分农民工大部分都会使用他们外出务工期间积累的收入在城镇购买住房，由此带动当地住房的消费。回流农民工具有较高的边际消费倾向，其衣食住行用等基本生活需要能够带动流出地的消费，扩大内需；回流的"人气"，可以扩展县城或乡镇市场，为产业转移奠定一定的市场基础，促进经济的发展。

由此可见，农民工回流对中西部地区来说好处良多。农民工回流为流出地带来的不仅仅是增加劳动力、刺激消费，还有他们在流入地积累的丰富的工作经验和新技术等隐性资源，这都可以为中西部地区新型城镇化的发展提供活力。

（二）创新创业，助力产业发展

外出农民工回流后，除了找工作就业以外，回流创业的也不少。与流出地人口相比，从大城市回流的农民工拥有更多的技术、经验和资金，眼界也更为开阔，他们有助于促进中西部地区新型城镇化的现代农业和特色产业的发展。

在所有政府工作人员的个案访谈中，中部地区 C 省 G 市的回流农民工创业是最具代表性的。根据中部地区 C 省 G 市农业农村局的一位工作人员（男，编号：CZF7）的介绍，回流农民工创业为产业发展带来了三大方面的积极影响。

一是农业对外贸易的递增。农民工在东部沿海城市务工期间，学习到了沿海地区人们对外贸易的技巧，回流后利用流出地的优势资源，发展起独具特色的农业外贸。

> 福建人做外贸是非常厉害的……现在慢慢的我们市有一大帮人跟着福建人开始做外贸。我们市蜜桔的出口在全国、在我们整个产业都是占了很大的比重，我们市的（蜜桔）现在主要是出口印度尼西亚，马来西亚。……这是我们市的一个特殊情况，刚才我也跟你说了我们市第一是一个工业城市，工业比较发达，外贸这一块的话一向都还可以。主要是这两年，我们农业这一块外贸递增。

二是产业资本的增加。凭借在发达城市务工的条件，农民工积累了一定的创业资本，回流后就根据自己的工作经验开办工厂，这有利于解决当地就业的问题、促进经济发展。

> 像这一部分回来的人，大部分肯定首先还是带了一些积蓄回来的，因为毕竟我们省还是属于相对来说欠发达地区。然后他们在北京、上海、深圳积累了一定的资本之后，还是想回来做点事。他们回来肯定是比在我们当地的一些人在经济各方面要好一点。……我们市这几个包装厂（的老板）原来都是浙江那边打工的，在浙江温州那个叫什么中国包装之

城,在里面跟别人打工。学到了技术之后,回我们市自己开一个包装厂。

三是先进技术的引进。外出农民工回流后能为流出地带来更先进的技术,有效弥补传统农业发展的不足,推动中西部地区现代农业发展的产业化、规模化。

还有我们一个种蘑菇的,他是在福建那边跟人家种蘑菇。他在那边打工,打工了好多年之后他回到我们市,就自己搞了一个蘑菇加工厂,搞了一个蘑菇大棚,自己来种蘑菇,也做得很好。……现在我们市农业产业这一块的话,大部分技术都是学的浙江的、福建的、江苏的、还有上海的。像那个果冻橙产业包括我们蜜桔产业,原来是学的浙江台州的黄岩蜜桔。我们市的葡萄学的是浙江金华的,金华的葡萄产业做的是全国出名的。还有我们那个杨梅,原来那个东魁杨梅这个产业都是在浙江、福建那一带做得比较好的产业,慢慢的都在我们市这边也发展起来了。这是通过这么多年的YL回乡政策①产生的效果。农民工这些人员,从外边学的先进技术,返回我们市之后带动起来的产业,这是比较典型的。

当然,并不是所有的有农民工回流的中西部地区都能像C省G市那样全面发展,但农民工回流所带来的"创业浪潮"无疑为中西部地区注入了新鲜的发展血液,有助于新型城镇化过程中经济结构的调整和产业结构的升级。

(三)家庭成员回流,助力和谐发展

中西部地区外出农民工既是社会经济发展的一份子,也是留守家庭中不可或缺的一员。从定性访谈中发现,农民工回流不仅对流出地的经济发展有帮助,还是促进新型城镇化和谐发展的调和剂。

因为农民工大量外出,中西部地区乡镇的常住人口主要是留守老人和留守儿童,流出地的部分社会建设也因此受到一定的限制。中部地区C省F市L县Q乡乡政府的乡长(男,编号:CZF18)说重要的事情还是需要等这些外出的人回来才能拿主意:

---

① 为了不泄露被访谈的政府工作人员的所在单位,本处使用字母代替该市出台的鼓励回流政策的具体名称。

第九章　新型城镇化、乡村振兴与农民工回流关系的定性分析

农民工回流这块的话，我们发展的有些事情，还是要等他们那些年轻人回来才能决定。每次有什么重大的事情，修路啊，修水啊，开会的话还是要他们这些年轻的、在外面务工的回来，才会定，基本是这个样子。是他们村小组开会。

可见，回流农民工可以发挥其眼界更开阔的优势参与社会治理。除此之外，中部地区 C 省 F 市 J 县人社局劳动人事仲裁院院长（男，编号：CZF8）表示外出农民工回流能够缓解中小城镇"空巢老人"和"留守儿童"的问题。

总而言之，新型城镇化是农民工回流路上的一大拉力，农民工回流是新型城镇化健康发展的一大助力。

第二节　乡村振兴与农民工回流的关系

与新型城镇化战略一样，乡村振兴战略也和农民工回流有着千丝万缕的联系。在乡村振兴战略改善农村条件、吸引农民工回流的同时，农民工回流也对中西部地区的乡村振兴具有促进作用。

一　乡村振兴对农民工回流的直接影响

乡村振兴的战略方针是产业兴旺、生态宜居、乡风文明、治理有效、生活富裕。由于乡村振兴战略和农村、农民息息相关，因此其对农民工回流的影响更为直接。

（一）产业兴旺带动创业就业

产业兴旺是乡村振兴战略方针中的第一位。产业发展才能真正带来农村经济的提升，才有可能为农民工提供回流后的工作岗位和创业机会，是流出地最关键的竞争力。2019 年 6 月，国务院印发的《国务院关于促进乡村产业振兴的指导意见》提出，要突出优势特色，培育壮大乡村产业。具体为：做强现代种养业、做精乡土特色产业、提升农产品加工流通业、优化乡村休闲旅游业、培育乡村新型服务业、发展乡村信息产业。同时，还提到实施乡村就业创业促进行动，引导农民工、大中专毕业生、退役军人、科技人员等返乡入乡人员和"田秀才""土专家""乡创客"创新创业。

自乡村振兴战略实施以来，乡村产业吸引农民工回流的效果比较明显。中部地区 C 省 E 市 X 县发改委项目办主任（男，编号：CZF9）肯定了这一点：

> 国家实施乡村振兴战略，大力扶持乡村产业发展，培育乡风文明，对返乡就业、创业具有较大的吸引力。

一方面，乡村产业的良好发展，为中西部农村地区提供了大量的工作岗位，使农民工有机会更好地实现"家""业"兼顾，也提高了农民工在流出地的相对收入。在这些家庭、收入、感情的综合因素影响下，外出农民工的回流意愿明显增强。中部地区 C 省 E 市就业局培训科科长（男，编号：CZF11）说留下来就业的农民工越来越多了：

> 很多我们本地的企业开起来了之后，就近就业话，他（她）也觉得对自己照顾家庭、老人、小孩会有帮助，他也愿意留下来。虽然相对来说，大陆的工资水平会较沿海稍微低一些。但是他综合考虑后可能就有一些人更愿意回来。

另一方面，乡村产业的良好发展，使流出地成为合格的创业孵化园。流出地的农村地区有着丰富的自然资源、成本更低的土地和劳动力，是回流农民工创业的好去处。中部地区 C 省 G 市农业农村局的一位工作人员（男，编号：CZF7）表示特色产业自带回流吸引力：

> 这几年的话，我们市回流的农民工相对来说应该还是算比较多的。主要是体现在这方面，我们市的这个乡村振兴的产业这几年做得还可以。

经济不仅是乡村发展的命脉，也是农民工流向的指向标。只有在乡村振兴、产业兴旺的条件下，中西部地区对农民工回流的拉力才能大大增强，这种情况下的农民工回流才能是健康可持续的。

（二）生态宜居发展特色经济

与城市相比，农村有着天然的环境优势。在定性访谈中，"环境好""养老"等词语频繁地出现在中西部地区外出农民工的口中。因此，打造生态宜居、休闲舒适的现代化农村也是吸引农民工回流的一大法宝。中部地区C省E市就业局创贷中心主任（男，编号：CZF12）这样说：

> 把乡村建设好，有好多农民会回到农村去的。把人家弄到农村去更好，把土地弄好，把粮食弄好，发展农村经济，不也是对社会做了贡献。你像我们好多地方新农村做的比较好的，回去非常宜居，非常好啊，空气又好。特别是我们年纪大了一点，回农村更好。

一举两得的是，乡村生态环境和人居环境的改善，有利于发展乡村旅游业，如农家乐、生态旅游，这都可以成为农民工回流后创业增收的途径。中部地区C省E市K区P镇的一位驻村扶贫第一书记（男，编号：CZF10）提到当地兴盛的特色经济：

> 乡村振兴可能通路，通水，通电，电视肯定通，通路通到每个组，都很好走了。包括这个水，村里面都装自来水了，都很方便。然后好多人回来家里（老家）建漂亮的房子，还做点农家乐这些，我们这边还是比较多的。

（三）较高收入带来幸福生活

虽然产业兴旺是乡村振兴的关键，但是对农民工来说，整个农村经济慢慢复苏的现状不如自己鼓起来的口袋更具说服力。中部地区C省E市N区T镇镇政府的妇联主席（女，编号：CZF2）描述了乡村富足的生活：

> 平均都可以拿到3000多，都是三千五以上，所以现在那个妇女会去做。男的体力更好的就赚得更多。夫妻两个在家具厂一年下来赚个十多万是很平常的事。现在农村每家每户差不多都是小洋楼小汽车。

中西部地区回流农民工经济收入的提高得益于城镇工业和现代农业的发展。中部地区C省G市农业农村局的一位工作人员（男，编号：CZF7）介

候鸟的徘徊：农民工回流意愿研究

绍说：

> 现在我们市发展的这个产业还是发展得很好。说做农业不赚钱，其实做农业做的好的话也很赚钱，像我们这种种柑橘的，一亩地能有几千块钱纯收入。我们市的工资在全省来讲还是中等偏少。肯定看你的工种。一般情况下，五六千块钱还是没问题的。包括那些鞋厂，据我了解他们效益还可以，一天产四十万双鞋。

乡村振兴战略在一定程度上平衡了城乡之间、流出地与流入地之间收入上的不协调。从对中西部地区外出农民工和回流农民工的访谈中我们发现，只有看得见摸得着的收益提高了，农民工的回流意愿才会随之明显增强。

（四）治理有效提升生活质量

2020年10月召开的十九届五中全会和通过的《中华人民共和国国民经济和社会发展第十四个五年规划和2035年远景目标纲要》提出，优先发展农业农村，全面推进乡村振兴，把乡村建设摆在社会主义现代化建设的重要位置。乡村振兴带来农村经济兴起的同时，也促进了生活环境和基础设施的改善，这可以吸引农民工回流并长期定居。中部地区C省E市N区T镇镇政府的妇联主席（女，编号：CZF2）提到乡村通过治理，人居环境得到较大改善，详见第八章第二节。

除了环境治理以外，基础设施建设也取得了极大的进步。中部地区E省D市农业农村局的一位处长（男，编号：EZF4）表示传统农村已变为新农村了：

> 因为现在乡镇振兴以后，原来我们那个很明显的感觉，农村很穷对吧，但是现在并不是那样的。你去看一看农村，现在那个楼房跟别墅一样。好多院子这个一建一修，或者说这个道路现在实行村村通，道路都不是原来那种土路了，现在全部都是水泥路了。现在实行乡村振兴以后，最直接受益者肯定就是农民了，您说对农民工回流有影响没有？

由于农村空心化问题，乡村失去了原有的活力和生机，外出农民工回流及回原居地的意愿也大受影响。但随着乡村振兴工作的推进，乡村环境和基础设施建设得到改善，中西部农村地区人们的生活质量明显提高，能有效满足农民工对回流后美好生活的期待。

由此可见，乡村振兴从不同方面、不同角度推动了乡村进一步发展，到最后也是殊途同归，通过把握农民对乡村的期待，一步步将乡村建设成为独具特色的新样貌，对农民工回流产生了积极的影响。李明奇（2018）也认为，乡村振兴有助于促进农民工回流。

二 农民工回流对乡村振兴的推动作用

乡村振兴的关键在于人，一个只有留守老人和留守儿童、大量农民工尤其是新生代农民工外出务工的农村，是缺少经济活力和发展动力的。乡村振兴在吸引农民工回流的同时，农民工回流也在推动乡村振兴持续进行。

（一）促进产业兴旺

农民工回流对乡村振兴产生最深远的影响就是推动了当地产业的发展。中部地区 C 省 E 市 X 县发改委项目办主任（男，编号：CZF9）对回流农民工的贡献持肯定态度：

> （工厂）主要是本地在外创业人员回来开办的。经营较好，对当地经济社会发展带来了就业等正面影响。

此外，回流农民工对脱贫攻坚和现代农业的推进更具时代意义。比如中部地区 C 省 E 市就业局培训科科长（男，编号：CZF11）提到的"扶贫车间"：

> 我了解到的一些扶贫车间，就是刚才我说的，他们可能在沿海发达地区以前有过这种积累，然后也有一些销售的渠道，他就回来把这些加工的产品放到本地来做。比如说，什么电子产品、数据线之类的，这种比较简单的劳动力就能做得了。

西部地区 J 省 C 市 M 区 W 街道的街道办主任（男，编号：JZF1）在访谈中谈到回流农民工对农业机械化的普及：

回流农民工搞生产的话，他就不像过去一样，纯粹的手工劳动。他先进点，他会把机械化程度提高一点点。劳动的时候，他就去买一些实用的机械进行工作。否则的话，我们农村很多土地就处于荒废状态了。

总之，和流出地未外出的人口相比，回流农民工是教育程度更高、掌握技术、擅长经营管理的人，是促进乡村发展的强劲内生力量，他们凭借自身优势可在现代农业、新兴服务业、农村产业结构调整等领域发挥重要作用（李红娟，2019），推动当地产业的发展，促进乡村的产业兴旺。

（二）推动乡风文明

文化振兴是乡村振兴战略的一个重要构成部分，通过文化能够为乡村生活赋予更多的价值感，满足人们日益增长的对美好文化生活的需求及幸福感与快乐感，提升乡村发展的活力，增强其凝聚力，焕发其魅力。回流农民工经受过城市精神文明的影响与洗礼，他们把城市文明的生产与生活方式带到乡村，利用城市思想文化观念反哺乡村文明文化，冲击乡村的生产与生活方式，破除乡村陋习，对乡村的发展观念与理念都产生了较为深刻的影响，一定程度上加速了乡村的文明化进程（王尚君，2018），较大地推动了乡风文明建设。[①] 中部地区 C 省 E 市 K 区 P 镇的一位驻村扶贫第一书记（男，编号：CZF10）说回流农民工是乡村振兴有力的支持者：

（农民工）回流肯定是对乡村振兴有促进作用。毕竟在外面，眼界更高，就是他的素质相对来说更高，观念更开放，他可能做一些事情，就是更会配合，更支持乡村振兴。

显然，外出农民工在流入地接受到更多元和现代化的文化，更开阔的眼界和更紧跟时代的思想使他们更容易接受乡村振兴战略方针中具有变革性的举措，而这有助于推动乡风文明建设。

（三）参与乡村治理

有效的乡村治理是实施乡村振兴的重要基础。农村人口大规模流向城市

---

① 本段话引自李红娟《返乡农民工在乡村振兴中的作用》，《中国物价》2019 年第 6 期。

第九章 新型城镇化、乡村振兴与农民工回流关系的定性分析

造成了"产业空""村庄空""组织空"等一系列问题及后果（王立胜，2018）。回流农民工经过在城市的奋斗和历练，开阔了眼界、拓宽了思路、积累了资本。相比而言，他们既具有广泛的农村人际关系网络，也更具现代化的视野与管理理念，在农村"村庄空、组织空"的情况下，他们很容易"脱颖而出"，成为乡村社会的精英、发展的能人，并通过直接或间接的方式参与到农村基层治理中去。[①] 一位从湖北黄石市阳新县到广东东莞市虎门镇务工但现在已经回流到湖北黄石市阳新县的村主任（高中、男、46岁，编号：EHL11）说：

> 特别是那种身体又不好、年龄又高的这种（老年人），我们就采取措施动员他来这里的安置房。我们基本上经常走访，一个礼拜我们村5个干部轮流去他家走走，看看有什么需要或者有什么困难，帮扶一下。国家政策也好，上面也抓得很严的，经常来督促，上面领导也来（督促）。

回流农民工参与乡村治理的途径一般有两个：一是通过推荐、选举、选拔的方式进入到农村干部队伍，掌控村庄公共权力，深度参与农村基层社会治理，从而实现"能人治村"。二是凭借经济资本，以经济精英的身份，利用间接方式参与基层社会治理，通过与村干部的合作，间接地对基层权力发挥作用。

回流农民工从产业兴旺、乡风文明、乡村治理等多维度助力乡村振兴。乡村的发展为了人，乡村的发展更离不开人。回流农民工具有一定的经济、技术、资金、文化、管理等资本与经验，他们属于乡村中的"精英群体"，是乡村振兴中不可忽视的人才资源（李红娟，2019）。在"产业空""村庄空""组织空"现象凸显的乡村，回流农民工更是为当地的发展注入了新动能、新活力、新机遇和新希望。

综上所述，农民工回流与乡村振兴之间是相互促进的关系。乡村振兴为农民工回流创造了条件，吸引着农民工回流；农民工回流为乡村振兴提供了发展力量，也影响着乡村振兴未来的走向。这种双向的潜移默化的影响，需要时间的考验和积淀。

---

① 本段话引自李红娟《返乡农民工在乡村振兴中的作用》，《中国物价》2019年第6期。

第三节　农民工回流规模的变化

从第四章的定量分析可知，中西部地区外出农民工回流与否的意愿存在较大省际差异。总体而言，中西部地区外出农民工回流的意愿较弱，其中，西部地区外出农民工回流的意愿比中部地区弱。最近几年，全国各大区域都在积极推进新型城镇化建设和乡村振兴，这使得流入地和流出地对农民工回流的拉力和推力都发生了一些变化，而这将在一定程度上影响农民工的回流规模。下面将采用定性研究方法，分析中西部地区外出农民工回流规模的变化。

总体而言，我国地域辽阔，地区间的经济和社会发展差异显著。从时间的角度看，中西部地区外出农民工回流规模的变化存在明显的地区差异。

一　蒸蒸日上的中部地区

受地理位置、经济基础、社会政策等条件影响，中部地区的经济社会发展虽然仍比不上东部地区，但是明显优于西部地区，特殊的中间位置让中部地区对外出农民工回流具有一定的吸引力。

中部地区 C 省 E 市 K 区 P 镇的一位驻村扶贫第一书记（男，编号：CZF10）讲述了当地农民工回流规模逐年增多的三个原因：

> 近几年来，回流的农民工应该是逐年地在增多，有技术有能力有条件的都回乡创业……我们本地企业也增多了，就业也比较容易，还能照顾家庭。就我刚刚说的，有技术有能力有条件的，他就回来办厂办企业，这是一种。然后有经验的，有土地流转的就发展种植养殖（业）。还有一些普通的技工，他回来可能是本地的企业都比较多了，所以他回来就业的话，比较容易，还能照顾家里。就是说三种人，三个因素，造成这几年回流的农民工逐年在增多。

从中部地区的整体情况来看，虽然回流农民工在农民工总量中占比不大，但不可否认的是，随着中部地区经济发展的不断深入，农民工的就业机会和创业条件都有了日新月异的变化，所以农民工的回流规模在逐渐增加。

二 吃"虾米"的西部地区

与中部地区不同，西部地区的经济发展不仅大大落后于东部地区，也落后于中部地区。尽管有西部大开发战略的支持，西部地区的发展速度也比不上东部和中部地区。相应的，农民工回流的趋势不明显。

西部地区 N 省 B 市 F 县 D 镇的一位副镇长（编号：NZF22）认为西部地区的回流农民工少：

> 外出的比较多，基本上就四五千人左右……。这两年也有政策调整，但是回流也不是很多。外出务工这一块毕竟是收入见效能快一点，现在回来的农民工基本上是从事养殖的种植的，或者是服务业这块，开农家乐这一块，人数是 2%—3%。回流农民工毕竟是少数……在外边他有经济收入，又有经济基础。回来毕竟是创业，创业就要投资。前期由于不停的投资，投入比较大点。前几年，相当于是只投入，没有收益。

这位受访者提到，西部地区因为就业的收入比不上经济发达地区，而农民工回流创业需要一定的时间和金钱，并有投资风险，对于想赚钱养家的大部分农民工来说算不上一条最优路径。因此，西部地区外出农民工回流的是少数。

西部地区地域辽阔，虽然总体经济实力不及东部地区和中部地区，但也有一些经济发展比较好的地方。在这些经济相对发达的西部地区，受当地劳动力外出的影响，本地劳动力难以满足产业发展的需要。在农民工回流现象不多的情况下，他们是如何解决其劳动力不足的问题？笔者调研时发现，西部相对发达地区承担的是"劳动力食物链"的中间角色，它吸引不回自己外出的农民工，就去引进更贫穷地区的农民工到当地就业，这样反而使人口流入比流出规模更大。西部地区 J 省 C 市 M 区 W 街道的街道办主任（男，编号：JZF1）这样说：

> 我们这个地方，流进的人口更多。原来他出去打工的，找到门路，他还是没回来。经过第七次人口普查，我们这个街道办，出去了两三万人，而我们这地方打工进来的人有几万人（加上学生）。总体来说，我们

这个区域范围人口比原来增加了一两万人。我们来了四万人，但是我们也出去了两三万人……我们不需要他们（外出农民工）回来，他们也不愿意回来。

根据上面两位受访者提供的信息可知，一方面，西部地区的经济发展还不足以吸引外出农民工回流就业和创业；另一方面，当地劳动力需求已经得到基本满足。所以西部地区对外出农民工回流的引导不如中部地区积极，导致该地区农民工回流的规模也明显低于中部地区。

无法避免的是，中西部地区的经济发展和政策影响需要一定的时间起作用，回流更是一个持续性的过程。就中西部地区目前的条件来说，农民工不会一下子大比例回流，这是正常的现象，外出农民工回流还只是一个正在发展中的小规模事件。这一定性研究发现与第五章第三节做的预测"近五年不会形成明显的回流潮"相互印证。

这也提示中西部地区的政府部门在制定人口有序流动的政策时，不能受有些省份（包括省、市、县、乡镇四级）出台鼓励农民工回流政策的影响，简单地通过效仿其他地区出台相关鼓励农民工回流政策；而是需要结合当地的实际情况来制定相关政策，引导人口合理有序流动，优化劳动力资源配置，满足人民日益增长的美好生活需要。

第四节　总结与讨论

以上内容使用使用定性研究方法探讨了新型城镇化与农民工回流的关系、乡村振兴与农民工回流的关系、农民工回流规模的变化。下面将对本章的主要研究发现进行总结与讨论。

（一）实证研究结果

第一，新型城镇化对中西部地区外出农民工回流具有积极的影响。新型城镇化对中西部地区外出农民工回流的拉力体现在三个方面：第一，在政策支持下，大量劳动密集型产业向中西部地区转移以及流出地自身产业的发展，使中西部地区的就业机会增加，相对收入也得到提高。流出地就业和创业环境的改善，吸引了农民工回流就业和创业。第二，城镇户籍制度改革，回流农民工及其随迁家属有机会落户中西部地区的乡镇或区县政府所在地，使农民工回流后能获得所需要的教育、医疗和基本公共服务。第三，生活环境和基础设施明显改善，为流出地留住回流农民工增加了优势。虽然新型城镇化的推进能够吸引部分外出农民工回流，但这一影响还不大。

第二，中西部地区外出农民工回流能够推进新型城镇化高质量发展。对中西部地区而言，回流农民工既是经济发展的重要力量，也是社会和谐的调和剂。首先，农民工是中西部地区不可或缺的人力资源，因为农民工大量外出，使得部分经济相对发达地区出现"招工难"的问题，有技术、有经验的农民工回流能够弥补新型城镇化带来的就业岗位增加和就业人员不足之间的缺口。其次，回流农民工拥有从流入地获得的技术、经验和资金，这使得他们在回流创业方面具有较为明显的优势，有助于推动新型城镇化的现代产业发展。最后，回流农民工是中西部地区社会建设的一员，他们的回流在协助社会活动正常进行的同时，也缓解了流出地"空巢老人"和"留守儿童"的问题。总而言之，农民工回流可以促进中西部地区新型城镇化持续健康发展。

第三，乡村振兴对中西部地区外出农民工回流有正向的促进作用。乡村振兴主要从经济和环境两方面影响农民工的回流选择。一方面，乡村振兴对流出地产业发展的扶持，将使流出地的产业兴旺发展，而这将提供较多的就业机会，使农民工在家门口就能获得相对满意的收入，这将在一定程度上提升中西部地区外出农民工回流的意愿、促进农民工回流。另一方面，乡村振兴提高了中西部地区的基础设施水平，改善了人居环境，满足了农民工对回流后更高生活质量的期待。

第四，中西部地区外出农民工回流可以助力乡村振兴。首先，劳动力的大量外流使得中西部地区一些农村"空心化"的现象较为凸显，而中西部地区农民工回流可以为乡村振兴增添发展活力，促进中西部农村地区的产业兴旺，引领当地经济健康稳定发展。其次，农民工在流入地接受的新思想、新理念，可以对农村落后习俗和观念进行改革，有助于乡村振兴的精神文明建设。最后，农民工的回流为乡村治理提供了精英人才，他们在发达城市接触到的管理和发展理念，能够为乡村治理提供新的思路。

第五，中西部地区外出农民工回流规模总体扩大，但存在区域差异。随着新型城镇化和乡村振兴在中西部地区的持续推进，其经济和社会发展都有了明显的进步。受流入地推力和流出地拉力变化的影响，农民工回流的规模在逐渐扩大。需要说明的是，中西部地区回流农民工规模的变化存在区域差异，中部地区回流农民工的数量总体在增长，而西部地区回流农民工的数量增长缓慢。究其原因，这与中部地区的就业机会和收入水平优于西部地区，但劳动力的供应又少于西部地区有关。当然，也与中部地区全方面鼓励外出农民工回流，而西部地区只鼓励人才回流，对中低端外出农民工持顺其自然的态度有关。

（二）理论回应

在理论方面，本章内容围绕回流类型与新古典经济理论、新迁移经济理论和结构主义理论进行了对话。

首先，从纵向比较的角度，对新古典经济理论和新迁移经济理论作了补充。新古典经济理论认为回流者是被动的失败型回流，新迁移经济理论则认为回流者是主动的成功型回流。这两个理论都是采用在同一时段对回流劳动力做的二元划分，并没有把纵向的时间变化维度考虑进去，因此难以概括我国新型城镇化背景下中西部地区外出农民工多元化的回流类型。本书认为，在分析我国中西部地区外出农民工的回流类型时，需要纳入纵向的时间变化维度，即劳动力的回流类型会因不同的时期而异。在我国传统城镇化背景，我国农民工的回流类型为退休型和被动型；在新型城镇化背景下，除了退休型和被动型外，还有发展型和"家""业"兼顾型。

其次，结构主义理论虽然提出了四种回流类型，由于该理论未考虑我国国情，故不适合用来概况我国农民工回流的类型。如第二章所言，因为户籍制度的存在，我国农民工流动选择的影响因素与西方发达国家劳动力流动选择的影响因素存在一些差异。与西方发达国家不同，我国农民工"家"和"业"的选择会对其回流决策产生影响，由此使得我国农民工的回流类型中有一种非常具有中国特色的"家""业"兼顾型回流。

第十章 主要结论及对策建议

随着我国工业化和城镇化的发展，特别是自1978年党的十一届三中全会以来，农民工数量持续增长，规模迅速壮大。1984年，张雨林教授首次提出"农民工"这一概念后，农民工问题受到政府、社会和学界的关注逐渐增多，农民工在经济社会发展中所做出的贡献也逐渐得到社会各界的肯定和认同。一方面，过去用来描述农民工的一些带有歧视性色彩的词语逐渐减少甚至消失，如盲流；另一方面，政府越来越关注农民工的生存和发展问题，如党的十九大报告提出"加快农业转移人口市民化"，以解决农民工在身份转换过程中遇到的职业声望低、社会保障缺、居住条件差，以及无法享受均等的公共服务等问题。

受经济社会发展不均衡的影响，我国的农民工形成了明显的由欠发达地区流向发达地区的迁移流。学界近几十年来对这支农民工的主流给予了极大关注，积累了大量的研究成果，人口学、社会学、人类学、经济学、管理学等众多学科都有所涉及，而且研究内容非常广泛，涵盖农民工的基本特征、劳动就业、心理状况、社会融合、健康发展等方面。相比之下，学界对农民工回流意愿和回流行为的研究相对较少，这与有回流意愿和有回流行为的农民工规模较小有关。尽管我国在1989—1991年和1998—2000年形成了两次回流的小高峰，2004年珠三角地区因回流出现了民工荒，但回流作为逆向迁移流，政府和学界对其关注仍然较少。2008年爆发全球金融危机后，东部地区许多劳动密集型企业倒闭，由此使大量农民工在短时间内回流，回流问题才开始受到社会各界的广泛关注。最近几年，我国的经济发展进入新常态，为解决人民日益增长的美好生活需要和不平衡不充分的发展之间的矛盾，国家提出了新型城镇化战略和乡村振兴战略。这两个国家战略的实施，对流入地和流出地的推力和拉力带来了不同程度的改变，而这可能影响农民工的流动选择。由于农民工的流量和流向会通过改变人口分布而影响区域的经济社会发展、新型城镇化建设和乡村振兴的进程，为此农民工回流问题再次受到政府和学界的关注。

本书使用2016年全国流动人口卫生计生动态监测调查数据和笔者的调查数据，系统和深入地探讨了中西部地区外出农民工回流意愿的现状特点及其影响因素，新型城镇化、乡村振兴与农民工回流的关系。本章内容首先从中西部地区外出农民工回流意愿的现状特点和影响因素两方面总结本书的主要发现；其次，归纳新型城镇化、乡村振兴与农民工回流的关系；然后基于研究发现，提出相关对策建议，引导中西部地区外出农民工合理有序流动，优化劳动力资源配置，以促进新型城镇化的发展；最后概括本书的创新和发展，指出存在的不足以及有待进一步研究和完善之处。

第一节 中西部地区外出农民工回流意愿的现状特点

本书使用单变量和双变量描述性分析方法和模型分析方法，采用回流与否意愿、回流时间意愿、回流地域意愿和回流创业意愿四个测量指标对中西部地区外出农民工回流意愿的现状特点和影响因素进行了系统和深入地分析。与此同时，还采用定性研究方法对中西部地区外出农民工回流意愿作了补充分析：具体包括农民工回流意愿的影响因素，新型城镇化、乡村振兴与农民工回流的关系。下面对主要研究发现进行简单概括。

一 农民工回流的意愿较弱，超三成在回流与否的选择上存在不确定性

中西部地区外出农民工的回流与否意愿呈现两个明显的特征。第一，中西部地区外出农民工回流的比例为6.71%，这表明中西部地区外出农民工回流的意愿较弱。一些农民工子群体的回流与否意愿与农民工整体呈现类似的特点——回流的意愿较弱。如受雇农民工和自雇农民工回流的比例分别为8.41%和5.07%；新生代农民工和老生代农民工回流的比例分别只有6.24%和7.21%；个人流动、半家庭式流动和举家流动农民工回流的比例分别为8.78%、7.40%和4.18%。回流的意愿较弱可以从三个方面进行解释：一是中西部地区外出农民工回流的意愿确实较弱，这是最主要的原因。二是受样本选择性的影响（即回流的意愿较强的农民工可能已经回流到了流出地，在流入地的调查未能包括这一人群），中西部地区外出农民工回流的比例存在一

定程度的低估。三是与调查问题的问法有关,2016 年全国流动人口卫生计生动态监测调查询问的是近 5 年的回流与否意愿。笔者的问卷调查和个案访谈发现,若追问"等老了以后,您是否打算回流到老家"时,大部分人都毫无犹豫地回答"那肯定回去"。第二,中西部地区外出农民工没想好的比例超三成,这透视出有一部分农民工在回流与否的选择上存在不确定性。这种不确定性也普遍存在于各农民工子群体中,如受雇农民工和自雇农民工没想好的比例分别为 32.57% 和 27.80%;新生代农民工没想好的比例超过三成,老生代农民工没想好的比例虽然略低,但也达到 28.00%;个人流动、半家庭式流动和举家流动农民工没想好的比例分别为 36.28%、31.78% 和 23.05%。简而言之,在新型城镇化背景下,中西部地区外出农民工整体和子群体回流的意愿因不同的生命周期而异,年轻时他们回流的意愿较弱,等年纪大了他们回流的意愿才会增强;还有一部分中西部地区外出农民工在回流与否的选择上存在不确定性。

二 农民工的回流时间意愿呈现分散性,超三成在回流时间的选择上存在不确定性

中西部地区外出农民工的回流时间意愿呈现分散性特征,即四成多农民工近期回流,两成半农民工 3 年及以后回流,剩余三成多农民工在回流时间的选择上表示没想好。和农民工整体类似,农民工子群体的回流时间意愿也存在分散性和不确定性。从代际来看,新生代农民工接近五成近期回流,两成多 3 年及以后回流,近三成表示没想好;与新生代农民工相比,老生代农民工近期回流的比例更低(34.71%),但 3 年及以后回流和没想好的比例更高,分别为 28.07% 和 37.23%。从流动模式来看,个人流动农民工近期回流的比例为 50.16%,3 年及以后回流和没想好的比例分别为 21.66% 和 28.18%;半家庭式流动农民工近期回流的比例为 38.60%,3 年及以后回流的比例为 27.60%,没想好的比例为 33.80%;举家流动农民工近期回流的比例低于个人流动和半家庭式流动农民工,为 32.33%,3 年及以后回流和没想好的比例则高于个人流动和半家庭式流动农民工,分别为 27.71% 和 39.96%。显然,中西部地区外出农民工整体和子群体在回流时间意愿上表现出两个明显的特点:一是回流时间意愿呈现分散性;二是部分农民工在回流时间的选择上存在不确定性。

三 农民工的回流地域意愿具有多地性特征，在回流地域的选择上不确定性少

研究发现，中西部地区外出农民工回原居地的比例超过70.00%，回乡镇或区县政府所在地的比例接近20.00%（其中，回乡镇政府所在地的比例为8.12%，回区县政府所在地的比例为11.83%），在回流地域上没想好的比例不到9.00%。由此可见，中西部地区外出农民工的回流地域意愿具有多地性特征，不再是过去的"流入地——原居地"的两地互动模式，而是呈现"流入地——原居地为主——乡镇、区县政府所在地为辅"的多地模式。与回流与否意愿和回流时间意愿相比，中西部地区外出农民工在回流地域的选择上没想好的比例最低，这表明中西部地区外出农民工在该问题的选择上存在的不确定性最少。农民工子群体的回流地域意愿也呈现以原居地为主、乡镇或区县政府所在地为辅的多地性特征以及不确定性低的特点。如新生代农民工有67.55%回原居地，有22.73%回乡镇或区县政府所在地，只有9.73%没想好；老生代农民工回原居地的比例更是高达74.87%，有17.39%回乡镇或区县政府所在地，没想好的比例仅为7.73%。个人流动农民工回原居地的比例为69.26%，回乡镇或区县政府所在地的比例为21.34%，没想好的比例为9.39%；相比之下，家庭式流动农民工回原居地的比例更高，为72.00%左右，回乡镇或区县政府所在地的比例在20.00%左右，没想好的比例为7.90%左右。概而言之，中西部地区外出农民工在回流地域的选择上较为明确，他们以回原居地为主，回乡镇或区县政府所在地为辅。对回乡镇或区县政府所在地的中西部地区外出农民工而言，区县政府所在地比乡镇政府所在地对其更具有吸引力。

四 农民工有一定的回流创业意愿，但创业的层次较低、创业面临的困难较多

在"大众创业、万众创新"的背景下，接近一半的中西部地区外出农民工有创业的意愿。然而，农民工各子群体回流创业的比例存在一定的差异。从就业身份来看，受雇农民工回流创业的比例（43.84%）比自雇农民工回流创业的比例（59.38%）低15.54个百分点。从代际来看，新生代农民工回流创业的比例高达59.34%，老生代农民工回流创业的比例仅为24.87%，前者

比后者高 34.47 个百分点。农民工虽然有一定的回流创业意愿，但创业的层次不高，多为技术含量较低、门槛较低、资金投入较低的行业。如笔者对创业领域的调查数据显示，中西部地区外出农民工有 12.50% 从事食品加工业，有 24.57% 加盟连锁店，有 24.57% 从事农产品种植或养殖，有 24.03% 从事批发零售，有 10.78% 从事小型代工（如制衣等）。此外，装修、印刷、餐饮、建筑、包装等也是中西部地区外出农民工回流创业的领域。本书发现，中西部地区外出农民工的回流创业领域多与他们在流入地从事的职业有关。此外，中西部地区外出农民工尽管在流入地积累了一定的经济资本、社会资本和人力资本，但其在回流创业过程中仍然面临较多困难，如他们中认为资金不足的有 78.97%，认为创业知识缺乏的有 65.67%，认为难以享受国家政策扶持的有 51.50%，认为存在管理经验不足的有 54.94%，认为难以准确判断市场需求的有 53.65%，认为缺乏政府有效的产业引导和项目指导的有 48.07%，认为技术人员缺乏的有 42.06%。还有一些农民工认为存在人脉不足、合作者难找、当地经济发展状况不好、物流落后等困难，这一比例累计为 3.86%。简言之，中西部地区外出农民工虽然有一定的回流创业意愿，但创业的层次不高、创业面临的困难较多。

概括而言，中西部地区外出农民工回流的意愿因不同的生命周期而异，年轻时他们回流的意愿较弱，等年纪大了他们回流的意愿才会增强；其回流时间意愿呈现分散性；回流地域意愿具有多地性特征。由此可以推断我国中西部地区外出农民工在近五年内（因为调查询问的是近五年的情况）不会出现明显的回流潮。无论是回流与否意愿还是回流时间意愿，都有三分之一左右的农民工存在不确定性。相比之下，中西部地区外出农民工在回流地域选择上的不确定性最低。在双创背景下，中西部地区外出农民工具有一定的回流创业意愿，但创业的层次偏低，创业面临的困难较多。

第二节 中西部地区外出农民工回流意愿的影响因素

为了方便读者了解定量研究中，中西部地区外出农民工回流意愿的影响因素，本书在表 10-1 中汇总了主要自变量对各因变量的影响（包括是否有影响和影响的性质）。其中，"＋"表示自变量对因变量有显著正影响；"－"表示自变量对因变量有显著负影响；"/"表示自变量对因变量没有显著影响；

"na"表示在模型中没有考虑该自变量对因变量的影响。定性研究主要分析的是"家"和"业"、流入地和流出地因素对中西部地区外出农民工回流与否意愿的影响。

一 个体因素对回流意愿的影响

（一）经济特征

1. 职业

职业对中西部地区外出农民工回流意愿的影响因不同的测量指标而异。职业显著影响中西部地区外出农民工的回流与否意愿、回流时间意愿和回流创业意愿。就回流与否意愿而言，工人回流的概率最高、商业服务业人员次高。这表明职业声望低的中西部地区外出农民工回流的意愿更强。就回流时间意愿而言，工人近期回流的概率高于管理技术办事员，这也在一定程度上说明职业声望低的中西部地区外出农民工近期回流的意愿更强。从回流创业意愿来看，商业服务业人员创业的意愿强于管理技术办事员，这与商业服务业人员中有较高比例从事个体和公司经营有关，商业人员多为雇主或自营劳动者，他们积累的技能、销售和管理经验，为其回流创业提供了重要的经验支持。从事不同职业的中西部地区外出农民工，其回流地域意愿没有显著差异。

2. 就业身份

本书考察了就业身份对中西部地区外出农民工回流与否意愿和回流创业意愿的影响。就业身份显著影响中西部地区外出农民工的回流与否意愿：自雇农民工回流的概率显著低于受雇农民工，这表明自雇农民工回流的意愿比受雇农民工弱。就回流创业意愿来看，在其他变量相同的情况下，自雇农民工创业的意愿强于受雇农民工，因为自雇农民工具有更高的收入为其回流创业积累了更多的经济资本，并且多数自雇农民工从事商业服务业为其回流创业积累了一定的技能、销售和管理经验。

3. 月收入

月收入对中西部地区外出农民工回流与否意愿、回流时间意愿和回流地域意愿的影响完全一致，均为显著的负向影响。即中西部地区外出农民工随着月收入的增长，其回流（因变量为回流与否意愿）、近期回流（因变量为回流时间意愿）和回原居地（因变量为回流地域意愿）的概率随之下降。这在一定程度上透视出月收入较高的中西部地区外出农民工更倾向在流入地长期居住，而月收入较低的中西部地区外出农民工因为在流入地未能实现"预期收入"而被动选择回流，这与新古典经济理论的研究结果一致。月收入对农民工回流与否意愿和回流时间意愿的负向影响受到代际的调节：就回流与否意愿而言，月收入对新生代农民工的影响大于老生代农民工；就回流时间意愿而言，当月收入较低时，新生代农民工近期回流的概率高于老生代农民工；但当月收入较高时，新生代农民工近期回流的概率低于老生代农民工，这从代际的角度对新古典经济理论做了拓展。就回流创业意愿而言，随着收入的增长，中西部地区外出农民工创业的意愿随之增强。

4. 购房地点

本书发现，中西部地区外出农民工的购房地点显著影响其回流与否意愿和回流地域意愿。从回流与否意愿来看，在户籍地的政府所在地和户籍地的村购房的中西部地区外出农民，回流的意愿强于在流入地购房的农民工。从回流地域意愿来看，在户籍地的政府所在地购房的农民工，回原居地的意愿弱于在流入地购房的农民工；在户籍地的村购房的农民工，回原居地的意愿强于在流入地购房的农民工。这表明住房对中西部地区外出农民工而言，不仅是栖身之所，更是情感和梦想的寄托，将显著影响其回流与否意愿和回流地域意愿。当然，购房地点与回流与否意愿、回流地域意愿之间的关系也可能存在双向因果关系，即回流和回原居地的中西部地区外出农民工可能会选择在户籍地的村购房。

（二）人力资本特征

5. 教育程度

教育程度对中西部地区外出农民工回流意愿的影响因不同的因变量而异。教育程度显著负向影响中西部地区外出农民工的回流与否意愿，即随着教育程度的提高，中西部地区外出农民工回流的意愿随之减弱。此外，教育程度越高，中西部地区外出农民工回原居地的意愿也越弱。教育程度对中西部地区外出农民工的回流创业意愿也有显著影响，高中教育程度的农民工，创业的意愿强于初中及以下教育程度的农民工；但大专及以上教育程度的农民工，创业的意愿与初中及以下教育程度的农民工没有显著差异。显而易见，中西部地区外出农民工的教育程度与其回流创业意愿之间是倒U型关系。这一方面表明，教育程度的提升有助于中西部地区外出农民工获得更多的知识、技能和经验，积累更多的创业资本，掌握更多的创业信息，进而提升其创业意愿；另一方面，教育程度提高到大专及以上的水平时，相对优厚待遇的就业岗位增多，这将在一定程度上减弱中西部地区外出农民工的回流创业意愿。

表 10-1 主要自变量对各因变量的影响汇总

变量名称	回流与否意愿		回流时间意愿		回流地域意愿		回流创业意愿
	回流	没想好	近期回流	没想好	回原居地	没想好	创业
职业（对照组：管理技术办事员）							
商业服务业人员	+	+	/	/	/	/	+
工人	+	+	+	/	/	/	/
自雇者	−	/	na	na	na	na	+
月收入	−	−	−	/	−	/	+
购房地点（对照组：流入地）							
户籍地的政府所在地	+	+	na	na	−	−	na
户籍地的村	+	+	na	na	+	/	na
教育程度（对照组：初中及以下）							
高中	−	−	/	/	/	/	+
大专及以上	−	−	/	/	−	/	/
参加了职业技能培训	na	na	na	na	na	na	+
老生代农民工	+	/	−	/	+	/	−
有留守配偶	+	+	+	/	/	/	na
有留守子女	+	+	+	/	+	/	na
有留守父母	+	/	/	/	/	/	na
流动模式（对照组：个人流动）							
半家庭式流动	−	−	/	/	/	/	na
举家流动	−	−	−	−	−	−	na
有家人回流户籍地	na	na	na	na	na	na	+
西部	−	+	/	−	−	/	/

注："+"表示显著正影响，"−"表示显著负影响，"/"表示无显著影响，"na"表示未考虑关系。

6. 有无参加职业技能培训

结合第二章的理论框架和笔者的调查数据，本书仅考察了有无参加职业技能培训对中西部地区外出农民工回流创业意愿的影响。数据分析结果显示，参加了职业技能培训的中西部地区外出农民工创业的意愿强于没有参加职业技能培训的中西部地区外出农民工。这一方面表明当前中西部地区外出农民工参加的职业技能培训具有一定效果，有助于其获得职业技能；另一方面透视出职业技能在创业过程中占有重要的地位，可以增强中西部地区外出农民工的回流创业意愿。

（三）人口学特征

7. 代际

新生代农民工与老生代农民工在回流意愿的四个测量指标上存在明显差异。从回流与否意愿和回流地域意愿来看，老生代农民工回流的意愿强于新生代农民工，老生代农民工回原居地的意愿也强于新生代农民工，这与生命周期理论"年轻时外出务工挣钱，年龄大时回流到家乡"的观点一致。就回流时间意愿而言，老生代农民工近期回流的意愿弱于新生代农民工，这一结论看似与老生代农民工回流的意愿强于新生代农民工的结论相矛盾；事实不然，这是由于回流的新生代农民工通常要么因为家庭成员需要照料等家庭原因，要么因为回流创业等个人原因而需要近期回流。从回流创业意愿来看，老生代农民工创业的意愿弱于新生代农民工，这与新生代农民工的创业热情更高、对风险有更强烈的偏好有关。

概括而言，中西部地区外出农民工的回流意愿在个体特征方面具有一定的选择性，但这一选择性因回流意愿的不同测量指标而异。从回流与否意愿来看，回流的中西部地区外出农民工主要是职业声望相对较低的工人和商业服务业人员、受雇农民工、收入较低的农民工、在户籍地购房的农民工、教育程度较低的农民工、老生代农民工；数据还显示，在回流与否的选择上表示没想好的人群在个体特征方面也具有较强的选择性，且这一人群与回流的农民工具有很强的相似性，由此可以推断，没想好的人群是成为回流农民工的一个潜在人群。从回流时间意愿来看，近期回流的中西部地区外出农民工在个体特征方面的选择性不明显，主要为职业声望相对较低的工人、月收入较低的农民工、新生代农民工；在回流时间的选择上表示没想好的农民工在个体特征方面基本不存在选择性。从回流地域意愿来看，回原居地的中西部地区外出农民在个体特征方面具有一定的选择性，主要为月收入较低的农民工、在户籍地的村购房的农民工、教育程度较低的农民工、老生代农民工；在回流地域的选择上表示没想好的农民工在个体特征方面的选择性少。从回流创业意愿来看，创业的中西部地区外出农民工在个体特征方面具有较强的选择性，多为商业服务业人员、自雇农民工、月收入较高的农民工、教育程度为高中的农民工、参加过职业技能培训的农民工、新生代农民工。

综上所述，中西部地区外出农民工的回流意愿在个体特征方面的选择性具有以下特点：第一，中西部地区外出农民工的回流与否意愿和回流创业意愿在个体特征方面具有较强的选择性，回流的人群在职业、收入、教育程度等方面具有负向选择性。与回流的人群不同，创业的人群在收入、教育程度、职业技能培训等方面则具有正向选择性。第二，中西部地区外出农民工的回流时间意愿在个体特征方面的选择性不明显。第三，中西部地区外出农民工的回流地域意愿在个体特征方面具有一定的选择性。回原居地的人群在收入、教育程度等方面具有负向选择性。新古典经济理论和新迁移经济理论分别从两个不同的理论视角来评价回流者，前者倾向认为回流者是"失败者"，后者倾向认为回流者是"成功者"。结合本书的分析结果并与以上两个理论对照可发现，在新型城镇化背景下，我国当前回流的中西部地区外出农民工主要是新古典经济理论的"失败者"；回原居地的中西部地区外出农民工也主要是新古典经济理论的"失败者"。还有一些因年纪较大选择退休而回流的农民工。此外，本书在第八章和第九章的定性研究中发现，还有一些因发展需要或期望兼顾"家"和"业"的农民工主动回流，这对定量研究结果作了补充，使本书的研究结果更客观、更准确。第四，中西部地区外出农民工在回流与否意愿、回流时间意愿和回流地域意愿的选择上，都有一部分人群表示没想好。相比之下，在回流与否的选择上没想好的人群在职业、收入、教育程度等方面具有负向选择性，但在回流时间和回流地域的选择上没想好的人群在个体特征方面的选择性不明显。

二 家庭因素对回流意愿的影响

8. 有无留守配偶

受一些主观和客观因素的影响，有一些已婚的中西部地区外出农民工未能与其配偶一起流动,而这将在一定程度上影响其回流意愿。本书发现,有留守配偶的农民工,回流的意愿显著强于没有留守配偶的农民工。有留守配偶的农民工近期回流的意愿也显著强于没有留守配偶的农民工。这表明,留守配偶作为一名重要的家庭成员,是吸引中西部地区外出农民工回流的重要因素。不仅如此,有无留守配偶对回流与否意愿的影响还存在代际差异,即留守配偶对老生代农民工回流意愿的影响大于新生代农民工,这从代际的角度对新迁移经济理论作了发展。

9. 有无留守子女

有无留守子女显著影响中西部地区外出农民工的回流意愿。与没有留守子女的中西部地区外出农民工相比,有留守子女的中西部地区外出农民工回流的意愿、近期回流的意愿、回原居地意愿均更强。这一方面可以借用新迁移经济理论的观点来解释,即留守子女会激励中西部地区外出农民工尽快实现收入目标而回流,另一方面与中西部地区外出农民工需要回流照看留守子女有关。此外,有无留守子女对回流与否意愿和回流时间意愿的影响存在代际差异,即留守子女对新生代农民工回流和近期回流意愿的影响大于老生代农民工,这从代际的角度对新迁移经济理论作了补充。

10. 有无留守父母

有无留守父母显著影响中西部地区外出农民工的回流与否意愿。本书发现,有留守父母的农民工,回流的意愿显著强于没有留守父母的农民工。对于有留守父母的中西部地区外出农民工而言,虽然其近期回流和回原居地的意愿强于没有留守父母的农民工,但这一差异在统计上不显著。显然,有无留守父母对中西部地区外出农民工回流意愿的影响小于有无留守配偶和有无留守子女。

11. 流动模式

流动模式显著影响中西部地区外出农民工的回流意愿。从回流与否意愿来看,个人流动、半家庭式流动和举家流动农民工回流的意愿依次减弱。从回流时间意愿来看,近期回流的意愿在个人流动、半家庭式流动和举家流动农民工之间也依次减弱。从回流地域意愿来看,举家流动农民工回原居地的意愿显著弱于个人流动农民工。换言之,举家流动农民工因为在流入地实现了核心家庭成员的团聚,所以其回流、近期回流、回原居地的意愿都更弱。流动模式在一定程度上反映了中西部地区外出农民工核心家庭成员在流入地的家庭团聚情况，也就是说家庭团聚在很大程度上会影响中西部地区外出农民工的回流与否意愿、回流时间意愿和回流地域意愿，这与有无留守配偶、有无留守子女和有无留守父母对中西部地区外出农民工回流意愿的影响相互印证。

12. 有无家人回流户籍地

本书发现，有家人回流户籍地的中西部地区外出农民工回流创业的意愿强于没有家人回流户籍地的中西部地区外出农民工。有无家人回流户籍地作用于中西部地区外出农民工回流创业意愿的内在机制为：在资本市场和信贷市场相对不成熟、创业扶持政策相对不完善的中西部地区，其外出农民工的创业支持比较依赖于由血缘和亲缘关系组成的社会关系网络，即回流的家人因为其在流入地积累了一定的资本、技能、经验和信息，可以为其在资金、社会网络、技术、信息等方面给予创业支持。

可见，中西部地区外出农民工的回流意愿受到有无留守配偶、有无留守子女、有无留守父母和有无家人回流户籍地的影响。相比之下，留守子女的影响最大、留守配偶的影响次之，留守父母的影响最小，本书从三类留守家人比较的角度对新迁移经济理论做了拓展。数据显示，回流、近期回流、回原居地的人群主要是那些有留守家人（如留守配偶、留守子女、留守父母）的非举家流动的农民工；而有家人回流户籍地将显著提升中西部地区外出农民工的回流创业意愿。

三 流出地和流入地因素对回流意愿的影响

（一）流出地因素

13. 流出区域

流出区域对中西部地区外出农民工回流意愿的影响因不同的测量指标而异。就回流与否意愿而言，西部地区外出农民工回流的意愿弱于中部地区，但没想好的概率高于中部地区。就回流地域而言，西部地区外出农民工回原居地的意愿弱于中部地区外出农民工。这表明西部地区（尤其是西部的农村地区）对外出农民工的吸引力不及中部地区。从回流创业意愿来看，西部地区外出农民工的回流创业意愿与中部地区外出农民工没有显著差异，一方面与我国在"大众创业、万众创新"背景下，无论是中部还是西部地区都制定和出台了一些政策鼓励外出农民工回流创业，努力营造较好的创业环境有关；

另一方面，与各省份合并到一起后在一定程度上相互抵消了一些回流创业意愿的省际差异有关。

除了中部和西部地区外出农民工的回流意愿存在一些差异外，中西部地区外出农民工与东部地区外出农民工的回流意愿也存在一些差异。具体而言，中西部地区外出农民工回流的意愿更强，回流到原居地的比例也更高。换言之，中西部地区外出农民工比东部地区外出农民工更不倾向在流入地长期居住；回流的中西部地区外出农民工也更不倾向回乡镇或区县政府所在地。中西部地区外出农民工在回流与否、回流时间、回流地域的选择上比较矛盾，存在的不确定性明显多于东部地区外出农民工。

此外，中部和西部地区外出农民工的回流意愿并非铁板一块，存在明显的省际差异。从回流与否意愿来看，回流比例较高的省份有新疆、山西、云南、贵州、陕西，回流比例较低的省份有内蒙古、西藏、宁夏、广西、重庆。从回流时间意愿来看，近期回流比例较高的省份有新疆、山西、青海、贵州和宁夏，近期回流比例较低的省份有广西、安徽、重庆、湖南和江西。从回流地域意愿来看，回原居地比例较高的省份有新疆、山西、云南、河南、西藏，回原居地比例较低的省份有江西、陕西、重庆、安徽、四川和贵州；江西、陕西、重庆、甘肃、安徽、青海、四川、湖北、贵州、内蒙古等省份的外出农民工选择回乡镇或区县政府所在地的比例较高。特别值得一提的是，新疆和山西外出农民工在回流与否、回流时间和回流地域的选择上较为明确，存在的不确定性相对较少。

14. 就业机会增加

在新型城镇化和乡村振兴背景下，中西部地区一方面承接了东部地区的一些劳动密集型产业，另一方通过招商引资和鼓励创业的形式发展了许多具有地域特色的产业，为当地带来了大量的就业岗位。此外，中西部地区的政府还大力鼓励创业，通过创业促进就业的方式，来扩大就业容量。中西部地区多措并举的方式，创造了比过去更多的就业机会，这在一定程度上提升了中西部地区外出农民工回流的意愿。

15. 相对收入满意

中西部地区外出农民工最关注的问题是收入的多少。但关注的不是绝对收入，也不是预期收入，而是相对收入。即他们比较的是在流出地扣除衣食住行后所剩的收入与在流入地扣除衣食住行后所剩的收入。如果他们对相对

16. 居住环境改善

居住环境是农民工做回流选择时考虑的因素之一。中西部地区在政府主导的新农村建设、新型城镇化建设和乡村振兴下，流出地的基础设施和人居环境得到较大改善，这无疑会提升中西部地区外出农民工回流的意愿。

17. 乡土情结浓厚

乡土情结是影响农民工回流选择的情感因素，当农民工没有足够的经济实力支撑他们在流入地定居时，对流出地的情感依恋会趁虚而入，鼓励农民工做出回流选择。相比之下，老生代农民工的乡土情结比新生代农民工更浓厚。

18. 回流政策鼓励

中西部地区制定和出台了一些鼓励人才和外出农民工回流的政策。从给予就业创业补贴、贴息贷款、就业培训、发放现金等多方面入手，鼓励外出农民工回流到家乡就业创业。在对是否要引导中低端外出农民工回流的问题上，中部和西部地区具有较为明显的差异。目前，这些鼓励回流的政策已经初显成效，吸引了一些外出农民工回流就业和创业。

(二) 流入地因素

19. 就业机会减少

与流出地相比，流入地拥有更多的就业机会。但受新冠肺炎疫情、机器替代人等因素的影响，农民工在流入地的就业机会减少。一方面，疫情导致农民工在第二、第三产业的就业机会减少；另一方面，自动化给部分教育程度较低的农民工带来的是就业机会减少和就业竞争力减弱的双重影响。在多方面因素的影响下，部分农民工因未能找到合适的工作而回流。

20. 户籍制度藩篱

虽然我国一直在推进户籍制度改革，但是本地人与外地人之间的户籍制度藩篱还没有完全被打破。中西部地区外出农民工由于没有流入地户口，农民工很难享受户籍所带来的附加福利。制度藩篱既会减轻农民工对流入地的感情，也会增强农民工对流出地的依赖感，最终提升中西部地区外出农民工回流的意愿。

21. 生活成本昂贵

有许多农民工都认为流入地的生活成本昂贵，特别是住房方面。相比之下，农民工对流出地的生活成本比较满意。流入地昂贵的生活成本，让农民工难以实现经济储蓄，这在一定程度上提升了他们回流的意愿。

22. 发展空间有限

追求事业发展是中西部地区农民工外出的重要动力。在个案访谈中了解到，有少部分农民工在流入地发展得比较好，已经有在流入地定居的打算；然而也有一些农民工的职业声望和社会阶层不高，晋升空间有限，他们回流的意愿更强烈。

23. 文化习俗差异

我国疆域辽阔，各地在语言、饮食等文化习俗方面有所不同。文化习俗差异使得流动的农民工面临较大的社会适应挑战。社会适应不好的农民工，回流的意愿增强。

概而言之，中西部地区外出农民工的回流意愿受其经济特征、人力资本特征、人口学特征等个体、家庭、流出地和流入地等诸多因素的影响。这些影响因素背后反映的是中西部地区外出农民工在"家"和"业"之间的选择会影响其回流意愿的问题。

四 "家"和"业"的选择对回流意愿的影响

（一）"家"和"业"的选择对回流与否意愿的影响

在回流与否的选择上，中西部地区外出农民工在"家"和"业"之间的选择困境较多。"业"是吸引他们在流入地务工经商的主要原因，这使得其回流的意愿减弱；对于非举家流动者而言，受与留守家庭成员团聚的情感需求影响以及抚育留守子女、照顾留守老人的现实需要驱动，"家"是推动其回流的重要原因之一。在不能实现"家""业"兼顾的情况下，"业"对其回流与否意愿的影响大于"家"。定量研究发现，留守子女的影响最大、留守配偶的影响次之、留守父母的影响最小。这一结论也得到定性研究的证实和补充：一是留守子女是影响农民回流与否意愿的关键因素，但当留守父母能够帮助照顾留守子女时，农民工回流的意愿明显减弱；二是低龄留守父母对农民工回流与否意愿的影响小于高龄留守父母；三是如果农民工配偶为了照顾家庭而回流，农民工回流的意愿会暂时减弱。从代际差异的角度来看，"业"对新生代农民工回流与否意愿的影响大于老生代农民工；"家"对两代农民工回流与否意愿的影响因不同的留守家庭成员而异。

(二)"家"和"业"的选择对回流时间意愿的影响

在回流时间的选择上，中西部地区外出农民工在"家"和"业"之间有较多的选择困境。"业"吸引在流入地的农民工3年及以后回流，"家"则推动其2年内回流。对"家"和"业"兼顾的期望，使他们在回流时间的选择上犹豫不决。在不能实现"家""业"兼顾的情况下，"家"对其近期回流的影响大于"业"。在"家"的影响中，留守子女是推动他们近期回流的最大动力；留守配偶也会在一定程度上促使农民工近期回流。留守父母对农民工近期回流意愿的影响不明显，这与有些农民工的留守父母年龄不大，生活能自理，尚不需要他们回流照料有关。从代际差异的角度来看，"业"对农民工回流时间意愿的影响因不同的收入而异；"家"对农民工回流时间意愿影响的代际差异主要表现在"留守子女对新生代农民工近期回流的影响大于老生代农民工"，这是因为新生代农民工的留守子女有较多处于学龄期，且新生代农民工比老生代农民工更重视子女的教育。

(三)"家"和"业"的选择对回流地域意愿的影响

在回流地域的选择上，中西部地区外出农民工在"家"和"业"之间的选择困境较少。总体而言，"家"对中西部地区外出农民工回流地域意愿的影响大于"业"。"家"（主要是留守子女）吸引其回原居地，而"业"则吸引其到乡镇或区县政府所在地，寻找更多的就业机会和更高的收入。虽然"家"和"业"的影响方向不同，但因为"家"和"业"都在县域范围内，因此可以比较容易实现"家""业"兼顾。对于一些牺牲了"业"而顾"家"回流的农民工而言，他们的选择困境主要体现在回流与否的选择上，而非回流地域的选择上。

中西部地区外出农民工不管是优先选择"家"还是优先选择"业"，都是在"家"和"业"不能兼顾情况下做出的无奈选择，这会给中西部地区外出农民工的个人和家庭发展带来一定的负面影响，阻碍农民工不断实现他们对美好生活的向往。

第三节 新型城镇化、乡村振兴与农民工回流的关系

新型城镇化和乡村振兴是我国实施的两大国家战略。这两大战略与农民工回流之间是相互影响和相互促进的关系。

第十章　主要结论及对策建议

一　新型城镇化与农民工回流的关系

(一) 新型城镇化对农民工回流的拉力

1. 机会增多

在新型城镇化背景下，中西部地区为了促进当地的经济发展，除了承接东部地区的产业外，还积极打造当地的特色产业，引领当地经济的发展。基于特色产业成立的合作社在生产、采购、计划、销售等方面都增加了大量的就业岗位，为农民工回流就业和创业带来了良好的机会。对创业的政策扶持更是激发起农民工的创业热情。就业和创业环境的改善，吸引了部分中西部地区外出农民工回流。

2. 福利可得

与传统城镇化相比，新型城镇化更加注重提高户籍人口的城镇化率，更加注重城乡基本公共服务均等化。随着户籍制度改革的推进，中西部地区的许多中小城市、小城镇都已经取消了各种落户的限制。城镇零门槛或低门槛的落户政策，使得回流农民工可以和户籍人口一样均等地享有当地的基本公共服务和各项社会福利，从而吸引其回流到当地城镇。

3. 条件更好

新型城镇化战略实施以来，中西部地区中小城市的生活环境和基础设施都明显得到改善，有效地缩小了与特大城市和大城市之间的差距。这不仅能够吸引更多的外出农民工回流，还能够留住农民工。

(二) 农民工回流对新型城镇化的助力

1. 增加劳动力供给，刺激消费

劳动力是最基本的生产要素，对于新型城镇化来说，只有劳动力充足，才有发展的可能。劳动密集型企业更倾向转移到劳动力充足且廉价的地区，而回流农民工是当地劳动力的重要补充。回流农民工还在衣食住行用等方面刺激消费，扩大内需，为中西部地区新型城镇化的发展提供活力。

2. 创新创业，助力产业发展

与流出地人口相比，从大城市回流的农民工拥有更多的技术、经验和资金，眼界也更为开阔，他们的创业有助于促进中西部地区新型城镇化的现代农业和特色产业的发展。有些回流农民工把在沿海地区学习到的技术带回家，发展特色农业和现代农业；有的农民工利用在流入地积累的资金和经验，回家办厂。不管以何种方式，农民工回流创业都促进了流出地的产业发展。

3. 家庭成员回流，助力和谐发展

因为农民工大量外出，中西部广大农村地区的常住人口主要是留守老人和留守儿童，流出地的部分社会建设也因此受到一定的限制。回流农民工不仅可以发挥其眼界更开阔的优势参与社会治理，还能够缓解流出地的"空巢老人"和"留守儿童"问题。

（三）新型城镇化背景下农民工回流与传统城镇化背景下农民工回流的差异

1. 回流类型差异

我国传统城镇化背景下，农民工的回流类型主要有被动型回流和退休型回流。新型城镇化背景下，受流出地和流入地的拉力和推力变化的影响，中西部地区外出农民工的回流类型更加多元，可将其概括为被动型回流、退休型回流、发展型回流、"家""业"兼顾型回流。这表明新古典经济理论的被动的失败型回流和新迁移经济理论的主动的成功型回流均难以准确概括中西部地区外出农民工的回流类型。借用这两个理论分析我国新型城镇化背景下的农民工回流类型时，需要把纵向的时间变化维度考虑进去，即回流类型会因不同的时期而异。此外，用结构主义理论来解释中西部地区外出农民工的回流类型时，需要结合我国的国情，"家""业"兼顾型是一种非常具有中国特色的回流类型，不可忽略。

2. 回流地域差异

传统城镇化背景下，农民工受经济实力和户籍制度等限制，回流地域选择基本都是"流入地——原居地"两地互动的模式。新型城镇化背景下，实施大中小城市有差别的落户政策，中小城市和小城镇落户的门槛降低甚至取消，出于个人发展和子女就学等方面的考虑，农民工的回流地域为"流入地——原居地为主——乡镇、区县政府所在地为辅"的多地模式。

3. 回流择业差异

传统城镇化背景下，农民工回流后务农或做零工的现象较多。新型城镇化背景下，随着中西部地区政府对当地就业和创业的政策扶持，回流的农民工以非农就业为主，也有一部分农民工选择回流创业，包括搞现代农业、办

厂、做电商、包工头等形形色色的创业方式。

4. 回流代际差异

传统城镇化时期,农民工的回流类型为退休型回流和被动型回流,那时老生代农民工是回流的主体。现在除老生代农民工回流外,新生代农民工也有部分回流。

二 乡村振兴与农民工回流的关系

(一) 乡村振兴对农民工回流的直接影响

1. 产业兴旺带动创业就业

产业兴旺是乡村振兴战略方针中的第一位。一方面,乡村产业的良好发展,为中西部农村地区提供了大量的工作岗位,使农民工有机会更好地实现"家""业"兼顾,也提高了农民工在流出地的相对收入。另一方面,流出地的农村地区有着丰富的自然资源,成本更低的土地和劳动力,是回流农民工创业的好去处。

2. 生态宜居发展特色经济

与城市相比,农村有着天然的环境优势。因此,打造生态宜居、休闲舒适的现代化农村是吸引农民工回流的一大法宝。一举两得的是,乡村生态环境和人居环境的改善,有利于发展乡村旅游业、农家乐、生态旅游等,这是农民工回流后创业增收的途径。

3. 较高收入带来幸福生活

虽然产业兴旺是乡村振兴的关键,但是对农民工来说,整个农村经济慢慢复苏的现状不如自己鼓起来的口袋更具说服力。中西部地区回流农民工经济收入的提高得益于城镇工业和现代农业的发展。

4. 治理有效提升生活质量

乡村振兴带来农村经济兴起的同时,生活环境和基础设施也得到改善,这有助于提升中西部地区外出农民工的生活质量,满足农民工对回流后美好生活的期待。

(二) 农民工回流对乡村振兴的推动作用

1. 促进产业兴旺

和流出地未外出的人口相比,回流农民工是教育程度更高、掌握技术、擅长经营管理的人,是促进乡村发展的强劲内生力量,他们凭借自身的优势可在现代农业、新兴服务业、农村产业结构调整等领域发挥重要作用,推动产业的发展,促进产业的兴旺。

2. 推动乡风文明

回流农民工经受过城市精神文明的影响与洗礼,他们把城市文明的生产与生活方式带到乡村,利用城市思想文化观念反哺乡村文明文化,冲击乡村的生产与生活方式,破除乡村陋习,对乡村的发展观念与理念都产生了较为深刻的影响,一定程度上加速了乡村的文明化进程(王尚君,2018),较大地推动了乡风文明建设。

3. 参与乡村治理

有效的乡村治理是实施乡村振兴的重要基础。回流农民工经过在城市的奋斗和历练,开阔了眼界、拓宽了思路、积累了资本。在农村"村庄空、组织空"的情况下,他们很容易"脱颖而出",成为乡村社会的精英、发展的能人,并通过直接或间接的方式参与到农村基层治理中去。

三 农民工回流规模的变化

我国地域辽阔,地区间的经济和社会发展差异显著。从时间的角度看,中西部地区外出农民工回流规模的变化存在明显的地区差异。

受地理位置、经济基础、社会政策等条件影响,中部地区的经济社会发展优于西部地区。随着中部地区经济发展的不断深入,农民工的就业机会和创业条件都有了日新月异的变化,这对外出农民工回流具有一定的吸引力,所以农民工的回流规模在逐渐增加。

在经济欠发达的西部地区,虽然大量劳动力外出务工,但因为当地的就业机会有限,所以劳动力供应充足;在经济相对发达的西部地区,受当地劳动力外出的影响,本地劳动力难以满足产业发展的需要,但可以引进更贫穷地区的农民工到当地就业。因此,西部地区外出农民工回流的趋势不明显。

简而言之,新型城镇化、乡村振兴通过促进产业兴旺、增加收入、提高公共服务水平、改善人居环境和基础设施、提升社会治理水平等方式提升了中西部地区外出农民工回流的意愿,吸引了一定数量的中西部地区外出农民工回流。但这一影响还不大,它需要时间的累积,不可能一蹴而就。

第四节　对策建议

自改革开放以来，我国逐渐形成了由经济欠发达的中西部地区向发达的东部地区流动的民工潮。如今农民工的规模非常庞大，截至2019年其规模已达到2.91亿人，[①] 他们的生存发展状况受到社会各界的广泛关注。最近几年，我国一直在推进和实施新型城镇化战略，如推进农业转移人口市民化、优化城镇化布局和形态（培育发展中西部地区城市群、有重点的发展小城镇等）、推动城乡发展一体化、就近就地城镇化等。在新型城镇化背景下，他们当中到底有多少人有回流的意愿？打算回流的中西部地区外出农民工选择何时回流、回流到哪里、回流后是否创业？有哪些因素影响他们的回流意愿？这是流入地和流出地政府最为关心的问题，因为回流意愿和回流行为之间有很强的关系（Boheim and Taylor，2002），回流意愿可以在一定程度上预测回流行为。为了回答以上问题，本书对新型城镇化背景下中西部地区外出农民工的回流意愿进行了较为全面、系统和深入的分析。

《国家新型城镇化规划（2014—2020年）》提出："引导劳动密集型产业优先向中西部转移""培育发展中西部地区城市群""推动农村城镇化"等，这些政策的实施为中西部地区外出农民工的回流创造了条件。然而，本书发现，不管是中西部地区外出农民工整体，还是中西部地区外出农民工子群体，其年轻时回流的意愿都比较弱；中西部地区外出农民工的回流时间意愿呈现分散性、回流地域意愿具有多地性特征。由此可以推断，我国中西部地区外出农民工在近五年内（因为调查询问的是近五年的情况）不会出现明显的回流潮。从中西部地区外出农民工的经济特征和人力资本特征来看，倾向回流的人群主要是职业声望较低、收入水平较低和人力资本较低的农民工；从代际来看，倾向回流的人群主要是老生代农民工；从家庭特征来看，倾向回流的人群主要是有留守家人的非举家流动的农民工。这表明当前我国"引导劳动密集型产业优先向中西部转移""培育发展中西部地区城市群""推动农村城镇化"等新型城镇化战略规划的实施在中西部地区还尚未产生明显吸纳人

[①] 国家统计局：2019年农民工监测调查报告，http://www.stats.gov.cn/tjsj/zxfb/202004/t20200430_1742724.html，2020-4-30

口聚集的效果——还未能吸引大量的外出农民工（特别是一些职业声望、收入水平和教育程度较高的，年轻的农民工）回流到中西部地区。显然，这不利于我国中西部地区新型城镇化进程的推进。

新型城镇化是以人为核心的城镇化，新型城镇化的建设是为了人，是为了让所有人能共享经济社会发展的成果（无论是农村人还是城镇人、本地人还是外地人），缓解人民日益增长的美好生活需要和不平衡不充分的发展之间的矛盾。与此同时，新型城镇化的发展更离不开人。新型城镇化与乡村振兴融合发展是新时代推进城乡融合的战略选择，二者互为联动、相互促进（文丰安，2020）。在中西部地区大量劳动力外流的情况下，回流农民工具有一定的资金、技术、人脉、管理等经济资本、人力资本和社会资本，他们是中西部地区新型城镇化建设和乡村振兴不可或缺的人才资源，可以为当地的新型城镇化发展和乡村振兴注入新动能、新活力、新机遇和新希望。对于中西部地区的政府而言，迫切需要多措并举，提升中西部地区外出农民工回流的意愿，引导他们合理有序回流，以优化中西部地区的劳动力资源配置，为新型城镇化的发展和乡村振兴带来新动力。

一 引导中西部地区外出农民工有序回流，促进新型城镇化持续健康发展

（一）提升中西部地区外出农民工回流的意愿

为了缩小东部地区和中西部地区的发展差距，使人口布局更加合理，区域发展更加协调，《国家新型城镇化规划（2014—2020年）》强调培育发展中西部地区（如成渝、中原、长江中游、哈长等）城市群，培育形成新的增长极，以加快中西部地区的城镇化进程。与此同时，国务院推动中西部地区积极承接东部地区的产业转移，诸如劳动密集型产业、能源矿产开发和加工业、农产品加工业、装备制造业、高技术产业、现代服务业等。发展中西部地区城市群和承接产业转移会产生大量的劳动力需求。然而本书对回流意愿的研究发现，中西部地区外出农民工回流的比例很低，不到7.00%。为改变中西部地区长期存在的青壮年劳动力外流、妇女老人儿童留守的局面，确保中西部地区的城镇化发展有充足的劳动力，迫切需要提升中西部地区外出农民工回流的意愿，引导他们合理有序回流。

引导中西部地区外出农民工回流会给东部地区的产业发展带来影响。一

方面，中西部地区外出农民工回流，会导致东部地区的劳动密集型企业面临招工难、用工成本上升问题。另一方面，中西部地区外出农民工回流带来的招工难和用工成本上升的问题，会促使劳动密集型企业主动进行产业升级，用更多的机器（人）代替以往的人工劳动力，进而带动整个产业的转型升级，往数字化、智能化、智慧化方向发展。从这个角度来看，引导中西部地区外出农民工回流为东部地区的产业转型升级、创新发展提供了良好的契机，推动了东部地区经济的高质量发展。可见，从长远来看，引导中西部地区外出农民工回流对东部地区来说是利大于弊。

在新型城镇化背景下，引导中西部地区外出农民工回流要合理有序，以免给中西部地区带来负面影响。合理有序的重要表现是要根据中西部地区产业发展对回流劳动力的需求来决定是否需要引导外出农民工回流。具体可分为以下三种情况：（1）在没有产业且劳动力充足的中西部地区，不仅不需要引导回流，还要鼓励劳动力向外转移。如编号为 LZF3 的西部地区 L 省 H 市 J 县 X 乡的一位驻村扶贫干部告诉笔者：他们没有必要鼓励农民工回流，政府主要是鼓励外出务工，只要提供务工证明，会有生活和交通补助以及相应奖励。（2）在有产业且劳动力充足的地方，也不需要引导农民工回流，充分利用好当地的劳动力资源即可。如编号为 JZF1 的西部地区 J 省 C 市 M 区 W 街道的街道办主任在第九章中提到：他们当地虽然外出的人口多，但有比该地更落后地方的劳动力流入到当地，所以不缺劳动力。（3）在有产业且劳动力不足的地方，需要引导回流。如编号为 CZF10 的中部地区 C 省 E 市 K 区 P 镇的一位驻村扶贫第一书记在第八章提到：因为工业园区常年存在招工难问题，所以他们在招工方面下了很大力气，慢慢地"拉"回了部分农民工。对于需要引导中西部地区外出农民工回流的地区而言，可以从以下几个方面来提升其外出农民工回流的意愿：

1. 引导没想好的人群回流

本书发现，中西部地区外出农民工在回流与否的选择上，有 30.14% 表示没想好，而且这一部分人群与回流的人群在个体和家庭特征方面具有很强的相似性，由此可以推断，没想好的中西部地区外出农民工是回流农民工的一个潜在人群。因此，在提升中西部地区外出农民工回流的意愿时，可重点引导没想好的中西部地区外出农民工回流。

第一，借助户籍制度改革的东风，政府相关部门要建立健全城乡一体化的公共服务体系，保障回流农民工及其随迁家属平等享有城镇基本公共服务，提升没想好的中西部地区外出农民工回流的意愿。

第二，政府可通过微信群、公众号、QQ群、利用农民工返乡的时间宣讲等多种线上和线下的方式，向外出农民工普及当地鼓励回流的政策，提高没想好的中西部外出农民工回流的意愿。

第三，宣传回流就业可以实现"家""业"兼顾。本书发现，中西部地区外出农民工回流意愿选择的背后反映的是他们在"家"和"业"之间的选择会影响回流的问题。对于非举家流动的农民工而言，"业"驱使他们外出务工，"家"则吸引他们回流到家乡，二者因为影响的方向相反，使得很多人难以实现"家""业"兼顾，这对其个人和家庭的发展带来了负面的影响。在经济发展比较好的地区，可以通过向外出农民工宣传回流就业的好处来提升没想好的中西部地区外出农民工回流的意愿。一是流出地的工资虽然不及流入地，但因流出地的生活成本低，住宿也不需要花钱，相对收入还是可以的；二是在本地就业，下班后可以照顾家庭，实现"家""业"兼顾。

第四，以公共危机事件为发展机遇，出台改善农民工就业和创业条件的积极政策，提升没想好的中西部地区外出农民工回流的意愿。如编号为CZF17的中部地区C省F市M县R镇镇政府的书记在第八章提到：他们县因为是非疫区，相比其他地区较早复工复产。当地政府利用这次机会，出台了现金奖励政策，并加强当地就业信息的及时传递，吸引了一些农民工年后不再外出，留在当地就业。

2. 多举措提升中西部地区的拉力，吸引职业声望、收入和教育程度较高的农民工和新生代农民工回流

本书发现，不但回流的中西部地区外出农民工的比例低，而且回流的中西部地区外出农民工在职业、收入、教育程度等方面具有较强的负向选择性，即主要为职业声望、收入和教育程度较低的农民工和老生代农民工，这说明中西部地区对其外出农民工的吸引力小。为此，中西部地区在承接产业转移、提供就业岗位的同时，还需要多措并举增强中西部地区的拉力，引导中西部地区外出农民工（特别是职业声望、收入和教育程度较高的农民工和新生代农民工）回流到中西部地区就业创业，以加快中西部地区的人口和人才集聚，提升中西部地区的城镇化水平和城镇化质量。

第一，提高回流农民工的福利待遇和人文关怀。一是企业要提高员工的

工资收入和改善员工的工作环境。家庭经济压力是中西部地区农民工选择外出务工的首要原因。本书也证实，收入是影响农民工回流的最终决定性因素。在相对收入差异不大，而且有合适就业岗位的情况下，中西部地区的外出农民工愿意留在本地务工。因此，中西部地区的企业要建立合理的企业标准化体系，提高员工的工资待遇；同时，缩短工作时间，建立企业工会，加强对员工的劳动保护，保障员工的安全健康，改善食堂环境、宿舍环境、娱乐设施等，协助员工解决日常生活中子女教育、交通不便等现实困境。二是政府统筹，发挥社会组织的作用，加强对农民工家庭的社会服务。社会组织是各级政府化解自身灵活性不足问题时可依赖的力量（李友梅，2020）。政府可以通过专项资金购买社会工作服务，发挥专业社工的力量，为回流农民工提供多样化的生活服务，包括回流后的社会适应帮助、心理咨询、反家暴援助、困境儿童关爱、婚姻危机干预、老年人权益保障、员工权益保障等，切实让回流农民工感受到当地政府的人文关怀。同时，推动市场力量在健康、养老、育幼等领域提供服务供给，主动融合便民利民服务网络，提高家庭的幸福感和社会的满意度。

第二，加强对回流农民工的就业指导和职业技能培训，针对不同人群提供不同的培训，提高其就业能力，增加其人力资本的积累。主要包括：为企业在岗职工提供岗前培训，提升与其岗位所需的能力；为社会失业人员提供就业技能培训，包括家政服务、养老服务、美容美发、烹调烹饪等，提升其就业能力；为有创业意愿的人员提供创业技能培训，包括线下实体店经营管理、电子商务（电商、淘宝）运营管理等，提升其创业能力。

第三，完善流出地的基础设施和公共服务，打造绿色宜居环境。目前，我国区域和城乡发展不平衡的问题仍然很突出。中西部地区政府应强化道路、电力、饮用水、住房等基础设施的建设，提高人们的基本生活水平；加强政府的转移支付能力，增加对教育、医疗卫生资源等的财政投入，优化教育资源配置，提高医疗卫生资源质量；完善并简化回流农民工社会保险的转移接续手续，保护他们的社会保障权益；加强公共图书馆、文化广场等公共娱乐场所的建设和使用，改善当地的文化娱乐设施，提高他们的生活质量。

第四，加大流出地的环境污染治理力度。环境污染是中西部地区产业承接的"痛"。中西部地区政府要倡导绿色可持续发展，通过立法、税收、完善污染处理系统等方法改善产业转移过程中出现的环境污染问题，着力打造一个人和自然共生发展的宜居环境，这有利于解决新时代人民日益增长的美好生活需要和不平衡不充分的发展之间的矛盾，吸引中西部地区外出农民工回流。

第五，加强农民工乡土之情的培养。"落叶归根"是根植于每位中国人的传统观念。对中西部地区的外出农民工而言，他们的"根"在老家。因此，以乡愁为纽带也是促进农民工回流的一种方式（张劲松，2018）。中国人骨子里的乡土情怀是吸引外出农民工主动回流的"黏性剂"，是中华文化中特有的家乡的"空间粘性"（刘祖云、姜姝，2019）。因此，在乡村振兴的文化建设中，在市场化、工业化、城市化的发展进程中，需要保持文化中的这种乡土性，通过发扬传统文化、传承传统手艺、宣传传统节日等方式，提高农民工对家乡的归属感，从而提升中西部地区外出农民工回流的意愿，使其愿意回流到家乡发展。

（二）降低中西部地区外出农民工在回流时间上的不确定性

我国的城镇化存在较为严重的区域发展不平衡问题。国家统计局数据显示，2018年末我国31个省（自治区、直辖市）的城镇化率为59.58%。其中北京、上海、广东等人口流入大省的城镇化率超过70.00%，而四川、江西、河南、湖南等人口流出大省的城镇化率在55.00%左右，贵州、云南、甘肃等省份的城镇化率更低，均在50.00%以下。[①] 显然，中西部地区的城镇化水平滞后于东部地区。为了解决中西部地区城镇化率低、城镇化速度慢的问题，2013年底的中央农村工作会议上首次提出：引导约1亿人在中西部地区就近城镇化。此后，在2014年的政府工作报告、《中华人民共和国国民经济和社会发展第十三个五年规划纲要》中多次提及该目标。毫无疑问，引导农村人口实现就近城镇化是推进我国新型城镇化战略的一个重要环节。与纯农业人口相比，我国回流农民工不仅在主观意愿上更愿意在城镇居住，而且拥有在城镇生活的经验与技能，因此可将回流农民工设定为推动农业人口就近城镇化的优先选择，这无疑有助于我国新型城镇化战略的实现（门丹、齐小兵，2017）。

本书发现，中西部地区外出农民工有32.84%在回流时间意愿上表示没想

[①] 第一财经：31省份最新城镇化率：4省份已超70%，这两大地区潜力最大，http://baijiahao.baidu.com/s? id = 1637292618091967628&wfr = spider&for = pc，2019 - 6 - 25

好何时回，这表明有三成多的中西部地区外出农民工在回流时间的选择上存在不确定性。这也在一定程度上透视出这一人群虽然有回流的意愿，但回流的意愿并不强烈，当外在情况发生变化后其回流与否意愿还可能由回流转变为在流入地长期居住。因此，非常有必要降低中西部地区外出农民工在回流时间选择上的不确定性，本书认为有效的措施包括：（1）促进中西部地区承接东部产业，发展本土的特色产业，增加就业机会；（2）鼓励农民工回流创业，实现以创业带动就业；（3）改善流出地的工资福利和工作环境，提高家庭收入，保障职业安全健康；（4）完善流出地的社会保障制度，实现回流农民工体面劳动，提高他们在中西部地区的生活水平和生活质量；（5）发挥流出地便宜的生活成本优势，提升回流农民工对相对收入的满意度；（6）立法、减免税收、增加教育和医疗投入、完善基础设施等方式，提高教育和医疗资源质量，优化发展环境等举措，都可以提升中西部地区对外出农民工的拉力。以上措施均有助于增强中西部地区外出农民工回流（特别是近期回流）的意愿，促进其回流的意愿转变为回流行为，尽快实现回流，从而推动中西部地区新型城镇化的进程。

（三）促进中西部地区外出农民工回流到户籍省的乡镇或区县政府所在地

我国国民经济和社会发展第十四个五年规划建议在提及优化国土空间布局、推进区域协调发展和新型城镇化时指出："推进区域协调发展。……推进以人为核心的新型城镇化。……推进以县城为重要载体的城镇化建设。"促进大中小城市和小城镇协调发展是我国新型城镇化的目标之一。促进中西部地区外出农民工回流到户籍省的乡镇或区县政府所在地，有利于推进小城镇的城镇化建设。

本书在分析中西部地区外出农民工的回流地域意愿时发现，在回流的农民工中，超过七成回原居地，回乡镇或区县政府所在地的中西部地区外出农民工不到两成（其中，回乡镇政府所在地的比例为8.12%，回区县政府所在地的比例为11.83%）。若依据中西部地区外出农民工的回流地域意愿推断，中西部地区外出农民工主要回流到其原居地，而回流到乡镇或区县政府所在地的人口比较少，这表明中西部地区的乡镇或区县政府所在地对农民工的吸引力不大（乡镇政府所在地更是如此）。人口是经济社会发展的基础，中西部地区外出农民工较少回流到乡镇或区县政府所在地，这势必会在一定程度上影响乡镇和区县的城镇化发展。由此可见，中西部地区外出农民工户籍省的乡镇或区县政府在新型城镇化建设中任重而道远。

除了前文陈述的承接发展产业、大力发展经济、鼓励回流创业、完善基础设施、优化公共服务体系、提高教育质量等基本措施外，中西部地区的政府相关部门还可通过引导回流农民工到乡镇或区县政府所在地购房以及把户口迁入到乡镇或区县政府所在地的方式，吸引外出农民工回流到户籍省的乡镇或区县政府所在地。本书发现，购房地点是影响农民工回流地域意愿的重要因素。中西部地区乡镇和区县政府，一方面要保证住房的供给，通过调整购房首付款比例、降低房贷利率和中介费用方式，落实住房分配货币化等各项政策，推动房价趋于合理，使回流农民工在户籍省的乡镇或区县政府所在地买得起房；另一方面要提高治理水平，加强治理风险防控，预防回流农民工超过乡镇和县城的承载能力和出现炒房热潮。城乡二元户籍制度一直是实现公共服务均等化的制约因素，农民工随迁子女在流入地无法享受到平等的教育资源是农民工打算回流的原因之一。中西部地区的政府部门要健全人才回流激励机制，全面开放、放宽落户限制，允许农民工回流后把户籍迁入到乡镇或区县政府所在地，推动农民工家庭能够均等享受到公共服务资源，实现回流式市民化，降低回流农民工城镇化的成本，推动县域城镇化的发展。引导中西部地区外出农民工回流到小城镇，能够提升小城镇的人口和产业的聚集能力，促进大中城市和小城镇协调发展，推动城乡融合发展。

(四) 推动中西部地区外出农民工回流创业

当代社会经济持续发展的重要助推措施是以创业促进就业。我国国民经济和社会发展第十三个五年规划纲要提出"深入推进大众创业、万众创新"。在诸多大众创业群体中，人数最多、潜力最大的群体是农民工。《新型城镇化战略规划（2014—2020）》强调要提升农民工的创业能力、加大农民工创业扶持力度。在新型城镇化背景下，鼓励中西部地区外出农民工回流创业，一方面可以缓解东部地区大城市的就业压力、减少农民工异地市民化规模和降低农民工市民化成本，另一方面可以促进中西部地区的就业，拉动中西部地区的经济发展，进而提高中西部地区的城镇化水平。可见，合理规划和引导中西部地区外出农民工回流创业既是中西部地区新型城镇化的重要内容（彭新万、张凯，2017），也是实现中西部地区新型城镇化的重要途径（王宝林、张艺璇，2017）。

本书发现，在回流样本中，中西部地区外出农民工创业的比例接近46.00%，这一比例虽然不低，但是在"大众创业、万众创新"背景下，中西部地区外出农民工创业的意愿还有待进一步增强。此外，本书还发现，中西部地区外出农民工创业的层次较低，面临较多的创业困难。在大众创业、万众创新背景下，需要进一步提升中西部地区外出农民工创业的意愿，并促进其创业意愿转变为创业行为。

第一，以多种形式宣传中西部地区各级政府鼓励农民工回流创业的政策和创业成功的典型案例，营造良好的创业氛围和环境，激发中西部地区外出农民工的创业热情。(1) 通过"线下宣传+媒体宣传"相结合的方式（线下宣传包括定时下乡粘贴海报、开展宣讲会、派发宣传单、走访入户宣传等方式；媒体宣传包括电视、广播、报纸和网络等方式），宣传鼓励回流创业的政策，提高农民工对相关政策的知晓度。(2) 建立相关业务网络群（如微信群、QQ群等），供政府部门了解回流农民工的创业需求，及时更新、传递信息，保证已经创业或有创业意愿的回流农民工能够掌握足够的政策信息。(3) 政府相关部门在做宣传时，要从上到下层层传导，各级政府都要进行宣传倡导，而且上一级政府要做好对下一级政府政策宣传的监督指导，保证鼓励创业政策的宣传效果。(4) 加强创业管理app或其他线上方式的使用，以信息化管理的方式对创业服务业务进行统一管理，实现创业信息投递的精准化。(5) 发挥社会组织（如商会）的力量，宣扬回流农民工成功创业的典型案例，形成示范引领和典型带动，提高农民工回流创业的意愿和信心。

第二，建立有效的创业指导培训机制，提高中西部地区回流农民工的创业能力。(1) 成立创业服务中心。针对回流创业农民工建立创业扶持档案，为他们提供免费指导，开展多样化的创业教育和职业技能培训，以传授创业知识、拓宽创业思路、提升创业技能、增强创业能力，提升创业层次和质量，增强创新意识。(2) 注重创业培训效果。创业培训应以实用性为基本原则，以"线上培训+线下培训"的方式，以"知识培训+实践实训"以及"技能培训+创业训练"相结合的模式，以回流农民工的需求为导向，精准提供开放式的培训，保障培训效果。(3) 丰富培训内容。创业是一项综合性活动，培训重点应涵盖创业专业技能、经营管理能力、人际交往能力、移动互联网应用能力、电子商务（电子商务、淘宝、直播带货）运营技能等，切实提高回流农民工的创业综合能力。通过人力资本的积累,提高回流农民工的创业能力。

第三,加强创业扶持政策的落实,提高创业成功率。(1)加大财政支持力度。切实落实税费减免政策,对开展规模种植、养殖的回流农民工提供补贴,降低小型企业的贷款审批门槛。(2)建立小额信贷基金。地方政府和金融机构携手设立小额信贷基金,用于支持回流农民工创业,并就贷还款手续、还款期限、利息等方面予以简化、适当放宽和优惠,减轻回流农民工创业的经济压力。(3)开辟绿色通道。为缺乏创业用地的创业农民工提供土地、厂房等方面的资源,完善创业所需的交通、网络、物流等公共服务,提高其成功创业的概率。

以上方式有助于帮助回流农民工解决其在创业过程中可能遇到的资金不足、创业知识不够、享受国家政策和政府指引困难、市场信息缺乏、物流不便等难题,解决其创业的后顾之忧,为中西部地区外出农民工回流创业营造良好的创业环境。同时能够使农民工重新实现家庭团聚,父母承担起对子女的教育及监护责任,子女承担起对年迈父母的赡养义务。

二 引导中西部地区回流农民工助力乡村振兴,使新型城镇化与乡村振兴互促共融

乡村振兴是决胜全面建成小康社会、全面建设社会主义现代化国家的重大历史任务,是新时代做好"三农"工作的总抓手。① 乡村振兴为新型城镇化发展注入新动能,可以提高城镇化质量(桂华,2020)。

(一)发挥中西部地区回流农民工的作用,助力乡村振兴

党的十九大报告提出了乡村振兴战略。2018年中央一号文件提出,实施乡村振兴战略,必须破解人才瓶颈制约,把人力资本开发放在首要位置。可见,人才是乡村振兴的关键,应发挥中西部地区回流农民工在乡村振兴中的作用。

1. 发展乡村特色产业,实现引凤回巢

在乡村振兴战略二十个字的总要求中,产业兴旺是第一位的,农村只有

---

① 中共中央、国务院:关于实施乡村振兴战略的意见,http://www.gov.cn/zhengce/2018-02/04/content_5263807.htm,2018-1-2

产业兴旺了，农村发展才有基础，才有后劲。因而，产业因素对劳动力回流具有显著影响（蒋海曦、蒋玲，2019）。打造中西部农村地区的特色产业，必须立足于当地县域的经济发展，依托乡村自身特有的资源，因地制宜地制定绿色发展规划，和城镇产业形成互补，避免盲目模拟和"一刀切"，从而建立自身的产业优势。第一，充分利用中西部地区的文化优势，发展旅游业。在西部地区，少数民族人口比较多，且不同的民族有不同的历史、文化及传统。因此，少数民族集居的村庄可发展以当地少数民族文化为主的旅游业或者文化产业，建立"少数民族文化村"，实现中西部地区文化振兴的同时，推动当地经济的发展。第二，在适合发展农业的乡村，应注重推动农业的现代化和规模化发展。推动中西部地区根据当地的自然条件种植特色农作物，采用现代化技术及科学的种植方法，优化农产品的品质，提高农产品的产量，在实现农产品规模化生产的同时避免环境污染。第三，对当地的特色农产品进行加工，发展当地的农产品加工产业，促进传统农产品实现转型升级，增加农民的就业岗位。总而言之，农村产业化发展有利于推动农民在家门口就业，促进家庭团圆，实现城乡关系均衡（黄思，2020），起到了"引凤回巢"的作用，加之发展当地的社会保障、完善公共服务、出台鼓励创业政策等措施，能够加速农民工的回流，这有利于稳步推进新型城镇化的进程（彭愉、邵芬芬，2018）。

2. "引凤回巢"为中西部地区的乡村振兴注入新动力

中西部地区外出农民工的"返巢"不仅增加了乡村发展所需的人力资源，还带动了农民工流动时积累的资金、技术、经验、知识等资本的回流，为乡村振兴发展注入新的血液和动力。中西部地区的回流农民工可利用自身在外务工或经商的经验，根据当地的市场需求，或进行创业，或提供技术支持，或提供服务，从而促进乡村经济繁荣。

本书在分析中西部地区外出农民工的回流创业意愿时发现，有将近一半（45.82%）的中西部地区外出农民工有回流创业的意愿。其中，商业服务业人员创业的概率高于管理技术办事员，这是因为他们在外经商的经验使得他们在市场化、工业化和城镇化的竞争中积累了资金、技能、信息、管理经验等，还培养了市场意识及风险意识，并随着他们回流到中西部地区的乡镇转化为回流创业的资本，使他们成为中西部地区乡村振兴的重要人力资源。中西部地区的政府可建立外出农民工的信息库，出台一系列的创业扶持政策，鼓励他们回流创业，并向具有一定创业潜力的外出农民工定向推荐乡村发展项目，提高他们的回流创业热情，以实现创业带动就业。具备一定经济实力的回流农民工（尤其是外出务工期间从事的职业为商业服务业人员的农民工），可结合本地的特色资源和市场需求，在政府"双创"政策的扶持下，对当地的产业进行投资，依托小城镇创办企业，为流出地提供更多的就业岗位，促进一、二、三产业的融合，带动乡村发展。政府要及时对回流农民工创业成功的案例进行总结推广，并开展回流农民工的创业培训，以提高农民工回流创业的能力、信心和勇气。

3. 中西部地区农民工回流有利于推进家庭家教家风建设

乡风文明是乡村振兴的总要求之一，家庭家教家风建设可以促进乡风文明的大幅度提升。当下中国，随着大量青年劳动力向城市聚集，农村出现了大量留守儿童、留守妇女和留守老人。由于家庭的不完整，导致留守儿童心理问题多、留守妇女婚姻破裂、留守老人养老难等诸多问题，家庭的教育、引导、赡养等功能正在弱化。在新时代，加强家庭家教家风建设，才能持续为乡村振兴提供源源不断的动力。

具体可从三个方面来推进家庭家教家风建设。一是推动完整家庭建设。本书在分析家庭因素对农民工回流意愿的影响时发现，有留守子女的农民工回流的意愿更强。中西部地区农民工回流就近就业和回流创业，首先实现了家庭重建，这有助于破解留守的难题，营造适合儿童成长的环境。中西部地区的政府可依托基层组织，开展公益讲座，为家长提供咨询和辅导，帮助家长改善家庭亲子关系，促进和谐家庭建设，重拾家庭价值引导的功能。二是提高基层治理能力。基层治理能力的提升是推进家庭家教家风建设的关键。中西部地区的政府可引导退休人员、退伍军人、外出农民工等人才的回流，推动"新乡贤"队伍建设，提高基层治理的能力；组建形式多样的志愿者服务队、村民自治议事团等，参与乡村的德治建设工程，助力家庭教育，完善乡村社会治理。三是促进社会组织建设。中西部地区的政府应当推动自身职能转变，以购买服务的方式，大力发展社会组织，加强社会服务人才的培养，着力打造一支具有专业服务能力的人才队伍，参与家庭家教家风建设类的社会服务工作，推动家庭健康发展。

（二）推进新型城镇化与乡村振兴互促共荣，实现城乡融合发展

《乡村振兴战略规划（2018—2022年）》首次提出了城镇化与乡村振兴

"双轮驱动"。2019年，习近平总书记在江西视察时提出"城镇化和乡村振兴互促共生"的重要判断，深刻回答了城镇化与乡村振兴的关系。城镇化与乡村振兴互促共生、双轮驱动，是建设社会主义现代化强国进程中顺应城镇化发展大势、保持乡村发展活力，实现融合互动发展的必然选择。[①]

第一，坚持土地改革，优化乡村土地使用机制。农村土地过于分散和碎片化，大量农村土地撂荒，大量宅基地被限制，农耕用地被违法占有是农村土地的突出问题。农村土地制度矛盾是推进新型城镇化发展和实施乡村振兴战略过程中必须解决的矛盾。中西部地区的政府有关部门必须坚持集体所有制是农村土地制度改革的底线，推行农村土地"三权分置"，强化集体土地的所有权，推动农民对土地的承包权和使用权的有序流转，保障农民土地权益，逐步改善土地碎片化的局面，盘活农村的闲置土地，提高土地的使用率，推动农村农业的发展及产业结构的调整。地是新型城镇化要解决的问题之一，因此完善土地利用机制是新型城镇化规划的重要内容。土地集约利用，是新型城镇化的关键。显然，优化好土地的使用机制，对中西部地区农村和城市的发展具有积极的作用，也为推进城乡融合发展奠定了基础。

第二，深化户籍制度改革，促进人才队伍在城乡的双向自由流动。在新型城镇化背景下，大中小城市实施有差别的落户政策，中西部地区中小城市和小城镇的落户门槛降低甚至取消，并切实推动基本公共服务均等化。一方面可以推动中西部地区外出农民工向户籍省的城市回流甚至落户，促进外出农民工回流式市民化。另一方面，可以促进长期居住在农村但有市民化意愿的人口到乡镇或县城长期居住或落户，实现就地就近城镇化。此外，中西部的广大农村地区也要引凤回巢助力乡村振兴。显然，人力资源在城乡之间的双向流动，可以带动资金、技术等其他资源的流动，这有助于促进城乡的融合发展。

第三，推动城市基础设施和公共服务向农村下沉，加快推进城乡基础设施和基本公共服务一体化建设。围绕农村居民关心的教育、医疗、养老、社保等问题，推动公共服务的均等化，提高农村的生活水平，优化农村的人居环境，从而使农村居民能够安居乐业。政府应该助力引导资本下乡，通过多

[①] 农业农村部发展规划司：协同推进新型城镇化和乡村振兴，促进城乡融合发展，http://www.jhs.moa.gov.cn/zlyj/202004/t20200430_6342837.htm，2020－4－3

样化来源的资金，改善农村的水电、交通、物流、通讯、网络、学校、医院等基础设施，加强防治污染设施的建设；将高质量的教育资源向农村倾斜，优化农村的基础教育；健全医疗卫生体系，提升乡镇的医疗服务水平；完善统一的城乡居民医疗保险和基本养老保险制度，保障农村居民的医疗和养老权益；鼓励和动员社会力量发展社会组织，为农村居民提供服务，为农村的社会服务注入新力量。中西部地区城乡基本公共服务一体化的建设，可以大大地推进中西部地区乡村振兴的进程，而这也将促进中西部地区新型城镇化的发展。二者的互促共荣，最终将实现城乡融合。

概括而言，在大量劳动力外流的情况下，回流农民工是中西部地区新型城镇化建设和乡村振兴不可或缺的人才资源，发挥着重要的人口红利作用。为此，本书从多个方面提出了一些对策建议，通过提升中西部地区外出农民工的回流意愿，引导农民工的回流来促进中西部地区新型城镇化的发展和乡村振兴。通过新型城镇化和乡村振兴的互促共荣，实现城乡融合，这实际上是在逐步解决新时代人民日益增长的美好生活需要和不平衡不充分的发展之间的矛盾。

第五节　结语

本书在新古典经济理论、新迁移经济理论、生命周期理论、社会网络理论和结构主义理论的指导下，使用回流与否意愿、回流时间意愿、回流地域意愿和回流创业意愿四个测量指标对中西部地区外出农民工回流意愿的现状及其影响因素进行了分析，探讨了新型城镇化、乡村振兴与农民工回流的关系。此外，基于研究发现，提出了引导中西部地区外出农民工合理有序流动、促进中西部地区新型城镇化发展的对策建议。

一　创新与发展

本书在参考借鉴前人研究成果的基础上，尝试在以下四个方面做了创新和发展。

1. 以新型城镇化为研究背景，探讨了中西部地区外出农民工的回流意愿

以往有较多文献以金融危机、"用工荒""空心化"等为研究背景，或从生命历程、人力资本、社会资本等角度分析在珠三角、大城市（北上广等）

和中小城市（周口、宁波等）务工经商的农民工的回流意愿。新型城镇化是以人为核心的城镇化，因此新型城镇化背景下的农民工回流研究要与传统城镇化背景下的农民工回流研究有所不同：一是需要更有人文关怀，关注"家"和"业"如何影响他们的回流意愿，对策建议在关注"业"的同时，也要关注农民工的家庭建设；二是需要分析新型城镇化与农民工回流的关系；三是提出一些对策建议，引导农民工合理有序回流，优化配置劳动力资源，以加快推进我国的新型城镇化进程。本书在新型城镇化背景下从以上三个方面拓展了回流意愿研究的分析视野。

2. 使用回流与否意愿、回流时间意愿、回流地域意愿和回流创业意愿四个测量指标综合考察中西部地区外出农民工的回流意愿

以往文献多使用回流与否意愿单个指标进行分析，本书弥补了现有文献测量回流意愿较为简单粗略的不足。为了使提出的对策建议能有效地促进新型城镇化的健康持续发展，不仅需要分析农民工的回流与否意愿，还需要分析其回流时间意愿、回流地域意愿和回流创业意愿。此外，在具体测量回流与否意愿、回流时间意愿和回流地域意愿时，关注了没想好的人群，这也是本书不同于以往大多数文献的地方。2016年全国流动人口卫生计生动态监测调查数据显示，不管是在回流与否还是回流时间的选择上，均有三成多中西部地区外出农民工表示没想好，故这部分人群需要引起学界的关注。

3. 得出了一些新的、且有价值的研究观点

（1）在新型城镇化背景下，中西部地区外出农民工回流的意愿因不同的生命周期而异，年轻时他们回流的意愿较弱，等年纪大了他们回流的意愿才会增强。

（2）中西部地区外出农民工的回流时间意愿呈现分散性。

（3）中西部地区外出农民工的回流地域意愿具有多地性特征。其中，超过七成的农民工回原居地，接近两成的农民工回乡镇或区县政府所在地。

（4）中西部地区外出农民工有一定的回流创业意愿，但创业的层次整体偏低且面临较多的创业困难。有创业意愿的人群多为商业服务业人员、新生代农民工，月收入较高、教育程度较高和参加了职业技能培训的中西部地区外出农民工。

（5）中西部地区外出农民工的回流意愿存在一定的区域和省份差异。①和东部地区相比，中西部地区外出农民工回流的比例更高、回原居地的比

例也更高。②和东部地区相比，中西部地区外出农民工在回流与否、回流时间和回流地域的选择上存在的不确定性更多。③西部地区外出农民工回流的意愿和回原居地的意愿弱于中部地区。④中部和西部地区外出农民工的回流意愿并非铁板一块，存在明显的省际差异。特别值得一提的是，新疆和山西回流、近期回流、回原居地的比例均位居第一位和第二位，在回流与否、回流时间和回流地域选择上存在的不确定性则较少。

（6）月收入对农民工回流与否意愿和回流时间意愿的负向影响受到代际的调节。①就回流与否意愿而言，月收入对新生代农民工的影响大于老生代农民工。②就回流时间意愿而言，当月收入较低时，新生代农民工近期回流的概率高于老生代农民工；但当月收入较高时，新生代农民工近期回流的概率低于老生代农民工。

（7）三类留守家人的影响。①留守配偶、留守子女和留守父母均显著影响中西部地区外出农民工的回流与否意愿，但相比之下，影响最大的是留守子女，其次为留守配偶，再次为留守父母。②有无留守子女和有无留守配偶对农民工回流意愿的影响受到代际的调节：留守配偶对老生代农民工回流的影响大于新生代农民工；留守子女对新生代农民工回流和近期回流的影响大于老生代农民工。

（8）"家"和"业"的影响。①中西部地区外出农民工回流选择的背后透视出他们在"家"和"业"之间的选择困境。②回流与否意愿和回流时间意愿的选择困境多于回流地域意愿。③就回流与否意愿而言，"业"对农民工回流与否意愿的影响大于"家"；但二者的影响存在代际差异，"业"对新生代农民工回流与否意愿的影响大于老生代农民工；"家"对两代农民工回流与否意愿的影响因不同的留守家庭成员而异。④就回流时间意愿而言，"家"对农民工近期回流的影响大于"业"；二者的影响存在代际差异，"业"对两代农民工近期回流的影响因不同的收入而异；"家"对农民工近期回流影响的代际差异主要表现在"留守子女对新生代农民工近期回流的影响大于老生代农民工"。⑤就回流地域意愿而言，"家"对中西部地区外出农民工回流地域意愿的影响大于"业"，二者的影响不存在代际差异。

（9）流出地的就业机会增加、相对收入提高、居住环境改善、回流政策鼓励等因素提升了中西部地区外出农民工回流的意愿，但这一影响不是一蹴而就，目前也只是在小范围内取得成效，想要实现通过流出地的拉力吸引大规模农民工回流的目标还需更长时间的积累。

（10）新型城镇化、乡村振兴与农民工回流的关系。①新型城镇化、乡村振兴通过促进产业兴旺、增加收入、提高公共服务水平、改善人居环境和基础设施、提升社会治理水平等方式提升了中西部地区外出农民工回流的意愿，吸引了一定数量的中西部地区外出农民工回流，但这一影响还不大。②农民工回流通过促进产业发展、刺激消费、创新创业、参与治理等方式助力新型城镇化的发展和乡村振兴。

（11）新型城镇化背景下，农民工的回流类型比传统城镇化背景下农民工的回流类型更加多元化，虽然主要是被动型回流和退休型回流，但也有发展型回流和"家""业"兼顾型回流。

4. 对相关理论进行了验证、补充与发展

（1）从代际的角度对新古典经济理论作了发展。①本书基于新古典经济理论，不仅得出了"中西部地区外出农民工的月收入负向显著影响其回流的意愿"的观点，还在此基础上得出了"这一负向影响存在代际差异，对新生代农民工的影响大于老生代农民工"的观点。前一观点证实了新古典经济理论，后一观点对该理论作了补充。②类似的，本书还得出了"中西部地区外出农民工的月收入负向显著影响其近期回流的意愿，而且这一负向影响存在代际差异"的观点。

（2）从三类留守家人及其比较的角度对新迁移经济理论作了验证和补充。新迁移经济理论认为留守配偶和留守子女会提升移民的回流意愿，但该理论未探讨留守父母对移民回流意愿的影响，也未比较三类留守家人影响的大小。①本书基于该理论，得出了"留守配偶、留守子女和留守父母均会提升中西部地区外出农民工回流与否意愿"的观点。②本书还得出了"留守子女的影响最大、留守配偶的影响次之、留守父母的影响最小"的观点。

（3）从代际的角度对新迁移经济理论作了补充。新迁移经济理论没有探讨留守配偶、留守子女对移民回流意愿的影响是否存在代际差异。本书对此做了分析，认为留守配偶、留守子女对农工回流意愿的影响存在代际差异：①留守配偶对老生代农民工回流的影响大于新生代农民工；②留守子女对新生代农民工回流和近期回流的影响大于老生代农民工。

（4）从受留守家人需求调节的角度对新迁移经济理论作了补充。新迁移经济理论在分析留守配偶、留守子女对移民回流决策的影响时没有考虑留守家人的需求。本书认为，留守子女、留守父母对农民工回流与否意愿的影响受到留守家人需求的调节。一方面，子女特殊的成长和教育时期，使得农民工对留守子女的牵挂加深，回流的意愿更强；但当农民工父母可以帮忙照看留守子女时，其回流的意愿就会减弱。另一方面，留守父母年轻时，中西部地区外出农民工回流的意愿弱；留守父母年纪较大、身体状况不好时，中西部地区外出农民工回流的意愿强。

（5）从纵向比较的角度，对新古典经济理论被动的失败型回流和新迁移经济理论主动的成功型回流作了补充。本书认为，在分析我国新型城镇化背景下中西部地区外出农民工的回流类型时，需要纳入纵向的时间变化维度，即回流类型会因不同的时期而异。在我国传统城镇化背景下，农民工的回流类型为被动型和退休型，在新型城镇化背景下，农民工的回流类型虽然主要为被动型和退休型，但是还有发展型和"家""业"兼顾型。

（6）结构主义理论虽然提出了四种回流的类型，但它并不适合用来分析我国中西部地区外出农民工的回流类型。该理论需要结合我国的国情来划分农民工回流的类型。与西方发达国家不同，我国农民工"家"和"业"之间的选择会对其回流决策产生影响，由此使得我国农民工的回流类型中有一种具有中国特色的"家""业"兼顾型回流。

（7）证实了生命周期理论、社会网络理论、结构主义理论。①生命周期理论既适合用来分析中西部地区外出农民工的回流与否意愿，也适合用来分析其回流地域意愿。②社会网络理论适合用来解释中西部地区外出农民工的回流创业意愿。③结构主义理论适合用来解释我国的制度和社会因素对中西部地区外出农民工回流与否意愿的影响。

二　不足与展望

尽管本书对中西部地区外出农民工的回流意愿现状及其影响因素，新型城镇化、乡村振兴与农民工回流的关系做了全面、深入和系统地探讨，但受调查数据的限制，还存在一些不足及有待进一步研究和完善的地方。

（1）笔者的问卷调查数据使用的是非概率抽样方法，因此第七章对中西部地区外出农民工回流创业意愿的分析结果不具有代表性，只能用于描述该样本的情况。（2）在新型城镇化背景下，对回流地域意愿的研究非常具有价值，但由于2016年全国流动人口卫生计生动态监测问卷调查只调查了中西部地区外出农民工回流到户籍省的区县政府所在地、乡镇政府所在地和原居地的意愿，故未能分析中西部地区外出农民工回流到户籍省的省会城市、户籍省的地级市的意愿。但回流到户籍省的省会城市、户籍省的地级市的农民工也会促进回流地新型城镇化的发展，如通过给回流地提供劳动力可以促进产业的发展和升级，通过扩大消费推动经济发展可以加快发展中小城市，通过低门槛或无门槛的落户政策实现农民工市民化可以助推新型城镇化高质量发展。（3）由于在中西部地区外出农民工的回流样本中，有留守子女、有留守父母的样本比较少，故未能进一步分析留守子女的年龄、性别、出生次序对农民工回流意愿的影响，也未能分析留守父母的年龄、性别、父母类别（自己的父母还是配偶的父母）对农民工回流意愿的影响。

若调查数据允许，将来的研究需要进一步对以下四个问题进行探讨：第一，中西部地区外出农民工的回流创业意愿；第二，中西部地区外出农民工回流到户籍省的省会城市和地级市的意愿；第三，留守子女的年龄、性别、出生次序对农民工回流意愿的影响；第四，留守父母的年龄、性别、父母类别（自己的父母还是配偶的父母）对农民工回流意愿的影响。

参考文献

一 中文专著

费孝通：《乡土中国 生育制度》，北京大学出版社2005年版，第24—30页。

郭志刚：《社会统计分析方法与SPSS软件应用》，中国人民大学出版社2015年版，第176页。

国务院研究室课题组，《中国农民工调研报告》，中国言实出版社2006年版，第3—4页。

李强：《农民工与中国社会分层》，社会科学文献出版社2012年版，第19页。

杨菊华、靳永爱：《人口社会学》，中国人民大学出版社2020年版，第132页，153页。

杨菊华：《中国流动人口经济融入》，社会科学文献出版社2013年版，第139页。

二 中文译著

［美］克雷斯维尔、［美］查克：《混合方法研究：设计与实施》，游宇、陈福平译，重庆大学出版社2017年版，第52页。

三 期刊文献

蔡昉：《劳动力迁移的两个过程及其制度障碍》，《社会学研究》2001年第4期。

蔡禾、王进：《"农民工"永久迁移意愿研究》，《社会学研究》2007年第6期。

陈程、吴瑞君：《国际移民理论中的回流研究》，《西北人口》2015年第6期。

陈翠文：《关于无地农民工返乡意愿的研究——基于广东省无地农民工的数据》，《汕头大学学报》（人文社会科学版）2014年第2期。

陈功、杨光飞：《美好生活视域下农民工市民化的再定位及实现路径》，《南京政治学院学报》2018年第2期。

陈宏胜、王兴平、刘晔、李志刚：《"理性"与"感性"之间——上海流动人口迁居意愿研究》，《现代城市研究》2017年第7期。

陈坤秋、王良健、李宁慧：《中国县域农村人口空心化：内涵、格局与机理》，《人口与经济》2018年第1期。

陈宁、石人炳：《制度约束、人力资本与流动人口就业分化——基于2015年全国流动人口动态数据的实证分析》，《兰州学刊》2020年第11期。

陈世海：《农民工回流辨析：基于现有研究的讨论》，《农林经济管理学报》2014年第3期。

陈素琼、张广胜：《中国新生代农民工市民化的研究综述》，《农业经济》2011第5期。

陈友华：《理性化、城市化与城市病》，《北京大学学报》（哲学社会科学版）2016年第6期。

程诚、边燕杰：《社会资本与不平等的再生产 以农民工与城市职工的收入差距为例》，《社会》2014年第4期。

程晗蓓、刘于琪、苟翡翠、陈宏胜、李志刚：《城市新生代流动人口的回流意愿与区位选择——基于北京、深圳、成都和中山4个城市的实证》，《热带地理》2019年第5期。

崔学海：《双创视域下新生代农民工回流创业的政府公共服务研究》，《知识经济》2017年第7期。

杜鹏、张航空：《中国流动人口梯次流动的实证研究》，《人口学刊》2011年第4期。

杜玉华、文军：《农民外出就业动因与选择》，《中国人口·资源与环境》2002年第1期。

段成荣、刘涛、吕利丹：《当前我国人口流动形势及其影响研究》，《山东社会科学》2017第9期。

段成荣：《我国的"流动人口"》，《西北人口》1999年第1期。

甘宇：《农民工家庭的返乡定居意愿——来自574个家庭的经验证据》，《人口与经济》2015年第3期。

高更和、王玉婵、徐祖牧、郭雅琪、牛宁：《农民工回流务工区位研究——以河南省45个村为例》，《地理科学进展》2020年第12期。

高顺文：《我国职业声望研究二十年述评》，《华中科技大学学报》2005年第4期。

古恒宇、覃小玲、沈体雁：《中国城市流动人口回流意愿的空间分异及影响因素》，《地理研究》2019年第8期。

顾宝昌、郑笑：《人口流动范围与稳定性的分类研究》，《人口与社会》2019年第5期。

桂华：《论新型城镇化与乡村振兴战略的衔接》，《贵州社会科学》2020年第9期。

桂江丰、马力、姜卫平、王钦池、张许颖、陈佳鹏、王军平：《中国人口城镇化战略研究》，《人口研究》2012年第3期。

桂世勋：《我国城市外来流动从业人员的养老保险探索》，《中国城市研究》（辑刊）2009年版。

郭力、陈浩、曹亚：《产业转移与劳动力回流背景下农民工跨省流动意愿的影响因素分析——基于中部地区6省的农户调查》，《中国农村经济》2011年第6期。

郭星华、储卉娟：《从乡村到都市：融入与隔离——关于民工与城市居民社会距离的实证研究》，《江海学刊》2004年第3期。

郭云涛：《家庭视角下的"农民工"回流行为研究》，《广西民族大学学报：哲学社会科学版》2011年第1期。

国家统计局：《2018年农民工监测调查报告》，2019年4月29日，http://www.stats.gov.cn/tjsj/zxfb/201904/t20190429_1662268.html。

国家统计局：《2019年农民工监测调查报告》，2020年4月30日，http://www.stats.gov.cn/tjsj/zxfb/202004/t20200430_1742724.html。

韩嘉玲、余家庆：《离城不回乡与回流不返乡——新型城镇化背景下新生代农民工家庭的子女教育抉择》，《北京社会科学》2020年第6期。

韩嘉玲：《流动儿童教育与我国的教育体制改革》，《北京社会科学》2007年第4期。

郝翠红、李建民：《不同出生年代组流动人口相对教育回报率的变化》，《南方人口》2017年第2期。

贺雪峰：《农村社会结构变迁四十年：1978-2018》，《学习与探索》2018年第11期。

洪岩璧：《Logistic模型的系数比较问题及解决策略：一个综述》，《社会》2015年第4期。

侯中太：《"农民工回流"为乡村振兴增添新动能》，《人民论坛》2019年第16期。

胡枫、史宇鹏：《农民工回流的选择性与非农就业：来自湖北的证据》，《人口学刊》2013年第2期。

黄庆玲、张广胜：《沈阳市新生代农民工未来定居意愿调查分析》，《农业经济》2013年第10期。

黄思：《乡村振兴战略背景下产业振兴路径研究——基于一个药材专业市场的分析》，《南京农业大学学报》（社会科学版）2020年第3期。

季莉娅、王厚俊、杨守玉、周婵君：《广州新生代农民工未来定居意愿调查研究》，《南方农村》2014年第12期。

蒋海曦、蒋玲：《乡村人力资本振兴：中国农民工回流意愿研究》，《四川大学学报》（哲学社会科学版）2019年第5期。

焦永纪、温勇、孙友然：《江苏流动人口特征、服务管理现状及差异——基于苏南、苏中和苏北的调查》，《人口与发展》2013年第2期。

金沙：《我国农村外出劳动力回流研究》，博士学位论文，兰州大学，2009年。

景晓芬、马凤鸣：《生命历程视角下农民工留城与返乡意愿研究——基于重庆和珠三角地区的调查》，《人口与经济》2012年第3期。

李国平、孙瑀：《面向2030年的中国城镇化及其区域差异态势分析》，《区域经济评论》2020年第4期。

李海涛、萧烽、陈政：《城市务工经历对农民工回流意愿的影响——基于湘、黔、浙三省837户农民工家庭的实证分析》，《经济地理》2020年第11期。

李红娟：《返乡农民工在乡村振兴中的作用》，《中国物价》2019年第6期。

李明奇：《乡村振兴战略与新型城镇化的关系》，《党政干部学刊》2018年第9期。

李楠：《农村外出劳动力留城与返乡意愿影响因素分析》，《中国人口科学》2010年第6期。

李培林、田丰：《中国农民工社会融入的代际比较》，《社会》2012年第5期。

李强、龙文进：《农民工留城与返乡意愿的影响因素分析》，《中国农村经济》2009年第2期。

李强：《影响中国城乡流动人口的推力与拉力因素分析》，《中国社会科学》2003年第1期。

李若建：《广东省外来人口的定居性与流动性初步分析》，《人口研究》2007年第6期。

李树茁、王维博、悦中山：《自雇与受雇农民工城市居留意愿差异研究》，《人口与经济》2014年第2期。

李新平：《回流型转移：中国农民工城市化的道路选择——以人的资本为视角》，《广西社会科学》2014年第9期。

李友梅：《治理转型深层挑战与理论构建新方向》，《社会科学》2020年第7期。

李志刚、刘达、林赛南：《中国城乡流动人口"回流"研究进展与述评》，《人文地理》2020年第1期。

梁玮佳、唐元懋：《我国卫生资源配置的空间非均衡研究》，《卫生经济研究》2018年第9期。

梁玉成、刘河庆：《新农村建设：农村发展类型与劳动力人口流动》，《中国研究》2016年第1期。

林斐：《对安徽省百名"打工"农民回乡创办企业的问卷调查及分析》，《中国农村经济》2002年第3期。

林赛南、梁奇、李志刚、庞瑞秋：《"家庭式迁移"对中小城市流动人口定居意愿的影响——以温州为例》，《地理研究》2019年第7期。

刘光明、宋洪远：《外出劳动力回乡创业：特征、动因及其影响——对安徽、四川两省四县71位回乡创业者的案例分析》，《中国农村经济》2002年第3期。

刘俊威、刘纯彬：《农民工创业性回流影响因素的实证分析——基于安徽省庐江县调研数据》，《经济体制改革》2009年第6期。

刘林平、王茁：《新生代农民工的特征及其形成机制——80后农民工与80前农民工之比较》，《中山大学学报》（社会科学版）2013年第5期。

刘新争、任太增：《农民工回流意愿的影响因素与农民工分流机制的构建——基于二分类Logistic模型的实证分析》，《学术研究》2017年第7期。

刘玉侠、陈柯依：《乡村振兴视域下回流农民工就业的差异性分析——基于浙江、贵州农村的调研》，《探索》2018年第4期。

刘玉照、苏亮：《社会转型与中国产业工人的技能培养体系》，《西北师大学报》（社会科学版）2016年第1期。

刘云刚、燕婷婷：《地方城市的人口回流与移民战略——基于深圳—驻马店的调查研究》，《地理研究》2013年第7期。

刘祖云、姜姝：《"城归"：乡村振兴中"人的回归"》，《农业经济问题》2019年第2期。

陆杰华、黄匡时：《对建构流动人口福利保障政策体系的思考》，《人民论坛》2013年第11期。

陆杰华、王广州、彭琰：《我国省际投资水平与农村劳动力流动的实证分析——兼论实施西部大开发战略中的劳动力市场配置》，《西北人口》2000年第4期。

陆学艺：《当代中国社会阶层的分化与流动》，《社会学研究》2003年第4期。

栾文敬、路红红、童玉林、吕丹娜：《社会资本、人力资本与新生代农民工社会融入的研究综述》，《江西农业大学学报》2012年第2期。

罗淳、舒宇：《中国人口"城""镇"化解析——基于人口普查数据的观测》，《人口与经济》2013年第4期。

罗静、李伯华：《外出务工农户回流意愿及其影响因素分析——以武汉市新洲区为例》，《华中农业大学学报》（社会科学版）2008年第6期。

罗兴奇：《农民工返乡的代际差异及生成机制研究——基于江苏省N村的实证分析》，《北京社会科学》2016年第7期。

吕红平、李英：《流动、融合与发展——少数民族地区人口流动研究》，《河北大学学报》（哲学社会科学版）2009年第6期。

马红梅、罗春尧：《人力资本、社会资本及心理资本对农民工创业意愿影响研究——基于贵州省953个农民工创业样本》，《吉林工商学院学报》2016年第4期。

马齐旖旎、文静、米红：《大湾区九市农民工人口流动与市民化意愿分析》，《中国劳动》2019年第7期。

毛丹：《"农民工市民化"的低目标与高目标》，《浙江社会科学》2015年第12期。

门丹、齐小兵：《回流农民工就近城镇化：比较优势与现实意义》，《经济学家》2017年第9期。

孟兆敏、吴瑞君：《城市流动人口居留意愿研究——基于上海、苏州等地的调查分析》，《人口与发展》2011年第3期。

聂倩：《我国中西部地区经济发展差距分析》，《中州大学学报》2018年第2期。

牛建林：《城市"用工荒"背景下流动人口的返乡决策与人力资本的关系研究》，《人口研究》2015年第2期。

潘绥铭、姚星亮、黄盈盈：《论定性调查的人数问题：是"代表性"还是"代表什么"的问题——"最大差异的信息饱和法"及其方法论意义》，《社会科学研究》2010年第4期。

彭文慧：《外出务工、智力回流与欠发达区域经济发展研究》，《河南大学学报》（社会科学版）2007年第3期。

彭希哲、万芊、黄苏萍：《积分权益制：兼顾户籍改革多重目标的普惠型制度选择》，《人口与经济》2014年第1期。

彭新万、张凯：《中部地区农民工回流趋势与政策选择》，《江西社会科学》2017年第6期。

彭愉、邵芬芬：《乡村振兴战略背景下农民工回流的意义、影响因素、现状与助推政策——以中部地区为分析对象》，《老区建设》2018年第24期。

戚迪明：《城市化进程中农民工回流决策与行为：机理与实证》，博士学位论文，沈阳农业大学，2013年，第34页。

戚迪明：《人力资本提升与农民工回流地点选择研究》，《湖北农业科学》2019年第16期。

齐小兵：《我国回流农民工研究综述》，《西部论坛》2013年第2期。

秦雪征、周建波、辛奕、庄晨：《城乡二元医疗保险结构对农民工返乡意愿的影响——以北京市农民工为例》，《中国农村经济》2014年第2期。

邱幼云、程玥：《新生代农民工的乡土情结——基于杭州和宁波的实证调查》，《中国青年研究》2011年第7期。

任远：《"逐步沉淀"与"居留决定居留"：上海市外来人口居留模式分析》，《中国人口科学》2006年第3期。

任远：《重视劳动力迁移过程中家庭分离的社会影响》，《中国人口报》2016年10月31日。

任远、戴星翼：《外来人口长期居留倾向的Logit模型分析》，《南方人口》2003年第4期。

任远、施闻：《农村外出劳动力回流迁移的影响因素和回流效应》，《人口研究》2017 年第 2 期。

任远、王桂新：《常住人口迁移与上海城市发展研究》，《中国人口科学》2004 年第 5 期。

阮荣平、刘力、郑风田：《人口流动对输出地人力资本影响研究》，《中国人口科学》2011 年第 1 期。

沈君彬：《乡村振兴背景下农民工回流的决策与效应研究——基于福建省三个山区市 600 位农民工的调研》，《中共福建省委党校学报》2018 年第 9 期。

沈苏燕、王晗、伍玥蓉：《回流农民工的生活状况研究》，《农业经济》2018 年第 7 期。

沈鑫、许传新：《新生代农民工返乡发展意愿及其影响因素分析》，《山东农业大学学报》（社会科学版）2016 年第 2 期。

石智雷：《国外劳动力回流理论述评》，《人口与发展》2013 年第 1 期。

石智雷、薛文玲：《中国农民工的长期保障与回流决策》，《中国人口·资源与环境》2015 年第 3 期。

束鹏：《冲突、排斥和边缘化：当前农民工再社会化困境原因探究》，《求实》2005 年第 2 期。

宋健：《中国流动人口的就业特征及其影响因素——与留守人口的比较研究》，《人口研究》2010 年第 6 期。

宋林飞：《城市移民的文化矛盾与社会安全》，《江苏社会科学》2005 年第 5 期。

苏维欢、郭晓东：《"一带一路"对西北地区农民工返乡创业的影响研究》，《兰州财经大学学报》2017 年第 3 期。

孙富安：《公共服务视角下回流农民工创业影响因素及应对方略》，《经济经纬》2010 年第 5 期。

孙小龙、王丽明、贾伟：《农民工返乡定居意愿及其影响因素分析——基于上海、南京、苏州等地农民工的调研数据》，《农村经济》2015 年第 10 期。

谭华清、赵廷辰、谭之博：《教育会促进农民自主创业吗》，《经济科学》2015 年第 3 期。

汤爽爽、郝璞：《中国农村流动人口的回流意愿分析——以南京市和苏州市为例》，《城市与区域规划研究》2018 年第 12 期。

陶涛、翟振武、夏亮：《中国地区间收入差距分析》，《人口与经济》2010 年第 5 期。

田毅鹏、张红阳：《村落转型再生进程中"乡村性"的发现与重写——以浙西 M 村为中心》，《学术界》2020 年第 7 期。

童玉芬、刘爱华：《首都圈流动人口空间分布特征及政策启示》，《北京行政学院学报》2017 年第 6 期。

王爱华：《新型城镇化背景下新生代农民工回流的影响因素与双重效应分析》，《海派经济学》2019 年第 1 期。

王宝林、张艺璇：《为农民工回流创业扫清障碍》，《人民论坛》2017 年第 17 期。

王滨：《新型城镇化测度与区域差异的空间解读》，《统计与决策》2020 年第 11 期。

王春超、李兆能、周家庆：《躁动中的农民流动就业——基于湖北农民工回流调查的实证研究》，《华中师范大学学报》（人文社会科学版）2009 年第 3 期。

王春兰、丁金宏：《流动人口城市居留意愿的影响因素分析》，《南方人口》2007 年第 1 期。

王春蕊、杨江澜、刘家强：《禀赋异质、偏好集成与农民工居住的稳定性分析》，《人口研究》2015 年第 4 期。

王剑军：《转化与更迭：乡村回流精英的角色变迁》，《安徽行政学院学报》2016 年第 5 期。

王立胜：《对实施乡村振兴战略要系统性把握》，《中国党政干部论坛》2018 年第 4 期。

王利伟、冯长春、许顺才：《传统农区外出劳动力回流意愿与规划响应——基于河南周口市问卷调查数据》，《地理科学进展》2014 年第 7 期。

王宁：《中国人口迁移的变化趋势及空间格局》，《城市与环境研究》2016 年第 1 期。

王尚君：《返乡新生代农民工对乡村振兴战略的影响探析》，《中共乐山市委党校学报》2018 年第 1 期。

王姝珺：《我国高等教育区域发展不平衡的经济学分析》，《湖南师范大学教育科学学报》2013 年第 3 期。

王晓峰、温馨：《劳动权益对农民工市民化意愿的影响——基于全国流动人口动态监测 8 城市融合数据的分析》,《人口学刊》2017 年第 1 期。

王晓峰、张幸福:《流动范围、就业身份和户籍对东北地区流动人口城市融入的影响》,《人口学刊》2019 年第 2 期。

王卓、夏琪:《农民"两头房"与不完全城镇化》,《农村经济》2019 年第 1 期。

文丰安:《乡村振兴战略与新型城镇化建设融合发展:经验、梗阻及新时代方案》,《东岳论丛》2020 年第 5 期。

文军:《从季节性流动到劳动力移民:城市农民工群体的分化及其系统构成》,《探索与争鸣》2006 年第 1 期。

吴孔军、疏仁华:《返乡农民工的角色认知选择与生存走向》,《南通大学学报》(社会科学版)2015 年第 3 期。

吴磊、朱冠楠:《进城务工农民定居决策的影响因素分析——以南京市为例》,《华中农业大学学报》(社会科学版)2007 年第 6 期。

吴晓刚、张卓妮:《户口、职业隔离与中国城镇的收入不平等》,《中国社会科学》2014 年第 6 期。

吴兴陆:《农民工定居性迁移决策的影响因素实证研究》,《人口与经济》2005 年第 1 期。

徐家鹏:《新生代农民工返乡务农意愿及其影响因素分析——基于陕西 389 位新生代农民工的调查》,《广东农业科学》2014 年第 22 期。

许传新、倪可心:《乡村振兴战略认知、预期与返乡农民工创业意向》,《山东农业大学学报》(社会科学版)2020 年第 2 期。

阳立高、廖进中、张文婧、李伟舵:《农民工返乡创业问题研究——基于对湖南省的实证分析》,《经济问题》2008 年第 4 期。

杨成钢、曾永明:《空间不平衡、人口流动与外商直接投资的区域选择——中国 1995—2010 年省际空间面板数据分析》,《人口研究》2014 年第 6 期。

杨菊华、张娇娇:《人力资本与流动人口的社会融入》,《人口研究》2016 年第 4 期。

杨素雯、崔树义:《流动人口生存发展的现状与对策建议》,《中国人口报》2017 年 4 月 27 日第 3 版。

杨智勇、李玲:《论农民工"回流"现象的原因及其消极影响》,《当代青年研究》2015 年第 1 期。

叶静怡、李晨乐：《人力资本、非农产业与农民工返乡意愿——基于北京市农民工样本的研究》，《经济学动态》2011年第9期。

殷江滨：《劳动力回流的驱动因素与就业行为研究进展》，《地理科学进展》2015年第9期。

于水、姜凯帆、孙永福：《"空心化"背景下农村外出劳动力回流意愿研究》，《华东经济管理》2013年第11期。

于潇、陈世坤：《中国省际人口流动与人力资本流动差异性分析》，《人口学刊》2020年第1期。

于潇、孙悦：《城镇与农村流动人口的收入差异——基于2015年全国流动人口动态监测数据的分位数回归分析》，《人口研究》2017年第1期。

余运江、孙斌栋、孙旭：《社会保障对农民工回流意愿有影响吗——基于上海调查数据的实证分析》，《人口与经济》2014年第6期。

原新、王海宁、陈媛媛：《大城市外来人口迁移行为影响因素分析》，《人口学刊》2011年第1期。

袁方、史清华、卓建伟：《农民工回流行为的一个新解释：基于森的可行能力理论》，《中国人力资源开发》2015年第1期。

悦中山、李树茁、费尔德曼、杜海峰：《徘徊在"三岔路口"：两代农民工发展意愿的比较研究》，《人口与经济》2009年第6期。

曾少聪、闫萌萌：《海外新移民的回流研究》，《世界民族》2019年第2期。

曾旭晖、秦伟：《在城农民工留城倾向影响因素分析》，《人口与经济》2003年第3期。

张车伟：《户籍制度改革需要差别化的政策》，《人口与发展》2012年第2期。

张海东：《破解多维二元结构，增进人民福祉》，《社会科学报》2017年7月27日第3版。

张红朗：《新生代农民工社会心态研究——以W市H区为例》，《城乡社会观察》（辑刊）2014年版。

张红霞、江立华：《文化归因还是理性选择：新生代农民工户籍固守现象的考察》，《青海社会科学》2017年第5期。

张剑宇、任丹丹：《坚守还是转型——回流农民工的发展选择》，《河北农业大学学报》（社会科学版）2021年第1期。

张荐华、高军：《中国改革开放40年中的区域经济发展不平衡问题与对策研究》，《当代经济管理》2019年第2期。

张劲松：《乡愁生根：发展不平衡不充分背景下中西部乡村振兴的实现》，《江苏社会科学》2018年第2期。

张凯博：《西部农民工回流的成因及影响分析——基于劳动经济学人口流动理论》，《经济研究导刊》2013年第19期。

张蕾、刘晓旋：《返乡的理性与非理性——城市外来毕业大学生的返乡意愿及其影响因素研究》，《中国青年研究》2012年第2期。

张丽琼、朱宇、林李月：《家庭因素对农民工回流意愿的影响》，《人口与社会》2016年第3期。

张鹏、郝宇彪、陈卫民：《幸福感、社会融合对户籍迁入城市意愿的影响——基于2011年四省市外来人口微观调查数据的经验分析》，《经济评论》2014年第1期。

张甜、朱宇、林李月：《就地城镇化背景下回流农民工居住区位选择——以河南省永城市为例》，《经济地理》2017年第4期。

张铁道、赵学勤：《建立适应社会人口流动的接纳性教育——城市化进程中的流动人口子女教育问题研究》，《山东教育科研》2002年第8期。

张文宏、栾博、蔡思斯：《新白领和新生代农民工留城意愿的比较研究》，《福建论坛》（人文社会科学版）2018年第8期。

张翼：《流动劳动力收入差距调查分析》，《中国人口报》2015年1月5日第3版。

张昱、杨彩云：《社会资本对新生代农民工就业质量的影响分析——基于上海市的调查数据》，《华东理工大学学报》（社会科学版）2011年第5期。

张宗益、周勇、卢顺霞、陈义华：《西部地区农村外出劳动力回流：动因及其对策》，《统计研究》2007年第12期。

章铮、杜峥鸣、乔晓春：《论农民工就业与城市化——基于年龄结构—生命周期分析》，《中国人口科学》2008年第6期。

赵峰、李清章：《我国社会保障水平区域差异化综合评价研究》，《商业经济研究》2018年第21期。

赵翌：《农民工返乡意愿影响因素分析——基于代际的视角》，《兰州学刊》2015年第10期。

郑文杰、李忠旭：《大城市新生代农民工返乡意愿更强烈吗？——基于北京市的实证分析》,《农业经济》2015 年第 7 期。

郑真真、吴要武:《人口变动对教育发展的影响》,《北京大学教育评论》2005 年第 2 期。

郑真真:《中国流动人口变迁及政策启示》,《中国人口科学》2013 年第 1 期。

周长洪、翟振武:《农村人口流出特征与经济社会效应——以湖南郴州和株州部分农村地区为例》,《人口研究》2006 年第 5 期。

周皓、梁在:《中国的返迁人口:基于五普数据的分析》,《人口研究》2006 年第 3 期。

周祝平:《中国农村人口空心化及其挑战》,《人口研究》2008 年第 2 期。

朱宝树:《上海市流入人口滞留态势分析》,《中国人口科学》1999 年第 3 期。

朱红根、康兰媛、翁贞林、刘小春:《劳动力输出大省农民工返乡创业意愿影响因素的实证分析——基于江西省 1145 个返乡农民工的调查数据》,《中国农村观察》2010 年第 5 期。

朱宇、余立、林李月、董洁霞:《两代流动人口在城镇定居意愿的代际延续和变化——基于福建省的调查》,《人文地理》2012 年第 3 期。

朱宇:《户籍制度改革与流动人口在流入地的居留意愿及其制约机制》,《南方人口》2004 年第 3 期。

英文文献

Adda Jerome, Dustmann Christian and Mestres Josep, "A Dynamic Model of Return Migration", *Preliminary Version*, Vol. 42, No. 2, 2006, pp. 1 – 17.

Agyeman Edmond Akwasi and Garcia Mercedes Fernández, "Connecting Return Intentions and Home Investment: the Case of Ghanaian Migrants in Southern Europe", *Journal of International Migration and Integration*, Vol. 17, 2016, pp. 745 – 759.

Ajzen Icek and Fishbein Martin, "The Influence of Attitudes on Behavior", In Dolores Albarracin, Blair T. Johnson and Mark Zanna (ed.), *The Handbook of Attitudes*, Erlbaum, NJ: Mahwah, 2005, pp. 173 – 221.

Ajzen Icek, "The Theory of Planned Behavio", *Organizational Behavior and Human Decision Processes*, Vol. 50, No. 2, 1991, pp. 179 – 211.

Baizán Pau and González-Ferrer Amparo, "What Drives Senegalese Migration to

Europe? The Role of Economic Restructuring, Labor Demand and the Multiplier Effect of Networks", *Demographic Research*, Vol. 35, No. 13, 2016, pp. 339 – 380.

Barber Tamsin, "Achieving Ethnic Authenticity Through 'Return' Visits to Vietnam: Paradoxes of Class and Gender among the British-born Vietnamese", *Journal of Ethnic and Migration Studies*, Vol. 43, No. 6, 2017, pp. 919 – 936.

Bartolomeo A. Di, "Explaining the Gap in Educational Achievement between Second-generation Immigrants and Natives: the Italian case", *Journal of Modern Italian Studies*, Vol. 16, No. 4, 2011, pp. 437 – 449.

Battistella Graziano, "Return Migration: A Conceptual and Policy Framework", In 2018 International Migration Policy Report, *Scalabrini Migration Study Centers*, 3 – 14, 2018.

Becker Gary S., *Human Capital, A Theoretical and Empirical Analysis, with Special Reference to Education* (the third edition), Chicago: University of Chicago Press, 1993.

Bernard Aude, Bell Martin and Charles-Edwards Elin, "Life-course Transitions and the Age Profile of Internal Migration", *Population and Development Review*, Vol. 40, No. 2, 2014, pp. 213 – 239.

Bettin Giulia, Cela Eralba and Fokkema Tineke, "Return Intentions over the Life course: Evidence on the Effects of Life Events from a Longitudinal Sample of First-and Second-generation Turkish Migrants in Germany", *Demographic Research*, Vol. 39, 2018, pp. 1009 – 1038.

Boheim Rene, Taylor Mark P., "Tied Down or Room to Move? Investigating the Relationships between Housing Tenure, Employment Status and Residential Mobility in Britain", *Scottish Journal of Political Economy*, Vol. 49, No. 4, 2002, pp. 369 – 392.

Bonifazi Corrado, Paparusso Angela, "Remain or return home: The Migration Intentions of First-generation Migrants in Italy", *Population Space and Place*, Vol. 25, No. 2, 2019, pp. 2174 – 2187.

Carling Matrix Jørgen and Pettersen Silje Vatne, "Return Migration Intentions in the

Integration-Transnationalism", *International Migration*, Vol. 52, No. 6, 2014, pp. 13 – 30.

Cassarino Jean-Pierre, "Theorising Return Migration: The Conceptual Approach to Return Migrants Revisited", *International Journal on Multicultural Societies*, Vol. 6, No. 2, 2004, pp. 253 – 279.

Cerase Francesco P., "Expectations and Reality: a Case Study of Return Migration from the United States to Southern Italy", *International Migration Review*, Vol. 8, No. 2, 1974, pp. 245 – 262.

Cheunga Alan Chi Keung and Xu Li, "To Return or Not to Return: Examining the Return Intentions of Mainland Chinese Students Studying at Elite Universities in the United States", *Studies in Higher Education*, Vol. 40, No. 9, 2015, pp. 1605 – 1624.

Constant Amelie and Massey Douglas S., "Return Migration by German Guestworkers: Neoclassical versus New Economic Theories", *International Migration*, Vol. 40, No. 4, 2002, pp. 5 – 38.

Daniel Makina, "Determinants of Return Migration Intentions: Evidence from Zimbabwean Migrants Living in South Africa", *Development Southern Africa*, Vol. 29, No. 3, 2012, pp. 365 – 378.

Davies R. B. and Pickles A. R., "An Analysis of Housing Careers in Cardiff", *Environment and Planning A*, Vol. 23, No. 5, 1991, pp. 629 – 650.

De Haas Hein and Fokkema Tineke, "The Effects of Integration and Transnational ties on International Return Migration Intentions", *Demographic Research*, Vol. 25, No. 24, 2000, pp. 755 – 782.

De Haas Hein, Fokkema Tineke and Fihri Mohamed Fassi, "Return Migration as Failure or Success? The Determinants of Return Migration Intentions Among Moroccan Migrants in Europe", *International Migration and Integration*, Vol. 6, No. 2, 2015, pp. 415 – 429.

De Wit Gerrit, "Models of Self-employment in a Competitive Market", *Journal of Economic Surveys*, Vol. 7, No. 4, 1993, pp. 367 – 397.

Diehl Claudia and Liebau Elisabeth, "Turning back to Turkey-or turning the back on Germany? Remigration Intentions and Behavior of Turkish Immigrants in

Germany between 1984 and 2011", *Zeitschrift für Soziologie*, Vol. 44, No. 1, 2015, pp. 22 – 41.

Dustmann Christian, "Return migration, Wage Differentials, and the Optimal Migration duration", *European Economic Review*, Vol. 47, No. 2, 2003, pp. 353 – 369.

Dustmann Christian, "Return migration: the European Experience", *Economic Policy*, Vol. 11, No. 22, 1996, pp. 213 – 250.

Eccles Robert G. and Nohria Nitin, *Networks and Organizations: Structure, Form, and Action*, Boston: Harvard Business School Press, 1992.

Epstein Gil S. and Radu Dragos C., "Returns to Return Migration and Determinants of Subsequent Moves", *Paper Presented at the Annual Conference of the European Association of Law and Economics*, Oslo, Norway, 2007.

Ernst G. Ravenstein, "The Laws of Migration", *Journal of the Royal Statistical Society of London*, Vol. 48, No. 2, 1885, pp. 167 – 235.

Evelyn D. Ravuri, "Return Migration Predictors for Undocumented Mexican Immigrants living in Dallas", *Social Science Journal*, Vol. 51, No. 1, 2014, pp. 35 – 43.

Fan C. Cindy, Sun Mingjie and Zheng Si qi, "Migration and Split Households: A Comparison of Sole, Couple, and Family Migrants in Beijing, China", *Environment and Planning A*, Vol. 43, No. 9, 2011, pp. 2164 – 2185.

Farrell Maura, Mahon Marie and McDonagh John, "The Rural as a Return Migration Destination", *European Countryside*, Vol. 4, No. 1, 2012, pp. 31 – 44.

Filiz Kunuroglu, Fons van de Vijver and Kutlay Yagmur, "Return Migration", *Online Readings in Psychology and Culture*, Vol. 8, No. 2, 2016, pp. 1 – 28.

Fugl-Meyer Axel R., Melin Roland and Fugl-Meyer Kerstin S., "Life Satisfaction in 18-to 64-year-old Swedes: in Relation to Gender, Age, Partner and Immigrant Status", *Journal of Rehabilitation Medicine*, Vol. 34, No. 5, 2002, pp. 239 – 246.

Germenji Etleva and Milo Lindita, "Return and Labour Status at Home: Evidence from Returnees in Albania", *Southeast European and Black Sea Studies*, Vol. 9, No. 4, 2009, pp. 497 – 517.

Gibson John and McKenzie David, "The Microeconomic Determinants of Emigration and Return Migration of the Best and Brightest: Evidence from the Pacific", *Journal of Development Economics*, Vol. 95, No. 1, 2009, p. 18 – 29.

Gmelch George, "Return Migration", *Annual Review of Anthropology*, Vol. 9, No. 1, 1980, pp. 135 – 159.

Gordon Ian and Molho Ian, "Duration Dependence in Migration Behavior: Cumulative Inertia Versus Stochastic Change", *Environment and Planning A*, Vol. 27, No. 12, 1995, pp. 1961 – 1975.

Hale Jerold L., Householder Brian J. and Greene Kathryn L., "The Theory of Reasoned action", In James Price Dillard, and Lijiang Shen (ed.), *The Persuasion Handbook: Developments in Theory and Practice*. Sage, Newbury Park, CA, 2002.

Haug Sonja, "Migration Networks and Migration Decision-making", *Journal of Ethnic and Migration Studies*, Vol. 34, No. 4, 2008, pp. 585 – 605.

Hill Kulu and Nadja Milewski, "Family Change and Migration in the Life Course: An Introduction", *Demographic Research*, Vol. 17, No. 19, Dec 2007, pp. 567 – 590.

Itzigsohn José and Giorguli-Saucedo Silvia, "Incorporation, Transnationalism, and Gender: Immigrant Incorporation and Transnational Participation as Gendered processes", *International Migration Review*, Vol. 39, No. 4, 2010, pp. 895 – 920.

Jim Lewis and Allan Williams, "The Economic Impact of Return Migration in Central Portugal", In Russell King (ed.), *Return Migration and Regional Economic Problems*, London: Croom Helm, 1986.

Kim Korinek, Barbara Entwisle and Aree Jampaklay, "Through Thick and Thin: Layers of Social Ties and Urban Settlement among Thai Migrants", *American Sociological Review*, Vol. 70, No. 5, 2005, pp. 779 – 800.

King Russell and Christou Anastasia, "Cultural Geographies of Counter-diasporic Migration: Perspectives from the Study of Second-generation 'Returnees' to Greece", *Population Space and Place*, Vol. 16, No, 2, 2010, pp. 103 – 119.

King Russell, *Return Migration and Regional Economic Problems*, London: Croom

Helm, 1986.

King Russell, "Generalizations from the History of Return Migration", In Ghosh Bimal (ed.), *Return Migration: Journey of Hope or Despair*, Geneva, Switzerland, United Nations and the International Organization for Migratio, 2000.

Kley A. Stefanie and Mulder H. Clara, "Considering, Planning, and Realizing Migration in Early Adulthood: The Influence of Life-course Events and Perceived Opportunities on Leaving the City in Germany", *Journal of Housing and the Built Environment*, Vol. 25, No. 1, Apr 2010, pp. 73 – 94.

Kubat Daniel, "The Politics of Return", Paper Presented at the First European Conference on International Return Migration, Rome, No. 11 – 14, 1981.

Larry A. Sjaastad, "The Costs and Returns of Human Migration", *Journal of Political Economy*, Vol. 70, No. S5, 1962, pp. 80 – 93.

Le T. Anh, "Empirical Studies of Self-Employment", *Journal of Economic Surveys*, Vol. 13, No. 4, 1999, pp. 381 – 416.

Martin L. Philip, "Comparative migration policies", *International Migration Review*, Nol. 28, No. 1, 1994, pp. 164 – 170.

Martin Piotrowski and Tong Yuying, "Straddling Two Geographic Regions: the Impact of Place of Origin and Destination on Return Migration Intentions in China", *Population Space and Place*, Vol. 19, No. 3, May-Jun 2013, pp. 329 – 349.

Massey S. Douglas and Akresh Ilana Redstone, "Immigrant Intentions and Mobility in a Global Economy: The Attitudes and Behavior of Recently Arrived U. S. Immigrants", *Social Science Quarterly*, Vol. 87, No. 5, 2006, pp. 954 – 971.

Massey S. Douglas, "Social Structure, Household Strategies, and the Cumulative Causation of Migration", *Population Index*, Vol. 56, No. 1, Spr 1990, pp. 3 – 26.

Massey S. Douglas, Joaquin Arango, Graeme Hugo, Ali Kouaouci, Adela Pellegrino and Taylor J. Edward, *Worlds in Motion: International Migration at the End of the Millennium*, Oxford: Oxford University Press, 1998.

Miao Chunyu, David, Liang Zai, and Wu Yingfeng, "Interprovincial Return Migration in China: Individual and Contextual Determinants in Sichuan Province in the 1990s.", *Environment and Planning A*, Vol. 45, No. 12, Dec 2013, pp. 2939 – 2958.

Model Suzanne, "'Falling Leaves Return to Their Roots': Taiwanese-Americans Consider Return Migration", *Population Space and Place*, Vol. 22, No. 8, Nov 2016, pp. 781 – 806.

Nalini Mohabir, Jiang Yanpeng and Ma Renfeng, "Chinese Floating Migrants: Rural-urban Migrant Labourers' Intentions to Stay or Return", *Habitat International*, Vol. 60, Feb 2017, pp. 101 – 110.

Paparusso Angela and Ambrosetti Elena, "To Stay or to Return? Return Migration Intentions of Moroccans in Italy", *International Migration*, Vol. 55, No. 6, 2017, pp. 137 – 150.

Paile Precious and Fatoki Olawale, "The Determinants of Return and Non-return Intentions of International Students in South Africa", *International Journal of Educational Science*, Vol. 6, No. 3, 2014, pp. 369 – 373.

Piore J. Michael, *Birds of Passage: Migrant Labor in Industrial Societies*, New York: Cambridge University Press, 1979.

Piracha Matloob and Vadean Florin, "Return Migration and Occupational Choice: Evidence from Albania", *World Development*, Vol. 38, No. 8, 2010, pp. 1141 – 1155.

Poppe Annelien, Wojczewski Silvia, Taylor Katherine, Kutalek Ruth and Peersman Wim, "The Views of Migrant Health Workers Living in Austria and Belgium on Return Migration to Sub-Saharan Africa", *Human Resources for Health*, Vol. 14, No. Suppl 1, 2016, pp. 126 – 133.

Sirkeci Ibrahim, Cohen Jeffrey H. and Yazgan Pinar, "Turkish Culture of Migration: Flows between Turkey and Germany", *Socio-economic Development and Conflicts Migration Letters*, Vol. 9, No. 1, 2012, pp. 33 – 46.

Stark Oded, *The Migration of Labor*, Cambridge: Basil Blackwell, 1991.

Stark Oded, "Research on Rural-to-urban Migration in Less Developed Countries: The Confusion Frontier and Why we Should Pause to Rethink Afresh", *World Development*, Vol. 10, No. 1, 1982, pp. 63 – 70.

Tezcan Tolga, "Return Home? Determinants of Return Migration Intention amongst Turkish Immigrants in Germany", *Geoforum*, Vol. 98, 2019, pp. 189 – 201.

Tezcan Tolga, " 'I (do not) Know What to do': How ties, Identities and Home States Influence Mexican-born Immigrants' return Migration Intentions", *Migration and Development*, Vol. 7, No. 3, 2018, pp. 1 – 24.

Todaro Michael P., "A Model of Labor Migration and Urban Unemployment in Less Developed Countries", *The American Economic Review*, Vol. 59, No. 1, 1969, pp. 138 – 148.

Todaro Michael P., "Urban job Expansion, Induced Migration and Rising Unemployment: a Formulation and Simplified Empirical Test for LDCs.", *Journal of Development Economics*, Vol. 3, No. 3, 1976, pp. 211 – 225.

Torben Kuhlenkasper and Max Friedrich Steinhardt, "Who Leaves and When? Selective out Migration of Immigrants from Germany", *Economic Systems*, Elsevier, Vol. 41, No. 4, 2012, pp. 610 – 621.

Van Dalen Hendrik P., Groenewold George and Fokkema Tineke, "The Effect of Remittances on Emigration Intentions in Egypt, Morocco, and Turkey", *Population Studies*, Vol. 59, No. 3, 2005, pp. 375 – 392.

Van Dalen Hendrik P., Groenewold George and Jeannette J. Schoorl, "Out of Africa: What Drives the Pressure to Emigrate?" *Journal of Population Economics*, Vol. 18, No. 4, 2005, pp. 741 – 778.

Vladimir Otrachshenko and Olga Popovad, "Life (dis) Satisfaction and the Intention to migrate: Evidence from Central and Eastern Europe", *The Journal of Socio-Economics*, Vol. 48, Feb 2014, pp. 40 – 49.

Waldorf Brigitte, "Determinants of International Return Migration Intentions", *Professional Geographer*, Vol. 47, No. 2, 1995, pp. 125 – 136.

Wang Winnie Wenfei and Fan Cindy C., "Success or Failure: Selectivity and Reasons of Return Migration in Sichuan and Anhui, China", *Environment and Planning A: Economy and Space*, Vol. 38, No. 5, 2006, pp. 939 – 958.

Yang Philip Q., "Explaining Immigrant Naturalization", *International Migration Review*, Vol. 28, No. 3, 1994, pp. 449 – 477.

Zhao Y., "Causes and Consequences of Return Migration: Recent Evidence from China", *Journal of Comparative Economics*, Vol. 30, No. 2, 2002, pp. 376 – 394.

后 记

在本书即将付梓之际，回想调查和写作过程，感慨良多。

时光荏苒，距离我确定本书的研究问题已经过去了近八年。回想这段研究历程，我依然清晰地记得本书的研究问题始定于2014年年底。党的十八大报告提出新型城镇化建设的方针，2014年3月，中共中央、国务院正式发布了《国家新型城镇化规划（2014—2020年）》，这一政策背景为我提供了新的研究思路。我的研究领域为迁移流动，出于对农民工的人文关怀，我确定以新型城镇化为背景研究农民工的回流意愿。2015年，我立即着手梳理相关文献以及确定论文框架，随后因怀孕和生育，我不得不搁置进行中的研究计划。直到2017年年中，我终于重整研究计划，继续出发，在之前工作的基础上，开始使用全国流动人口卫生计生动态监测调查数据定量分析中西部地区外出农民工的回流与否意愿、回流时间意愿和回流地域意愿。为了实现本书的研究目的，2018年，我组织学生对中西部地区外出农民工开展了问卷调查，以补充农民工回流创业意愿的定量分析资料；2020年-2021年，我再次组织学生对中西部地区外出农民工、政府部门的相关工作人员开展个案访谈，定性分析"家"和"业"、流入地和流出地因素对农民工回流意愿的影响，以及新型城镇化与农民工回流的关系、乡村振兴与农民工回流的关系、农民工回流规模的变化。2021年，我对本书进行最后的集中修改，至此定稿。

在长达八年的调查和写作过程中，幸得老师、同事、同学、朋友、学生和家人的相伴和相助。感谢我的导师杨菊华教授，从选题、研究设计、书稿修改都倾注精力，悉心指导。感谢梁波教授和李红娟师妹拨冗阅读，对本书初稿提供了宝贵的修改建议。感谢学生林莉华、赵一冰、赵轲萌、徐雨竹、郑伟华、马艳青、程剑波、王正洪、刘珍辉、蔡泳如等，他们不辞辛苦，在课余时间协助本书开展调查、整理资料、校对书稿。感谢挚友冯学兰、陈景亮、钟德芬、刘小燕、谢惠芳、刘瑞华、潘昌兵、谢毅、谢存欣、谢存勇等

后 记

积极寻访，为我介绍了大量的调查对象。也要感谢受访者的积极配合与支持，既保障了调查的顺利进行，也为本书提供了大量真实可用的调查资料。感谢国家卫健委流动人口服务中心，为我免费提供了全国流动人口卫生计生动态监测调查数据。

本书是江西省高校人文社会科学项目（项目批准号：SH22108）的阶段性研究成果，能最终出版，要感谢南昌大学公共政策与管理学院、南昌大学中国乡村振兴研究院提供的出版资助。同时还要感谢中国社会科学出版社的王莎莎编辑，她辛勤的工作使本书能够如期问世。

最后要感谢我的父母和家人。在2021年书稿集中修改的几个月中，我全身心都投入其中，却仍因改稿的进度与时间限制，不能在春节前返乡与家人团聚，远在老家的年迈的父母体谅我的无奈之举，爱人更是陪伴在我身旁，养育孩子、操持家务，解除我的后顾之忧，使我能排除干扰，集中精力投入书稿的最后修改中。谨以此书回报我的父母、爱人和一对可爱的儿女。

谢永飞

2023年5月